Bonnes questions

L'enseignement différencié des mathématiques

Bonnes questions

L'enseignement différencié des mathématiques

MARIAN SMALL

Consultation à l'édition française
Nancy Vézina

MODULO

Bonnes questions
L'enseignement différencié des mathématiques

Traduction et adaptation de : *Good Questions: Great Ways to Differentiate Mathematics Instruction, 2nd ed.* de Marian Small © 2012 Teachers College, Columbia University (ISBN 978-0-8077-5313-2)

Édition et coordination : Karine Morneau
Traduction : Marie-Berthe Landry
Révision linguistique : Marie Auclair et Nicole Blanchette
Correction d'épreuves : Renée Bédard

Conception graphique : Lynne Frost

Source des illustrations

p. 129 : Marie-Hélène Tran-Duc.

Toutes les citations de cet ouvrage ont fait l'objet d'une traduction libre. Groupe Modulo Inc. est seul responsable de la traduction et de l'adaptation de cet ouvrage.

MODULO

5800, rue Saint-Denis, bureau 900
Montréal (Québec) H2S 3L5 Canada
Téléphone : 514 273-1066
Télécopieur : 514 276-0324 ou 1 800 814-0324
info.modulo@tc.tc

ISBN 978-2-89710-876-2

Dépôt légal : 1er trimestre 2014
Bibliothèque et Archives nationales du Québec
Bibliothèque et Archives Canada

Imprimé au Canada

2 3 4 5 6 M 19 18 17 16 15

Nous reconnaissons l'aide financière du gouvernement du Canada par l'entremise du Fonds du livre du Canada (FLC) pour nos activités d'édition.

Membre du CERC

CERC
Canadian Educational Resources Council

Table des matières

Avant-propos

DIFFÉRENCIER l'enseignement des mathématiques constitue un défi important pour bon nombre d'enseignantes et d'enseignants. Ma longue expérience dans le domaine de l'enseignement des mathématiques, en formation tant initiale que continue, m'a permis de constater que l'un des obstacles les plus importants auxquels le personnel enseignant doit faire face est le manque de ressources sur lesquelles fonder une approche centrée sur la différenciation. Bien que de multiples recherches traitent de la question, le problème principal est de trouver des outils que l'on puisse appliquer concrètement en salle de classe. *Bonnes questions : l'enseignement différencié des mathématiques* est la ressource tant attendue qui peut jouer ce rôle.

Dans un format simple et bien structuré, Marian Small arrive à démontrer la façon dont on peut concevoir des questions ouvertes et des tâches parallèles qui respectent les principes de base de la différenciation pédagogique. Au fil des pages, on imagine facilement la manière dont une enseignante ou un enseignant peut progressivement différencier son enseignement à partir des questions ou des tâches proposées afin de mieux répondre aux besoins de ses élèves. On constate également que les questions et les tâches présentées ne constituent qu'un début. Grâce aux suggestions de variantes et aux astuces pédagogiques stratégiquement réparties à travers les différents chapitres du livre, il devient possible de concevoir de nouvelles questions ou de nouvelles tâches selon les besoins des élèves et les particularités du programme d'études.

À mon avis, ce qui revêt la plus grande importance (laquelle dépasse même la liste considérable de questions et de tâches), c'est l'approche proposée ainsi que son caractère réaliste et réalisable en contexte scolaire. Inviter les élèves à effectuer des tâches ou à répondre à des questions qui portent sur des notions ou des concepts similaires, et ce, tout en respectant le stade de développement de chacun et en permettant des retours en groupe-classe qui viennent enrichir la compréhension de tous, est assurément une démarche qui a un potentiel considérable. Concevoir une approche qui implique des stratégies simples et qui repose sur de grandes idées mathématiques et des processus essentiels (tels que la résolution de problèmes, le raisonnement, la communication, l'établissement de liens et la visualisation) constitue un tour de force remarquable.

Marian Small propose une ressource qui deviendra certainement une référence incontournable pour l'enseignante ou l'enseignant qui désire faire de sa classe de mathématiques un lieu où tous les élèves peuvent avoir du succès, indépendamment de leur niveau de compréhension en mathématiques.

Nancy Vézina

Préface

EN 2001, j'ai entrepris une recherche à long terme en vue d'étudier la façon dont les élèves du primaire (élémentaire) approfondissent leur compréhension mathématique. Le projet s'est déroulé au sein de l'Université du Nouveau-Brunswick et de l'Université de Toronto, avec l'appui de Nelson Education. Ce travail a donné naissance à un programme de perfectionnement professionnel appelé « PRIME », lequel explore le développement mathématique des élèves. Dans le cadre de cette étude, on a fait passer des tests à plus de 12 000 élèves de la maternelle (jardin) à la 7e année.

L'étude a mené à la conception d'échelles présentant le développement mathématique des élèves dans chacun des cinq domaines mathématiques décrits par le National Council of Teachers of Mathematics (Small, 2008b, 2010b, 2011, 2012, 2013).

Les échelles de développement servent avant tout à aider les enseignants* à adapter leur enseignement afin de répondre aux besoins d'élèves de divers niveaux de développement. À cette fin, j'ai élaboré deux stratégies qui sont plutôt faciles à mettre en œuvre et qui permettent aux enseignants d'ajuster leur enseignement tout en respectant leur programme d'études. Ces stratégies sont les questions ouvertes et les tâches parallèles.

STRUCTURE DE L'OUVRAGE

En guise d'introduction, le chapitre 1 explique la raison d'être de l'enseignement différencié des mathématiques et décrit les deux principales stratégies que présente cet ouvrage : les questions ouvertes et les tâches parallèles. Suivent cinq chapitres dont chacun illustre l'application de ces stratégies à un domaine d'études en particulier. L'ouvrage se termine sur des conclusions, un appendice où l'on trouve un formulaire vierge à l'intention des enseignants qui souhaitent concevoir du matériel personnalisé, un glossaire, une bibliographie et un index.

Les chapitres 2 à 6 portent sur les cinq domaines d'études décrits dans le document *Principles and Standards for School Mathematics* du National Council of Teachers of Mathematics :

- sens des nombres et des opérations ;
- régularités et algèbre ;
- géométrie ;
- mesure ;
- gestion des données et probabilité (National Council of Teachers of Mathematics, 2000).

* Veuillez noter que la forme masculine non marquée désigne aussi bien les femmes que les hommes.

Les domaines d'études ne suivent pas une progression séquentielle, ce qui permet de consulter les chapitres 2 à 6 dans n'importe quel ordre.

Dans le présent ouvrage, j'aborde les notions mathématiques à partir de grandes idées, dont la formulation découle de l'association des processus mathématiques que sont la résolution de problèmes, le raisonnement, la communication, l'établissement de liens et la visualisation – tels que décrits par le NCTM (National Council of Teachers of Mathematics, 2000) – aux normes de contenu que prône cet organisme pour les cinq domaines d'études énumérés précédemment. Les grandes idées énoncent des principes fondamentaux largement applicables à de multiples tranches d'années d'études et à divers stades de développement.

Dans chaque chapitre réservé à un domaine d'études, les questions ouvertes et les tâches parallèles destinées à l'enseignement différencié sont classées en fonction des tranches d'années d'études qu'énoncent les normes du NCTM (2000) :

- du préscolaire à la 2e année ;
- de la 3e année à la 5e année ;
- de la 6e année à la 8e année.

L'objectif de la différenciation est d'enseigner les mêmes grands concepts à des élèves de différents stades de développement. C'est pour atteindre ce but que le contenu des chapitres 2 à 6 est structuré en plusieurs niveaux.

L'appendice contient un formulaire vierge destiné à aider les enseignants qui souhaitent concevoir leurs propres questions ouvertes et tâches parallèles pour différencier leur enseignement. Le chapitre 1 comporte un exemple de formulaire rempli.

Le glossaire définit les termes techniques utilisés du début à la fin du présent ouvrage. À sa première occurrence dans le texte, chaque terme défini dans le glossaire apparaît en caractères gras. À l'inverse, chaque entrée du glossaire indique le chapitre et le folio de la première occurrence du terme.

La bibliographie met en lumière trois types de ressources : celles qui sont citées dans le texte, celles qui traitent des enjeux liés à l'enseignement en fonction des grandes idées et à l'enseignement différencié, et celles qui constituent d'excellentes sources d'activités – à utiliser telles quelles ou comme point de départ à la conception de questions ouvertes et de tâches parallèles.

L'index porte essentiellement sur les concepts pédagogiques – normes, développement de l'élève, méthodes et principes d'enseignement, et autres – par opposition aux concepts mathématiques. Afin de faciliter l'accès aux notions mathématiques abordées, l'index des grandes idées dresse la liste de toutes les grandes idées traitées dans les chapitres 2 à 6.

STRUCTURE DES CHAPITRES RÉSERVÉS AUX DOMAINES D'ÉTUDES

Les chapitres 2 à 6 traitent des cinq domaines d'études – tels que décrits par le NCTM – et fournissent des exemples de questions ouvertes et de tâches parallèles, lesquels sont structurés en fonction des grandes idées, pour les tranches d'années d'études suivantes : du préscolaire à la 2e année, de la 3e année à la 5e année et de la 6e année à la 8e année.

Chaque chapitre s'ouvre sur une liste des objectifs que prône le NCTM pour un domaine d'études donné, suivie d'une brève description de la façon dont les élèves approfondissent leur compréhension de ce contenu d'une tranche d'années d'études à l'autre, du préscolaire à la 8e année. Pour chaque tranche d'années d'études, on décrit les notions que les élèves acquerront et mettront en application, illustrant la façon dont des concepts simples servent de pierre d'assise aux concepts plus complexes, au fur et à mesure que la compréhension se développe. On aborde les normes de contenu par l'exploration des grandes idées dont la liste apparaît au début de chaque chapitre.

La majeure partie de chaque chapitre est constituée d'exemples d'applications des deux stratégies de différenciation qui sont au cœur de cet ouvrage : les questions ouvertes et les tâches parallèles. On aborde chacune de ces stratégies dans le contexte des trois tranches d'années d'études. Chaque partie réservée à une tranche d'années d'études est divisée selon les grandes idées, et on trouvera souvent plusieurs exemples pour chaque grande idée. Ainsi, il est possible de s'attarder à la tranche d'années d'études des élèves visés ou encore d'examiner les exemples correspondant à toutes les tranches d'années d'études afin de mieux saisir la façon dont les élèves approfondissent leur compréhension.

Dans plusieurs cas, une liste d'importantes questions de suivi à poser aux élèves accompagne les questions ouvertes et les tâches parallèles. On indique également des variantes possibles pour bon nombre d'activités et de questions de suivi afin d'offrir encore plus de possibilités de différenciation de l'enseignement. En outre, puisqu'on fournit la raison d'être de chaque activité, les enseignants peuvent plus facilement concevoir leurs propres activités.

De nombreuses astuces pédagogiques apparaissent ici et là dans chaque chapitre. Si elles ont parfois un lien avec une activité particulière, elles constituent souvent des stratégies générales qui peuvent s'appliquer dans tous les cas où un enseignant tente de différencier son enseignement des mathématiques.

À la fin de chaque chapitre, on trouve une récapitulation qui comporte quelques suggestions pour la conception de questions ouvertes et de tâches parallèles supplémentaires à l'aide du formulaire inclus dans l'appendice.

CHANGEMENTS APPORTÉS À LA DEUXIÈME ÉDITION

Les lecteurs qui connaissent la première édition* de cet ouvrage remarqueront que la présente édition comporte beaucoup de nouvelles questions. En outre, certaines grandes idées autour desquelles chaque chapitre s'articule ont été reformulées.

* La première édition de cet ouvrage a été publiée en 2009 par Teachers College sous le titre *Good Questions: Great Ways to Differentiate Mathematics Instruction.* (N.D.É.)

J'ESPÈRE DE TOUT CŒUR que les enseignants adopteront les deux stratégies essentielles – soit les questions ouvertes et les tâches parallèles – que j'explique et illustre dans le présent ouvrage, et qu'ils les trouveront, comme moi, très utiles pour les nombreux élèves qui arrivent en classe avec des degrés très diversifiés de préparation, d'aptitude et d'assurance en mathématiques. Comme enseignante, il m'importe de voir un enfant qui a éprouvé des difficultés en mathématiques se mettre à vivre des succès. À de nombreuses reprises, j'ai eu l'occasion de constater l'utilité des stratégies décrites dans cet ouvrage pour atteindre cet objectif.

Remerciements

LE PRÉSENT OUVRAGE est le fruit de la chance extraordinaire que j'ai eue de pouvoir mener une étude et en assurer le suivi par la création de présentations et de cours liés au perfectionnement professionnel. Ces expériences ont influé de façon remarquable sur l'orientation de ma carrière et m'ont amenée à me concentrer sur l'enseignement différencié des mathématiques.

Je remercie particulièrement les chefs de projet de PRIME : Jan Elliott, Rob Greenaway, Deborah Millard, Audrey Wearn et Lenore Brooks. Je remercie également les éditeurs avec lesquels j'ai travaillé sur des projets qui ont conduit à la réalisation de cet ouvrage, en particulier Jackie Williams, de même qu'un collègue, Doug Duff, qui m'a aidée à peaufiner le matériel que j'ai conçu.

Cet ouvrage est aussi le résultat direct des occasions que m'ont offertes le National Council of Supervisors of Mathematics et le National Council of Teachers of Mathematics, en me donnant la chance de présenter ces idées lors de leurs congrès. Jean Ward, ayant assisté à l'une de mes présentations, m'a invitée à rédiger le présent ouvrage. Je la remercie de la confiance qu'elle m'a accordée et de son aide précieuse qui a grandement facilité la préparation de ce livre.

1

Pourquoi et comment différencier l'enseignement des mathématiques

DANS TOUTE SALLE DE CLASSE, les élèves possèdent de multiples caractéristiques qui leur sont propres; mais l'enseignant ne pourra raisonnablement tenir compte que d'une partie d'entre elles dans la planification de son enseignement. Certaines différences seront de nature cognitive – par exemple, les habiletés et les concepts préalables auxquels les élèves peuvent faire appel. D'autres différences auront davantage trait à leurs préférences et à leur style d'apprentissage, notamment la présence ou l'absence de comportements tels que la persistance ou la curiosité; l'approche (auditive, visuelle ou kinesthésique) selon laquelle chaque élève apprend le mieux; et les champs d'intérêt.

LE DÉFI DES CLASSES DE MATHÉMATIQUES

Si plusieurs enseignants de langue maternelle attribuent les textes de lecture en fonction des besoins de leurs élèves, il est beaucoup moins probable que les enseignants de mathématiques varient le matériel avec lequel leurs élèves doivent travailler. Fréquemment, l'enseignement des mathématiques sera destiné à l'ensemble des élèves et reposera sur un objectif d'apprentissage circonscrit par un programme d'études et présenté dans un manuel. Les enseignants soutiendront les élèves qui ont besoin d'aide supplémentaire pendant que les autres travailleront de manière autonome. Peut-être cela se produit-il parce que l'idée d'un **enseignement différencié** des mathématiques est relativement nouvelle. En mathématiques, on ne peut sans doute pas simplement fournir un autre livre à lire (comme on peut le faire en langue maternelle). Il est aussi possible que les enseignants n'aient jamais été formés à saisir réellement jusqu'à quel point les élèves diffèrent dans leur compréhension des mathématiques. Toutefois, il est clair que les élèves d'une même année d'études *diffèrent les uns des autres* de façon significative en ce qui concerne l'apprentissage des mathématiques. Les enseignants souhaitent que leur enseignement porte ses fruits pour tous leurs élèves et ils ressentent une pression accrue en ce sens en raison du climat social actuel. La compréhension des différences et l'enseignement différencié sont des processus importants dans l'atteinte de cet objectif.

Le National Council of Teachers of Mathematics (NCTM) – une association professionnelle qui a pour mission de favoriser, de décrire et de soutenir le meilleur enseignement et le meilleur apprentissage possible en mathématiques – reconnaît la nécessité de la différenciation. Le premier principe des *Principles and Standards for School Mathematics* du NCTM se lit comme suit: « L'excellence de l'éducation mathématique exige l'équité – des attentes élevées et un soutien solide pour tous les élèves » [traduction] (National Council of Teachers of Mathematics, 2000, p. 12).

Plus particulièrement, le NCTM reconnaît qu'il est nécessaire de s'adapter aux différences des élèves, en tenant compte de leurs connaissances antérieures et de leurs aptitudes intellectuelles, afin de s'assurer que chacun apprenne les notions mathématiques importantes. « L'équité ne signifie pas que chaque élève doive recevoir un enseignement identique; elle exige plutôt que des adaptations raisonnables et appropriées soient mises en œuvre au besoin afin de favoriser l'accès à la matière et la réussite pour tous les élèves » [traduction] (National Council of Teachers of Mathematics, 2000, p. 12).

En quoi les élèves peuvent-ils être différents?

La façon dont les élèves répondent aux questions et résolvent les problèmes mathématiques qui leur sont soumis constitue l'une des illustrations de leurs différences. Voici par exemple une tâche qui pourrait être présentée à des élèves de 3e année.

> Une armoire contient trois tablettes. Il y a cinq boîtes sur chaque tablette. Dans la pièce, il y a trois armoires comme celle-là. Combien y a-t-il de boîtes dans les trois armoires?

Les élèves pourraient aborder la tâche de façons très différentes. En voici quelques exemples:

- Léon lève immédiatement la main et attend que l'enseignant vienne l'aider.
- Angélina dessine les armoires, les tablettes et les boîtes, puis compte les boîtes.
- Tara utilise l'addition et écrit « $5 + 5 + 5 + 5 + 5 + 5 + 5 + 5 + 5$ ».
- Jean se sert de l'addition et écrit « $5 + 5 + 5 = 15$ », puis il effectue une autre addition et écrit « $15 + 15 + 15 = 45$ ».
- Rébecca combine la multiplication et l'addition, et écrit « $3 \times 5 = 15$ », puis « $15 + 15 + 15 = 45$ ».

La réaction de l'enseignant

Que signifient ces diverses démarches des élèves pour les enseignants? Elles indiquent que, pour soutenir chaque élève, une forme distincte de rétroaction est nécessaire. Par exemple, les enseignants pourraient:

- faire un suivi auprès de Tara et de Jean en leur expliquant qu'il est avantageux d'utiliser une expression de multiplication pour noter leur raisonnement;
- aider Rébecca à appliquer ses connaissances de la multiplication à d'autres situations;
- encourager Léon à être plus autonome ou lui présenter un problème plus approprié à son stade de développement;
- révéler à Angélina l'utilité de stratégies plus avancées en lui soumettant un problème dans lequel le dénombrement est encore plus fastidieux.

Pour répondre aux besoins éducatifs de chacun de ses élèves, l'enseignant doit être au fait de leur progression ; les différences relatives à leurs démarches et à la rétroaction appropriée le soulignent. L'objectif est d'éliminer les obstacles à l'apprentissage tout en mettant les élèves au défi de prendre des risques et d'assumer la responsabilité de leur apprentissage (Karp et Howell, 2004).

QUE SIGNIFIE « RÉPONDRE AUX BESOINS DES ÉLÈVES » ?

Pour répondre aux besoins des élèves, on peut leur proposer des tâches correspondant à leur propre **zone prochaine de développement*** et s'assurer qu'ils ont l'occasion de contribuer de façon significative à la communauté d'apprentissage que constitue la classe. La *zone prochaine de développement* décrit la « disparité entre [...] [le] niveau présent de développement, qui est déterminé à l'aide des problèmes résolus de manière autonome, et le niveau qu'atteint l'enfant lorsqu'il résout des problèmes non plus tout seul mais en collaboration » (Vygotski, 1997, p. 351).

Enseigner dans la zone prochaine de développement des élèves permet de leur présenter des notions nouvelles liées à leurs connaissances actuelles, ce qui les aide à se les approprier, et ce, tant avec le soutien de l'enseignant qu'en travaillant avec d'autres élèves. Pour utiliser leur temps d'enseignement de façon optimale, les enseignants ne doivent pas aller au-delà de la zone prochaine de développement d'un élève ou lui enseigner un sujet qu'il peut déjà aborder de façon autonome. Même s'il est possible que les autres élèves de la classe fassent des progrès, l'élève qui ne travaille pas dans sa zone prochaine de développement tire rarement profit de l'enseignement.

Par exemple, un enseignant planifie une leçon sur la multiplication d'un nombre décimal par un nombre naturel. L'objectif de la leçon est l'acquisition de l'habileté à effectuer un calcul comme $3 \times 1{,}5$. Toutefois, l'enseignant devrait d'abord s'assurer que les élèves comprennent trois concepts mathématiques sous-jacents. Ainsi, pour aborder ce sujet, les élèves devraient savoir :

- ce que sont les sens de la multiplication (que ce soit l'**addition répétée**, le dénombrement de groupes équivalents, le calcul de l'aire d'un rectangle ou la description d'un taux [trois fois plus]) ;
- que la multiplication possède ces mêmes sens peu importe le nombre multiplié par 3 ;
- qu'on peut multiplier des nombres par étapes (le principe de distributivité), par exemple $3 \times 1{,}5 = 3 \times 1 + 3 \times 0{,}5$.

L'enseignant pourra probablement enseigner la leçon planifiée si les élèves comprennent que 1,5 correspond à 15 dixièmes ou à 1 et 5 dixièmes ; toutefois, il pourrait enseigner efficacement la même leçon à des élèves qui ne comprennent pas ce fait ou qui ne sont tout simplement pas prêts à travailler avec des nombres décimaux. Il pourrait alors permettre aux élèves moins avancés d'explorer les concepts à l'aide de nombres naturels pendant que les élèves plus avancés travaillent avec des nombres décimaux. Avant de demander à un élève de travailler avec des nombres décimaux, l'enseignant doit avoir le sentiment que leur utilisation fait partie de la zone prochaine de développement de l'élève. Grâce à cet ajustement, l'enseignant différencie la tâche pour la situer dans la zone prochaine de développement de chaque élève.

* L'usage de l'expression « zone proximale de développement » est aussi très répandu. (N.D.T.)

ÉVALUER LES BESOINS DES ÉLÈVES

Pour enseigner dans la zone prochaine de développement d'un élève, l'enseignant doit d'abord déterminer ce qu'est cette zone. Il doit donc faire l'évaluation du stade de développement mathématique de l'élève en recueillant des informations. Par exemple, pour déterminer le stade de développement d'un élève de 3e année ou de 4e année en ce qui concerne la multiplication, un enseignant pourrait lui poser un ensemble de questions en vue de découvrir s'il connaît divers sens de la multiplication, s'il sait à quelles situations s'applique la multiplication, s'il peut résoudre des problèmes simples de multiplication et s'il peut multiplier des nombres à un chiffre soit à l'aide de tables de multiplication mémorisées, soit à l'aide de stratégies mettant en relation des faits connus avec des faits déduits (par exemple, savoir que 6×7 doit correspondre à 7 de plus que 5×7).

Il existe des outils, basés sur le continuum décrivant le développement mathématique des élèves (Small, 2008b, 2010b, 2011, 2012, 2013 ; Small, Lin et Kubota-Zarivnij, 2012 et 2013), qui permettent d'effectuer ce type d'évaluation. Les enseignants peuvent aussi se servir d'outils diagnostiques de leur cru ou conçus dans leur région. Avant de tenter de répondre aux besoins de ses élèves, un enseignant doit d'abord déterminer le niveau de compréhension mathématique de chacun d'entre eux.

APPROCHES ET PRINCIPES RELATIFS À L'ENSEIGNEMENT DIFFÉRENCIÉ

Si elle n'est pas nouvelle, l'idée de l'enseignement différencié prend de l'importance depuis quelques années pour les enseignants de mathématiques. De plus en plus, les systèmes d'éducation et les parents s'attendent à ce que l'enseignant connaisse les besoins de chaque élève et qu'il planifie son enseignement en se concentrant sur ceux-ci. Si elles se sont auparavant surtout appliquées aux autres champs d'études, ces attentes sont dorénavant courantes en mathématiques.

On s'entend de façon générale sur le fait que les éléments suivants sont essentiels à l'efficacité de l'enseignement différencié :

- ***Les grandes idées.*** L'enseignement doit être axé sur les **grandes idées** à l'étude afin que chacune soit abordée, peu importe à quel stade.
- ***Le choix.*** L'élève doit pouvoir faire des choix en ce qui concerne le contenu, la démarche ou le résultat.
- ***L'évaluation initiale.*** L'évaluation préalable à l'enseignement est indispensable à la détermination des besoins de chaque élève (Gregory et Chapman, 2007 ; Murray et Jorgensen, 2007).

L'enseignement en fonction des grandes idées

Les *Principles and Standards for School Mathematics* du NCTM comportent le principe suivant : « Un programme d'études est plus qu'une combinaison d'activités : il doit être cohérent, axé sur des notions mathématiques importantes et présenté clairement d'une année d'études à l'autre » [traduction] (National Council of Teachers of Mathematics, 2000, p. 14).

Pour être cohérent, un programme d'études doit mettre l'accent sur les interconnexions, ou grandes idées. Les grandes idées représentent les principes fondamentaux ; elles sont les idées qui relient des notions pointues. Par exemple, la notion selon laquelle les

nombres repères permettent de donner un sens à d'autres nombres est tout aussi utile à l'élève de 1re année qui met le nombre 8 en relation avec le nombre 10, plus familier, qu'à l'élève de 4e année qui met la fraction $\frac{3}{8}$ en relation avec la fraction $\frac{1}{2}$, plus familière, ou qu'à l'élève de 7e année qui met π en relation avec le nombre 3. Si les élèves d'une classe sont plus ou moins prêts à aborder la matière, cette différence a ordinairement trait aux notions pointues et non aux grandes idées. Ainsi, dans une classe où l'on enseigne à **arrondir** des millièmes à un nombre repère approprié, certains élèves ne seront peut-être pas prêts à aborder cette notion précise ; toutefois, ils pourraient tout de même traiter le concept de l'estimation, les situations où on peut l'utiliser et les raisons de son utilité.

Les grandes idées peuvent constituer un cadre de référence permettant de réfléchir aux « notions mathématiques importantes » et de soutenir l'enseignement reposant sur des normes. Elles s'appliquent à toutes les années d'études. Les grandes idées restent constantes, même si la complexité de leur application peut varier. De nombreux enseignants croient que les exigences du programme d'études les limitent à des objectifs d'apprentissage plutôt restrictifs et ont l'impression que leur enseignement doit se concentrer sur l'atteinte de ces résultats d'apprentissage précis. L'enseignement différencié exige une approche différente, facilitée par l'enseignement en fonction des grandes idées.

Le choix

Peu d'enseignants de mathématiques sont à l'aise avec la notion de choix dévolu à l'élève, sauf en de rares circonstances. Ils craignent que les élèves ne fassent pas les choix « appropriés ».

Toutefois, certains enseignants qui ne se sentent pas à l'aise d'enseigner la leçon principale de façon différenciée sont tout de même disposés à offrir des choix relatifs aux activités de suivi qui permettent aux élèves de s'exercer à employer les idées enseignées. Entre autres stratégies pour différencier les exercices, on a suggéré l'utilisation de menus à partir desquels les élèves font des choix ; les leçons à plusieurs niveaux dans lesquelles l'enseignement s'adresse à l'ensemble de la classe, mais où le suivi varie selon les élèves ; les centres d'apprentissage où divers élèves travaillent sur différentes tâches ; ou toute autre approche qui permet aux élèves de faire un choix, habituellement en vue d'atteindre l'objectif principal général de la leçon (Tomlinson, 1999 ; Westphal, 2007).

Par exemple, un enseignant peut présenter à l'ensemble de la classe une leçon sur la conception de **fractions équivalentes**, puis varier le suivi. Certains élèves travailleraient avec des fractions simples et de façon très concrète ; leurs tâches commenceraient probablement avec des fractions simples dont on a multiplié (mais pas divisé) le **numérateur** et le **dénominateur** pour obtenir des fractions équivalentes. D'autres élèves pourraient travailler à un niveau imagé ou même symbolique avec une gamme étendue de fractions dont on a multiplié ou divisé le numérateur et le dénominateur pour obtenir des fractions équivalentes ; on pourrait aussi leur poser des questions plus difficiles (par exemple, « Existe-t-il une fraction équivalente à $\frac{10}{13}$ dont le dénominateur est 48 ? »).

L'évaluation initiale

Afin d'offrir de bons choix aux élèves, l'enseignant doit d'abord savoir comment leurs connaissances des opérations et leur stade de développement mathématique varient. Pour ce faire, il doit déterminer leurs aptitudes et leurs lacunes par la collecte – organisée ou non – de données. De nombreux enseignants ont le sentiment de manquer de temps ou d'outils pour faire régulièrement l'évaluation initiale de leurs élèves; pourtant, les données ainsi obtenues sont essentielles à l'enseignement différencié.

Si l'évaluation initiale est très importante, il n'est pas obligatoire d'utiliser une approche très structurée ou des outils standardisés pour la réaliser. Selon le thème, l'enseignant pourrait utiliser une combinaison de questions orales et écrites ainsi que de tâches en vue de déterminer un point de départ adéquat pour chaque élève.

DEUX STRATÉGIES ESSENTIELLES POUR L'ENSEIGNEMENT DIFFÉRENCIÉ DES MATHÉMATIQUES: LES QUESTIONS OUVERTES ET LES TÂCHES PARALLÈLES

Il n'est pas réaliste pour un enseignant d'essayer de concevoir 30 itinéraires d'enseignement différents pour 30 élèves, ou même 6 itinéraires pour 6 groupes d'élèves; pourtant, c'est souvent la perception qu'on a de la solution de rechange à l'enseignement « taille unique ». L'enseignement des mathématiques est donc rarement différencié. Pour différencier efficacement leur enseignement, les enseignants ont besoin de stratégies pratiques qui répondent aux besoins de la majorité de leurs élèves en même temps. Deux stratégies essentielles permettent d'atteindre cet objectif. Ces deux stratégies sont les composantes centrales du présent ouvrage.

- Les **questions ouvertes**
- Les **tâches parallèles**

Les questions ouvertes

L'objectif ultime de l'enseignement différencié est de répondre aux besoins des divers élèves d'une même classe. L'enseignant peut y arriver en concevant une seule question ou tâche, si elle est suffisamment inclusive non seulement parce qu'elle peut être abordée par différents élèves à l'aide de stratégies ou de procédés variés, mais aussi parce qu'elle permet à des élèves de différents stades de développement mathématique d'apprendre et de s'améliorer. Autrement dit, la tâche doit se trouver dans la zone prochaine de développement de toute la classe. De cette manière, chaque élève participe à la discussion d'apprentissage commune et devient un membre précieux et important de sa communauté d'apprentissage. Les élèves qui éprouvent des difficultés sont alors moins susceptibles d'être les apprenants passifs qu'ils sont si souvent (Lovin, Kyger et Allsopp, 2004).

Une question ouverte est construite de telle manière qu'on peut l'aborder et y répondre de plusieurs façons. Par exemple, voici deux questions dont chacune pourrait être posée à toute la classe. De quelle façon les réponses à chaque question pourraient-elles différer?

Question nº 1: À quelle famille d'opérations appartient $3 \times 4 = 12$?

Question nº 2: Décris l'image ci-contre à l'aide d'une **égalité** mathématique.

```
x x x x
x x x x
x x x x
```

Si l'élève ne sait pas ce qu'est une famille d'opérations, il lui sera impossible de répondre correctement à la question n° 1. Dans le cas de la question n° 2, l'élève peut y répondre à l'aide d'un énoncé d'addition (par exemple, $4 + 4 + 4 = 12$ ou $4 + 8 = 12$), même s'il n'est pas à l'aise avec la multiplication. D'autres élèves pourraient écrire des énoncés de multiplication (par exemple, $3 \times 4 = 12$ ou $4 \times 3 = 12$), des énoncés de division (par exemple, $12 \div 3 = 4$ ou $12 \div 4 = 3$) ou même des énoncés comportant différentes opérations (par exemple, $3 \times 2 + 3 \times 2 = 12$).

Un type différent de discussion de classe. Dans le cas de la question n° 2 (la question ouverte), non seulement la discussion sera-t-elle plus fructueuse que pour la question n° 1, mais presque tous les élèves pourront y contribuer de façon appropriée.

Il faut bien noter ici que l'enseignant peut poser la même question à toute la classe, mais que les élèves peuvent y répondre de façon différenciée en fonction de leur compréhension. Tous les élèves peuvent participer à la discussion au sein de la communauté d'apprentissage qu'est la classe et en tirer profit.

Cette approche diffère de façon marquante de celle qui consiste à poser une question, à repérer les élèves qui ne comprennent pas, puis à poser à ces derniers une question plus simple à laquelle ils peuvent répondre. L'utilisation des questions ouvertes permet aux élèves d'acquérir de l'assurance; ils peuvent immédiatement répondre à la question de l'enseignant. Sur le plan psychologique, il s'agit d'une situation beaucoup plus positive.

De multiples bienfaits. Les questions ouvertes ont un autre avantage. Pour plusieurs élèves et adultes, les mathématiques constituent une matière difficile et désagréable; ils les perçoivent comme quelque chose de rigide, en « noir et blanc ». Contrairement, par exemple, aux études sociales ou à la langue maternelle, où on peut encourager les gens à exprimer un point de vue, on voit les mathématiques comme une matière qu'on comprend ou qu'on ne comprend pas. Cette perception des mathématiques dissuade un bon nombre d'élèves d'oser même essayer. À la première hésitation, ils présument qu'ils continueront à trébucher et risquent tout simplement d'abandonner.

Il appartient aux enseignants d'amener les élèves à voir les multiples facettes des mathématiques. Tout concept mathématique peut être abordé à partir d'un éventail de perspectives, qui enrichissent à leur tour l'étude des mathématiques. Les questions ouvertes donnent l'occasion de le démontrer.

Des stratégies pour concevoir des questions ouvertes. Le présent ouvrage propose une panoplie de styles de questions ouvertes. Voici quelques stratégies courantes utiles pour convertir des questions classiques en questions ouvertes :

- inverser une question;
- demander d'indiquer des ressemblances et des différences;
- remplacer un nombre par un blanc;
- écrire une phrase;
- utiliser des mots « vagues »;
- modifier une question existante.

Inverser une question. Dans la stratégie « d'inversion », plutôt que de poser une question aux élèves, l'enseignant leur fournit une réponse et leur demande de formuler une question. Voici des exemples.

Quelle est la moitié de 20 ?	→	10 est une fraction d'un nombre. Quels pourraient être la fraction et le nombre ?
Quelle est la longueur de l'**hypoténuse** d'un **triangle rectangle** si ses deux autres côtés mesurent 3 **unités** et 4 unités ?	→	L'un des côtés d'un triangle rectangle mesure 5 unités. De quelle longueur pourraient être ses autres côtés ?

Demander d'indiquer des ressemblances et des différences. L'enseignant choisit deux éléments – deux nombres, deux figures, deux diagrammes, deux probabilités, deux mesures, etc. – et demande aux élèves d'indiquer des ressemblances et des différences. Il y aura inévitablement de nombreuses bonnes réponses. Par exemple, l'enseignant pourrait demander quelles sont les ressemblances et les différences entre le nombre 85 et le nombre 100. Un élève pourrait remarquer qu'il nomme les deux nombres en comptant par intervalles de 5, qu'ils sont plus petits que 200 et plus grands que 50, mais que seul l'un des deux est un nombre à trois chiffres, se termine par un 5 ou est plus grand que 90.

Remplacer un nombre par un blanc. On peut concevoir des questions ouvertes en remplaçant un nombre par un blanc et en laissant les élèves choisir le nombre à utiliser. Par exemple, plutôt que de leur demander le nombre total d'élèves s'il y en a 25 dans une classe et 31 dans une autre, on pourrait indiquer aux élèves de choisir un nombre d'élèves pour chaque classe et d'en déterminer le total.

Écrire une phrase. On peut demander aux élèves d'écrire une phrase comportant certains mots et nombres. Par exemple, un enseignant pourrait demander aux élèves d'écrire une phrase comportant les nombres 3 et 4 ainsi que les mots « et » et « plus », ou encore une phrase comportant les nombres 8 et 7 ainsi que les mots « **produit** » et « égal ». Les enseignants sont souvent surpris par la variété des phrases que les élèves peuvent concevoir. Dans le premier cas, les élèves pourraient écrire les phrases suivantes et beaucoup d'autres encore :

- 3 et 4 sont plus grands que 2.
- 4 est plus grand que 3 et plus grand que 1.
- Ensemble, 3 et 4 sont plus grands que 6.
- 34 et 26 sont plus grands que 34 et 20.

Utiliser des mots « vagues ». Formuler une question à l'aide de mots un peu vagues rend cette question moins précise. Cette stratégie n'est pas négative ; au contraire, elle peut donner lieu à une discussion fructueuse et intéressante. Par exemple, au lieu de demander aux élèves de nommer deux nombres dont la **somme** est 100, un enseignant pourrait leur demander d'indiquer deux nombres dont la somme est « proche de » 100. De même, au lieu de demander aux élèves de concevoir un triangle dont l'aire est de 50 cm^2, un enseignant pourrait leur demander de concevoir deux triangles d'aires différentes, mais « proches » l'une de l'autre.

Modifier une question existante. Un enseignant peut parfois concevoir une question ouverte à partir d'une question existante – tirée d'un manuel, par exemple. Voici quelques exemples.

Roger a 4 paquets de crayons. Chaque paquet contient 6 crayons. Combien de crayons Roger a-t-il en tout ?	→	Roger a quelques paquets de crayons. Chaque paquet contient 2 crayons de plus que le nombre de paquets. Combien de crayons Roger a-t-il en tout ?
Quel nombre a 3 centaines, 2 dizaines, 2 unités de mille et 4 unités ?	→	Tu peux représenter un nombre avec 11 blocs de **matériel de base 10**. Quel pourrait être ce nombre ?
Le diamètre d'une table ronde est de 1,75 mètre. Exprime ce diamètre sous forme de **fraction irréductible**.	→	Le diamètre d'une table ronde mesure entre 1 et 2 mètres. Exprime ce diamètre sous forme de fraction, de deux façons différentes.

Ce qu'il faut éviter dans une question ouverte. Une question ouverte doit être signifiante sur le plan mathématique. S'il n'y a rien de mal à poser de temps à autre une question comme « À quoi le nombre 6 te fait-il penser ? » les questions directement axées sur les grandes idées ou sur les objectifs d'apprentissage ont plus de chances d'aider les élèves à progresser de façon satisfaisante en mathématiques.

Les questions ouvertes doivent être « juste assez » ambiguës. Elles semblent parfois vagues, ce qui peut déranger les élèves au départ ; mais cette imprécision est essentielle afin d'assurer que la question est assez générale pour répondre aux besoins de tous les élèves.

En revanche, il faut éviter de rendre les questions imprécises au point de dissuader la réflexion. Par exemple, on peut comparer une question comme « Qu'est-ce qu'un pas de géant ? » avec une question comme « Combien de pas de bébé y a-t-il dans un pas de géant ? » Dans le premier cas, l'élève ne sait pas si on lui demande une définition, une mesure de distance ou autre chose. Il ne se sentira probablement pas à l'aise d'aller de l'avant sans directives supplémentaires. La seconde question est elle aussi ambiguë. S'il est possible que certains élèves se demandent ce qu'on entend par « pas de bébé » et « pas de géant », plusieurs d'entre eux se sentiront à l'aise d'aller de l'avant parce qu'ils comprendront qu'il s'agit d'une situation de mesure.

Le rôle de cette légère ambiguïté est de prévoir une marge pour la différenciation, laquelle constitue l'objectif des questions ouvertes. Toute question trop précise risque de cibler un stade de compréhension restreint et d'empêcher les élèves qui ne possèdent pas cette compréhension de s'intéresser à la question et de réussir à y répondre.

Favoriser les discussions de suivi efficaces. Le rôle des discussions de suivi est déterminant pour consolider l'apprentissage et accroître l'assurance des élèves. Par conséquent, les enseignants doivent employer des stratégies qui optimiseront l'efficacité des discussions de suivi afin que les élèves de tous les stades de développement en bénéficient.

Les élèves qui sont les plus susceptibles de fournir des réponses simples devraient être invités à répondre les premiers; cela contribue à la réussite de l'ensemble des élèves. Ce faisant, l'enseignant accroît les chances que les réponses de ces élèves n'aient pas déjà été données lorsque vient leur tour de répondre.

L'enseignant doit faire comprendre aux élèves qu'il reconnaît la valeur d'une grande variété de réponses – ceux-ci savent pertinemment quand un enseignant « cherche » une réponse en particulier. Par sa conception, une question ouverte possède plusieurs bonnes réponses de même valeur.

L'enseignant doit s'efforcer d'établir des liens entre les réponses des élèves. Par exemple, si on demande aux élèves de nommer des ressemblances entre 10 et 12, un élève pourrait mentionner qu'il s'agit de deux nombres pairs et un autre, que les deux nombres se situent entre 10 et 20. L'enseignant pourrait alors faire le suivi suivant:

- Quels autres nombres pairs se situent entre 10 et 20?
- Quels chiffres vous indiquent que ces nombres sont pairs?
- Quels chiffres vous indiquent que ces nombres se situent entre 10 et 20?

De telles questions stimulent tous les élèves et guident ceux qui ont besoin d'aide.

Les tâches parallèles

Les tâches parallèles sont des ensembles de tâches – habituellement deux ou trois – conçues pour répondre aux besoins d'élèves de différents stades de développement, mais qui portent sur la même grande idée et dont le contexte est assez semblable pour qu'on en discute en même temps. Autrement dit, la question de suivi qu'un enseignant pose à la classe convient à chaque élève, peu importe la tâche accomplie par celui-ci. Utiliser des tâches parallèles met en œuvre l'idée de Forman (2003) selon laquelle la modification d'une tâche peut engendrer des discussions utiles à propos des notions mathématiques qui sous-tendent une situation. Les tâches parallèles contribuent aussi à transformer la classe en une communauté d'apprentissage dans laquelle tous les élèves peuvent participer à la discussion du thème à l'étude (Murray et Jorgensen, 2007).

Par exemple, supposons qu'un enseignant désire démontrer la grande idée suivante, associée au domaine du sens des nombres et des opérations (*Number and Operations* selon le NCTM) : il importe de reconnaître les situations où l'utilisation de chaque opération est appropriée. L'enseignant peut présenter les deux tâches parallèles suivantes.

Tâche 1: Conçois un problème écrit qu'on peut résoudre en multipliant deux nombres à un chiffre.

Tâche 2: Conçois un problème écrit qu'on peut résoudre en multipliant deux nombres entre 10 et 100.

Dans les deux cas, on met l'accent sur la reconnaissance de situations où l'utilisation de la multiplication est appropriée. Toutefois, la ***tâche 1*** convient aux élèves qui ne sont capables de travailler qu'avec de petits **facteurs**. De plus, les tâches vont bien ensemble. En effet, les mêmes questions – comme celles ci-dessous – peuvent servir à la discussion de l'une et l'autre tâche et s'adresser à tous les élèves de la classe :

- Quels nombres avez-vous choisi de multiplier ?
- Comment saviez-vous combien de chiffres contiendrait le produit ?
- Pourquoi votre problème était-il un problème de multiplication ?
- Quel était votre problème ?
- Comment pouvez-vous le résoudre ?

Des stratégies pour concevoir des tâches parallèles. Avant de concevoir des tâches parallèles pour traiter une grande idée donnée, il importe de réfléchir aux différentes façons dont les élèves peuvent l'aborder, selon leur stade de développement. Il peut s'agir de différences quant aux opérations que les élèves peuvent effectuer, à la grandeur des nombres qu'ils peuvent utiliser ou encore, par exemple, aux sens d'une opération qu'ils saisissent.

Une fois ces différences déterminées, l'objectif est d'élaborer diverses tâches dont le contexte est assez semblable pour que les mêmes questions puissent être posées à tous les élèves pendant qu'ils réfléchissent à leur travail. Par exemple, en ce qui concerne la grande idée selon laquelle l'utilisation d'**unités de mesure conventionnelles** simplifie la communication, la plus grande différence relative au stade de développement des élèves pourrait être le type de mesure avec lequel ceux-ci sont à l'aise. Une tâche pourrait cibler des mesures linéaires et une autre, des mesures de surface. Voici un ensemble de tâches parallèles possibles.

Tâche 1 :	Un objet a une longueur de 30 cm. Quel pourrait être cet objet ?
Tâche 2 :	Un objet a une aire de 30 cm^2. Quel pourrait être cet objet ?

Voici quelques questions de suivi communes.

- Votre objet est-il très gros ou pas très gros ? Comment le savez-vous ?
- Pouvez-vous tenir votre objet dans une main ?
- Comment savez-vous que la mesure de votre objet est d'environ 30 ?
- Comment mesureriez-vous votre objet pour voir à quel point cette mesure est proche de 30 ?
- Comment savez-vous qu'une foule d'objets peuvent convenir ?

Il est souvent possible de concevoir un ensemble de tâches parallèles en choisissant une tâche dans une ressource pratique (par exemple, un manuel), puis en trouvant un moyen de l'adapter à un autre stade de développement. On offre ensuite simultanément les deux tâches aux élèves.

Tâche initiale (par exemple, tirée d'un manuel):
Ce matin, il y avait 483 élèves à l'école. Ensuite, 99 élèves sont partis en sortie éducative. Combien d'élèves reste-t-il dans l'école?

Tâche parallèle:
Il y a 71 élèves de 3e année à l'école; 29 d'entre eux sont partis à la bibliothèque. Combien d'élèves reste-t-il dans les classes?

Voici quelques questions de suivi communes.

- Comment savez-vous que la plupart des élèves sont restés?
- Comment avez-vous déterminé combien d'élèves sont restés?
- Pourquoi quelqu'un ferait-il une soustraction pour répondre à la question?
- Pourquoi quelqu'un ferait-il une addition pour répondre à la question?
- Qu'est-ce qui changerait dans votre réponse si un élève de plus n'était pas en classe?
- Qu'est-ce qui changerait dans votre réponse s'il y avait un élève de plus au début du problème?

Favoriser les discussions de suivi efficaces. Dans les tâches parallèles, le rôle des discussions de suivi et les techniques pour les favoriser reflètent ceux des questions ouvertes. Encore une fois, il est essentiel que l'enseignant fasse comprendre aux élèves qu'il accorde la même valeur à toutes les tâches en les présentant de sorte que des questions communes conviennent à chacune. Les élèves doivent se rendre compte que l'enseignant porte le même intérêt aux réponses de tous les groupes d'élèves, peu importe la tâche choisie. L'enseignant devrait éviter d'inviter les élèves à répondre en deux – ou trois – étapes distinctes, c'est-à-dire de discuter d'abord avec les élèves qui ont effectué une tâche, puis de discuter avec ceux qui en ont effectué une autre. Chaque question devrait s'adresser à l'ensemble des élèves. Si ceux-ci souhaitent dévoiler la tâche qu'ils ont choisie, ils sont libres de le faire, mais il est préférable que l'enseignant ne demande pas cette information au début de la discussion.

Enjeux relatifs à la gestion du choix. Certains enseignants craignent que, devant des tâches de deux degrés de difficulté, certains élèves choisissent la « mauvaise » tâche. En effet, il peut parfois être approprié d'orienter un élève vers une tâche: il s'agit simplement d'assigner une tâche particulière à chaque élève. Il est cependant important, parfois – et même la plupart du temps –, de laisser les élèves faire leur choix; cela favorise beaucoup l'autonomie.

Les élèves qui éprouvent de la difficulté avec un concept et qui choisissent une tâche au-delà de leurs aptitudes s'en apercevront rapidement et passeront à l'autre possibilité. Savoir qu'ils peuvent choisir leur tâche devrait réduire leur frustration s'ils éprouvent de la difficulté au départ. En revanche, des élèves pourraient aussi découvrir qu'ils sont capables d'effectuer une tâche plus difficile que ce qu'ils croyaient pouvoir faire au départ. Il s'agirait alors d'une expérience très positive.

Les élèves qui choisissent constamment des tâches en deçà de leurs aptitudes devraient simplement effectuer la tâche choisie. Puis, une fois la tâche terminée, l'enseignant peut les encourager en privé à essayer aussi l'autre tâche.

MES QUESTIONS ET MES TÂCHES

Objectif de la leçon: La mesure de surface **Année d'études:** 3e

Notions à l'étude:

Mesure géométrique: comprendre les concepts relatifs à l'aire et mettre celle-ci en relation avec la multiplication et l'addition; comprendre que le périmètre est un attribut des figures à deux dimensions et distinguer les mesures linéaires des mesures de surface.

Grande idée sous-jacente:

On peut décrire le même objet à l'aide de mesures différentes.

Question ouverte:

Quelle figure est la plus grande? Comment le sais-tu?

Tâches parallèles:

Tâche 1:

Quelle figure a le plus grand périmètre? De combien est-il plus grand?

Tâche 2:

Quelle figure a la plus grande aire? De combien est-elle plus grande?

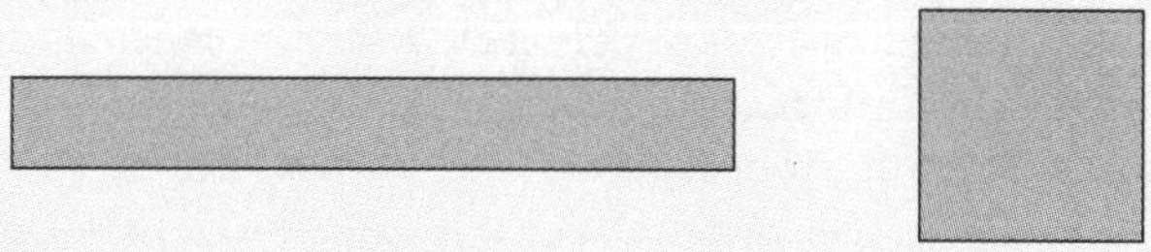

Principes fondamentaux:

- Toute question ouverte doit admettre de bonnes réponses correspondant à divers stades de développement.
- Les variantes que comportent les tâches parallèles doivent favoriser la réussite des élèves qui éprouvent des difficultés et stimuler les élèves compétents.
- La façon dont les questions et les tâches sont élaborées doit permettre à tous les élèves de participer aux discussions de suivi.

De la théorie à la pratique

Le modèle pratique que constitue le formulaire de la page précédente peut servir à la conception de matériel personnalisé favorisant l'enseignement différencié des mathématiques. Dans cet exemple, l'enseignant a élaboré un plan pour différencier son enseignement de la mesure. L'appendice du présent ouvrage contient un formulaire vierge.

Il importe de garder à l'esprit les principes fondamentaux suivants lors de l'élaboration de nouvelles questions et de nouvelles tâches :

- Toute question ouverte doit admettre de bonnes réponses correspondant à divers stades de développement.
- Les variantes que comportent les tâches parallèles doivent favoriser la réussite des élèves qui éprouvent des difficultés et stimuler les élèves compétents.
- La façon dont les questions et les tâches sont élaborées doit permettre à tous les élèves de participer aux discussions de suivi.

Au début, les enseignants ne trouveront probablement pas facile d'intégrer les stratégies essentielles que sont les questions ouvertes et les tâches parallèles à leur enseignement de tous les jours. Quand ils auront mis à l'essai les exemples fournis dans les cinq chapitres suivants et conçu leurs propres questions et tâches, cependant, ils s'apercevront que ces stratégies deviennent vite une seconde nature. De plus, ils verront leurs efforts récompensés par les effets très positifs de la différenciation : une meilleure participation et de grands progrès dans l'apprentissage, et ce, pour tous les élèves.

CRÉER UNE COMMUNAUTÉ D'APPRENTISSAGE AXÉE SUR LA COMMUNICATION MATHÉMATIQUE

Cet ouvrage suggère de nombreuses façons de différencier l'enseignement. Leur succès repose sur un climat de classe où les discussions mathématiques sont la norme, où l'on encourage et valorise la diversité des démarches des élèves, et où les élèves se sentent libres de prendre des risques. L'enseignant ne peut pas savoir ce qu'un élève comprend ou ne comprend pas si celui-ci ne participe pas à la discussion mathématique. Par conséquent, il ne saura pas quelles étapes suivre pour s'assurer de répondre aux besoins de cet élève.

Certains enseignants seront nerveux à l'idée d'offrir des choix ou de poser des questions ouvertes. Ils pourraient craindre que les élèves fassent fausse route, qu'ils se sentent mal à l'aise s'ils ne saisissent pas parfaitement ce qu'on attend d'eux ou qu'ils soulèvent une idée avec laquelle l'enseignant n'est pas familier, le laissant incertain quant à la façon de procéder. Toutes ces inquiétudes sont normales.

Au départ, les élèves qui sont habitués à un environnement d'apprentissage hautement structuré pourraient être déconcertés par les questions ouvertes ou les tâches parallèles. Toutefois, lorsqu'ils auront constaté que l'enseignant leur permet de suivre des voies différentes, ils s'habitueront au changement et seront reconnaissants d'avoir la possibilité de participer davantage. Pour leur part, les enseignants trouveront à la fois surprenant et gratifiant de voir à quel point les élèves relèvent le défi de participer aux discussions mathématiques, clarifient des commentaires vagues faits par d'autres élèves ou aident les enseignants à récupérer des suggestions faites par la classe.

2

Sens des nombres et des opérations

LES ACTIVITÉS D'APPRENTISSAGE DIFFÉRENCIÉ liées au sens des nombres et des opérations découlent de l'application des processus mathématiques – tels que décrits par le NCTM – en ce qui concerne la résolution de problèmes, le raisonnement, la communication, l'établissement de liens et la visualisation, et ce, aux objectifs relatifs au sens des nombres et des opérations que prône cet organisme, notamment :

- comprendre les nombres, les façons de les représenter, leurs relations et les systèmes de numération ;
- comprendre les sens des opérations et les liens qui les unissent ;
- effectuer des calculs avec aisance et faire des estimations vraisemblables (National Council of Teachers of Mathematics, 2000).

THÈMES

Un enseignant conscient de la façon dont ses élèves approfondissent leur compréhension du nombre, d'une tranche d'années d'études à l'autre, aura plus de facilité à différencier son enseignement dans le domaine du sens des nombres et des opérations. Les programmes d'études provinciaux ou régionaux et des rapports de recherche constituent une bonne source de renseignements à cet égard.

Du préscolaire à la 2e année

Dans cette tranche d'années d'études, les élèves passent du dénombrement et de la comparaison de nombres très simples, habituellement jusqu'à 10, au dénombrement, à la comparaison, à la représentation et à l'interprétation de nombres jusqu'à 1000 à l'aide de concepts de valeur de position. Au départ, ils comptent pour déterminer des sommes dans des situations simples de combinaison ainsi que des **différences** dans des situations simples de soustraction, pour ensuite réfléchir à l'addition et à la soustraction de façon plus structurée. À mesure qu'ils passent d'une année d'études à l'autre, les élèves de cette tranche utilisent de plus en plus efficacement une gamme de principes, de stratégies et de démarches afin d'effectuer des additions et des soustractions ainsi que de résoudre des problèmes comportant ces opérations.

De la 3e année à la 5e année

Dans cette tranche d'années d'études, on met de plus en plus l'accent sur la multiplication et la division de nombres naturels à l'aide d'une gamme de stratégies permettant aux élèves de calculer et d'estimer des produits, puis des **quotients**. Les élèves mémorisent des tables de multiplication et les tables de division correspondantes, deviennent de plus en plus à l'aise avec les **algorithmes** permettant de multiplier et de diviser des nombres naturels à plusieurs chiffres, et résolvent des problèmes illustrant divers sens de la multiplication et de la division.

En outre, les élèves comprennent de mieux en mieux les fractions, tout d'abord en les explorant à l'aide de matériel de manipulation, en les représentant et en les comparant, puis en se servant de fractions équivalentes pour se simplifier la tâche et pour effectuer des additions et des soustractions de fractions. Ils apprennent aussi à multiplier des fractions. Enfin, ils commencent à se servir de la notation décimale pour représenter des **nombres fractionnaires** et apprennent à faire des calculs comportant des nombres décimaux afin de résoudre des problèmes qui nécessitent d'effectuer des opérations.

De la 6e année à la 8e année

Dans cette tranche d'années d'études, les élèves appliquent leur compréhension des fractions et des nombres décimaux à des situations qui requièrent de diviser ces nombres. Ils travaillent de plus en plus avec les **rapports** et les **proportions**, surtout – mais pas exclusivement – dans des situations comportant des pourcentages. Ils commencent aussi à travailler avec des nombres plus abstraits, y compris les **nombres entiers négatifs**, les **nombres rationnels** et les **exposants**.

LES GRANDES IDÉES QUI SOUS-TENDENT LE SENS DES NOMBRES ET DES OPÉRATIONS

Voici les grandes idées autour desquelles on peut structurer les programmes d'études cohérents qui correspondent aux normes de contenu et aux processus mathématiques du NCTM (National Council of Teachers of Mathematics, 2000) et qui soutiennent l'enseignement différencié.

- Un nombre peut avoir de nombreuses représentations. Chacune d'entre elles en souligne habituellement une caractéristique différente.
- Les nombres indiquent la quantité.
- Les nombres repères (des nombres de référence familiers et significatifs comme 10, 25, 100, 1000, etc.) sont utiles pour mettre en relation et estimer des nombres.
- La classification des nombres (par exemple, en fonction de leur nombre de chiffres, selon qu'ils sont pairs ou impairs, etc.) permet de tirer des conclusions à leur sujet.
- Les régularités du **système de valeur de position** peuvent faciliter l'interprétation des nombres et les opérations sur ceux-ci.
- Il importe de reconnaître les situations où l'utilisation de chaque opération (addition, soustraction, multiplication ou division) est appropriée.
- On peut additionner, soustraire, multiplier ou diviser des nombres de plusieurs façons.
- En situation de calcul, il importe d'utiliser et de mettre à profit les relations qui existent entre les opérations.

Les tâches présentées et les questions posées au cours de l'enseignement du sens des nombres et des opérations devraient consolider ces grandes idées. Les pages suivantes présentent plusieurs exemples d'utilisation des questions ouvertes et des tâches parallèles lors de l'enseignement différencié de ces grandes idées, d'une tranche d'années d'études à l'autre.

TABLE DES MATIÈRES DU CHAPITRE	
Questions ouvertes – Du préscolaire à la 2e année	17
Questions ouvertes – De la 3e année à la 5e année	29
Questions ouvertes – De la 6e année à la 8e année	40
Tâches parallèles – Du préscolaire à la 2e année	48
Tâches parallèles – De la 3e année à la 5e année	55
Tâches parallèles – De la 6e année à la 8e année	65

QUESTIONS OUVERTES – DU PRÉSCOLAIRE À LA 2e ANNÉE

Les **QUESTIONS OUVERTES** possèdent une large portée et suscitent des réponses sensées chez des élèves de plusieurs stades de développement.

✸ GRANDE IDÉE. Un nombre peut avoir de nombreuses représentations. Chacune d'entre elles en souligne habituellement une caractéristique différente.

> Qu'est-ce qui rend le nombre 5 spécial ?

En posant cette question à de jeunes élèves, on leur donne l'occasion de participer à une discussion mathématique. Certains élèves penseront au fait qu'il y a 5 doigts dans une main ; quelques élèves diront qu'ils ont 5 ans ; d'autres mentionneront les 5 membres de leur famille ; d'autres encore penseront qu'une pièce de monnaie particulière vaut 5 cents. Cette question aide les élèves à comprendre que les nombres permettent de décrire des quantités dans une gamme étendue de contextes.

Variantes. On peut remplacer le nombre 5 par d'autres nombres que les élèves pourraient considérer comme spéciaux, par exemple 0, 1 ou 10.

> Représente le nombre 7 du plus de façons possible.

Pour répondre à cette question, les élèves pourraient dessiner 7 éléments semblables, dessiner 7 éléments différents et sans lien entre eux, écrire le chiffre 7 à l'aide d'un symbole stylisé, écrire le mot « sept » ou encore écrire des opérations mathématiques dont le résultat est 7, comme 6 + 1 ou 4 + 3.

Parce que la question demande aux élèves de concevoir autant de représentations que possible, même un élève qui n'en trouvera qu'une ou deux aura réussi à y répondre. Peu importe son stade de développement, chaque élève se concentrera sur le fait que tout nombre peut être représenté de plusieurs façons. Les questions posées aux élèves doivent attirer leur attention sur les ressemblances et les différences entre les représentations qu'ils ont eux-mêmes conçues. Par exemple, l'enseignant peut poser les questions suivantes:

- Parmi vos représentations, lesquelles se ressemblent le plus?
- Lesquelles montrent clairement que 7 est plus petit que 10?
- Lesquelles montrent clairement que 7 est un nombre impair?
- Lesquelles montrent clairement que 7 est égal à 5 plus 2?

ASTUCE PÉDAGOGIQUE. De nombreuses questions peuvent servir à plusieurs reprises après de simples modifications. Cette question n'en est qu'un exemple. Dans le cas présent, on propose le nombre 7; mais on peut ouvrir la question davantage en demandant aux élèves de choisir eux-mêmes le nombre qu'ils représenteront du plus de façons possible.

Choisis deux des chiffres ci-dessous. Observe leur apparence. Quelles sont leurs ressemblances? Quelles sont leurs différences?

1 2 3 4 5 6 7 8 9 0

Prendre conscience du fait que les nombres peuvent représenter des quantités est une part importante du développement mathématique; mais les élèves doivent aussi reconnaître les symboles numériques. Cette question met l'accent sur la forme des symboles, ce qui aide les élèves à apprendre à les lire et à les reproduire.

Puisque les élèves choisissent leurs deux chiffres, pratiquement chacun d'entre eux réussira à répondre à la question. Voici un exemple de comparaison très simple: on écrit 1 et 4 à l'aide de lignes droites seulement, mais on a besoin de moins de lignes pour écrire 1 que pour écrire 4.

La réponse est 5. Quelle est la question?

Cette question suscite d'innombrables réponses et renforce l'important concept selon lequel un nombre peut être représenté de nombreuses façons. Certains élèves se serviront de l'addition et poseront la question « Que font 4 + 1? » D'autres élèves feront une soustraction et poseront la question « Que font 6 – 1? » D'autres encore poseront des questions très différentes, par exemple « Quel nombre vient après 4? » ou même « Combien d'orteils un pied possède-t-il? » Étant donné le grand éventail de réponses possibles, la question convient aux élèves de tous les stades de développement.

Variantes. On peut utiliser cette tâche à nouveau en changeant le nombre qui constitue la réponse.

✷ GRANDE IDÉE. Les nombres indiquent la quantité.

> Choisis deux nombres. L'un des nombres est beaucoup plus grand que l'autre. Quels sont ces nombres et comment pourrais-tu les écrire ?

Cette question permet d'avoir un aperçu de ce que signifie le mot « beaucoup » pour les élèves. Puisqu'elle leur donne aussi l'occasion d'utiliser des nombres avec lesquels ils se sentent à l'aise, cette question est accessible à la plupart des élèves. Certains élèves choisiront des nombres comme 1 et 20, et d'autres opteront pour des nombres comme 1 et 100 ou 3 et 30. Puisqu'ils doivent les écrire, les élèves s'en tiendront probablement à des nombres qui ne sont pas trop grands – plutôt que de simplement lancer des mots (comme « un million ») qu'ils savent correspondre à de très grands nombres, mais qu'ils ne comprennent sans doute pas vraiment.

Il serait intéressant de discuter des réponses et de les comparer. L'enseignant pourrait poser les questions suivantes :

- Selon vous, 20 et 100 sont-ils tous deux « beaucoup » plus grands que 1 ?
- Comment savez-vous que 20 est beaucoup plus grand que 1 ?
- Comment avez-vous choisi vos nombres ?

> Commence à compter à partir du nombre de ton choix. Devras-tu nommer beaucoup ou peu d'autres nombres pour te rendre jusqu'à 50 ? Comment le sais-tu ?

Encore une fois, cette question est ouverte puisque les élèves peuvent choisir un nombre. S'il choisit un petit nombre (par exemple, 2 ou 3), un élève devrait se rendre compte qu'il lui faudra du temps pour se rendre à 50. Dans le cas d'un nombre plus grand que 50, il sera intéressant d'observer si l'élève est à l'aise de compter à rebours jusqu'à 50. Certains élèves penseront à compter par intervalles ; ils pourraient se rendre assez vite à 50, même s'il y a en principe un grand écart entre les nombres. En plus d'aborder la grandeur des nombres, cette question permet d'observer si les élèves peuvent compter avec aisance.

Variantes. On peut modifier la question en demandant précisément aux élèves de compter par intervalles ou à rebours et en remplaçant le nombre 50 par un autre nombre.

ASTUCE PÉDAGOGIQUE. L'une des stratégies les plus simples de l'enseignement différencié est de permettre aux élèves de choisir les nombres avec lesquels ils travailleront.

> Un nombre indique combien d'élèves il y a dans une école. Quel pourrait être ce nombre ?

Une partie importante de l'enseignement des mathématiques consiste à permettre aux élèves de donner un sens aux nombres qui les entourent. Les élèves doivent être en mesure de reconnaître les situations où un nombre a du sens et celles où il n'en a pas. Par exemple, ils devraient savoir que 500 $ n'est pas un prix vraisemblable pour un crayon.

La question ci-dessus illustre un contexte authentique. Dans ce cas, la situation est étroitement liée à l'expérience quotidienne des élèves ; ils peuvent réfléchir au nombre d'élèves que compte leur propre école. Toutefois, la question peut aussi les inciter à envisager d'autres possibilités, par exemple le nombre d'élèves que pourrait comporter une grande école secondaire, une petite école de campagne ou une école de taille moyenne.

Certains élèves feront des calculs, en multipliant le nombre d'élèves d'une classe par le nombre de classes de l'école. Les élèves qui donnent une réponse au hasard devraient la justifier.

✸ GRANDE IDÉE. Les nombres repères sont utiles pour mettre en relation et estimer des nombres.

> Écris un nombre sous la deuxième marque de la **droite numérique**.
>
> 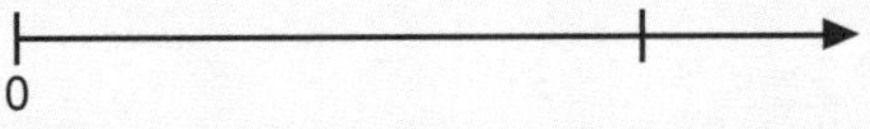
>
>
> Place un point sur la droite numérique. Indique le nombre qui y correspond et explique pourquoi.

Cette question permet aux élèves de voir à quel point les nombres repères sont utiles pour mettre des nombres en relation. Sa conception ouverte permet aux élèves de choisir non seulement le point qu'ils placent sur la droite numérique, mais aussi le nombre repère qu'ils utilisent.

On pourrait placer 2 à la deuxième marque, puis le point 1 à mi-chemin entre 0 et 2 ; c'est une réponse simple. On pourrait aussi fournir une réponse plus complexe, comme placer 10 à la deuxième marque et tenter de placer le point de façon à représenter un nombre comme 2 ou 3.

Peu importe son choix, chaque élève pourra participer à la discussion à propos de la position des nombres sur la droite numérique et de leurs relations.

Variantes. L'enseignant peut choisir lui-même le nombre correspondant à la deuxième marque, par exemple 5, puis laisser les élèves choisir le point.

> Écris une phrase qui contient les quatre nombres et mots ci-dessous.
> Tu peux aussi utiliser d'autres mots ou d'autres nombres.
>
> 3 plus 5 et

Les réponses à cette question varieront grandement. Des élèves de divers stades de développement pourraient écrire :

- 3 et 5 sont tous deux plus grands que 2.
- 5 est plus grand que 3, et 2 est plus grand que 1.
- 53 + 3 est plus grand que 28 et 10.

Bien que certaines réponses soient beaucoup plus simples que d'autres, elles sont toutes utiles pour alimenter une discussion sur la comparaison des nombres.

> Un nombre est beaucoup plus grand qu'un autre. Les deux nombres sont plus grands que 100. Quels pourraient être ces deux nombres ?

Cette question offre une très grande latitude à la fois dans le choix des nombres et dans l'interprétation de l'expression « beaucoup plus ».

Par exemple, un élève pourrait choisir 200 et 300, sous-entendant que 300 est beaucoup plus grand que 200 en raison de l'écart de 100 entre les deux nombres. D'autres élèves pourraient considérer que ces nombres ne sont pas assez éloignés l'un de l'autre et choisir 1 000 000 et 101, par exemple. Tous ces élèves ont raison ; en revanche, la question ouvre la voie à une discussion sur le fait que certains termes mathématiques sont plus précis que d'autres et que chaque type de termes peut convenir à différentes situations.

De plus, cette question permet à l'ensemble de la classe de mettre en pratique à répétition le concept de comparaison.

GRANDE IDÉE. La classification des nombres permet de tirer des conclusions à leur sujet.

> Quelles sont les ressemblances entre les nombres 200 et 350 ? Quelles sont les différences ?

Une question de ce genre permet à l'enseignant d'examiner les connaissances des élèves à propos des nombres dans les centaines. Les élèves pourraient mentionner des ressemblances comme les suivantes :

- Les deux nombres sont plus grands que 100.
- Les deux nombres sont plus petits que 400.
- On nomme ces deux nombres en comptant par intervalles de 10.
- Les deux nombres ont trois chiffres.
- On pourrait représenter ces deux nombres avec des pièces de 25 cents, s'il était question de montants d'argent.

200 :

350 :

Les élèves pourraient mentionner des différences comme les suivantes :

- 350 est plus grand que 300, mais pas 200.
- 200 comporte un nombre exact de centaines, mais pas 350.
- On peut compter de 0 à 200 par intervalles de 20, mais on ne peut pas compter de 0 à 350 par intervalles de 20.

Cette question convient à une gamme étendue d'élèves parce que ceux-ci peuvent choisir des ressemblances et des différences simples – comme le fait que les deux nombres se terminent par 0 – ou plus complexes – comme le fait que les deux nombres font partie de la suite formée quand on compte par intervalles de 25. Tous les élèves tirent profit de la discussion globale à propos de la représentation et du sens des nombres.

Variantes. On peut facilement concevoir des variantes en utilisant d'autres paires de nombres.

✷ GRANDE IDÉE. Les régularités du système de valeur de position peuvent faciliter l'interprétation des nombres et les opérations sur ceux-ci.

> Un nombre à deux chiffres possède plus de dizaines que d'unités. Quel pourrait être ce nombre ? Comment sais-tu que ce nombre constitue une réponse juste ?

Les nombres sont écrits de sorte que la valeur d'un chiffre dépend de sa position dans le nombre ; une large part du travail avec les nombres repose sur ce fait. Par exemple, le 2 vaut 20 dans le nombre 23, mais il vaut seulement 2 dans le nombre 32.

Afin d'aider les élèves, on aborde souvent le système de valeur de position à l'aide de modèles qui illustrent ces différences. Par exemple, ce matériel de base 10 représente 20 (deux languettes) et 2 (deux petits cubes).

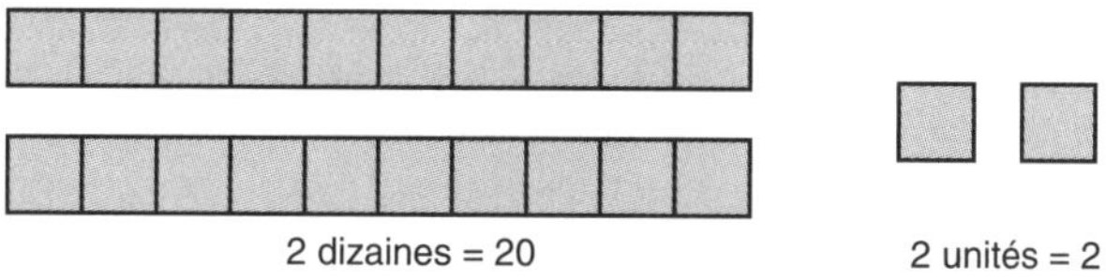

Pour répondre à cette question, les élèves peuvent disposer – ou non – de matériel de base 10. S'il sera utile à la plupart des élèves, le matériel de base 10 ne sera pas essentiel aux élèves avancés. Certains élèves ne trouveront qu'une ou deux réponses possibles, tandis que d'autres en détermineront plusieurs (par exemple, 31, 32, 43, 42, 41, etc.) ou les donneront même toutes. Avec un seul nombre à trouver, la tâche semble moins ardue aux élèves qui éprouvent des difficultés. Lors de la discussion, les élèves constateront toute la gamme des valeurs parmi lesquelles ils auraient pu choisir.

Certains élèves justifieront leur réponse à l'aide de représentations concrètes, tandis que d'autres donneront des explications plus symboliques.

Variantes. On peut offrir aux élèves qui sont prêts à travailler avec des nombres à trois chiffres la possibilité de faire ce choix.

> Pense à un nombre fait de dizaines et d'unités. Intervertis le nombre de dizaines et le nombre d'unités. Qu'arrive-t-il à la valeur de ton nombre ? Pourquoi ?

Un peu comme la précédente, cette question met l'accent sur la différence de valeur d'un chiffre en fonction de la position qu'il occupe dans un nombre. Des élèves choisiront un nombre dont la valeur diminuera ; ils pourront constater que cela se produit lorsque le chiffre des dizaines est le plus grand dans le nombre initial (par exemple, 43, 75, 91). D'autres choisiront un nombre dont la valeur augmentera et observeront que cela se produit lorsque le chiffre des dizaines est le plus petit dans le nombre initial (par exemple, 34, 57, 19). Il serait intéressant que certains élèves choisissent un nombre dans lequel le même chiffre se répète (par exemple, 22) ou dont le chiffre des unités est 0 (par exemple, 30). Dans le dernier cas, ils devront discuter de ce que 03 signifie vraiment.

Variantes. On peut poser une question semblable à propos de nombres plus grands dont différents chiffres sont intervertis.

> Tu peux représenter un nombre entre 100 et 1000 avec quelques blocs de matériel de base 10. Quel pourrait être ce nombre? Comment le sais-tu?

L'utilisation de matériel de base 10 attire l'attention des élèves sur la nature du système de valeur de position. Les élèves pensent aux «colonnes» d'un **tableau de valeur de position** – parce que chaque type de bloc représente une colonne différente – et ils observent également la grandeur relative des blocs – par exemple, que la planchette de centaine est 10 fois plus grande que la languette de dizaine.

Des élèves constateront que, parfois, on a besoin de beaucoup moins de blocs pour représenter un nombre relativement grand (par exemple, 200) que pour représenter un nombre plus petit (par exemple, 17). D'autres élèves choisiront simplement un, deux ou trois blocs au hasard dans un ensemble de matériel de base 10, puis se consacreront à nommer le nombre.

Il serait intéressant de noter si les élèves choisissent d'abord les blocs de matériel de base 10, puis nomment le nombre, ou s'ils comprennent qu'ils doivent choisir un nombre comportant des zéros et dont les autres chiffres sont plutôt petits.

✸ GRANDE IDÉE. Il importe de reconnaître les situations où l'utilisation de chaque opération (addition, soustraction, multiplication ou division) est appropriée.

> Choisis deux nombres à additionner. Représente l'addition à l'aide de jetons.

Demander aux élèves de représenter l'addition à l'aide de jetons permet de s'assurer qu'ils se concentrent sur le sens de cette opération et non seulement sur sa réponse. Si certains élèves laisseront probablement leurs deux groupes de départ séparés, d'autres représenteront simplement la somme. Dans ce dernier cas, il faudra leur demander d'indiquer leurs deux nombres de départ; on pourra en profiter pour leur demander si leur modèle aurait pu représenter d'autres paires de nombres. On peut faire des groupements de diverses façons; la présente question attire l'attention des élèves sur ce principe.

Variantes. On peut modifier cette question pour qu'elle porte plutôt sur la soustraction.

> Tu additionnes deux nombres et tu obtiens un nombre plus grand que 7. Quels pourraient être ces nombres ? Comment le sais-tu ? Est-il possible qu'un des nombres soit très petit ?

Grâce à une question de ce genre, l'enseignant peut bien sûr vérifier les opérations d'addition que ses élèves peuvent effectuer avec aisance ; en outre, il peut voir s'ils comprennent que plusieurs combinaisons de nombres permettent d'obtenir le même résultat. Par exemple, un élève pourrait choisir des paires de nombres dont la somme est 10, prouvant sa familiarité avec ces importantes combinaisons. Cependant, il devrait ensuite remarquer que, si l'un des deux nombres est beaucoup plus petit que 10, l'autre est nécessairement très proche de 10, pour compenser.

ASTUCE PÉDAGOGIQUE. Il arrive que des élèves écoutent une question et que, même s'ils ne suivent pas les consignes à la lettre, leur réponse indique qu'ils possèdent la compréhension recherchée. En ce qui concerne la question ci-dessus, un élève pourrait additionner deux nombres dont la somme est exactement 7. Plutôt que de s'arrêter sur le fait que l'élève n'a pas précisément répondu à la question, l'enseignant devrait se demander si celui-ci a su effectuer une addition et si l'un des nombres aurait pu être très petit.

> Tu fais une soustraction dans laquelle les deux nombres sont proches l'un de l'autre. Quelle pourrait être la réponse ?

Cette question est conçue pour aider les élèves à comprendre que la différence entre deux nombres qui sont proches l'un de l'autre sera toujours petite, même si ces nombres sont très grands. Elle les aide à considérer la soustraction comme une différence plutôt qu'uniquement comme le résultat d'un retranchement.

Encourager les élèves à choisir des nombres différents fera augmenter la quantité de données à l'appui de la notion importante à l'étude ici.

> Choisis un nombre plus petit que 10 et décide combien de fois tu l'additionneras à lui-même. Tu dois obtenir une somme plus grande que 20. Quel est ton nombre et combien de fois l'as-tu additionné ?

Les premières incursions dans la multiplication font souvent intervenir l'addition répétée. Ici, les élèves sont libres de choisir le nombre plus petit que 10 qu'ils souhaitent additionner ainsi que le nombre de fois qu'ils l'additionneront, pourvu que la somme soit plus grande que 20.

Le fait d'examiner une variété de solutions aidera les élèves à constater qu'un petit nombre devra être additionné plus de fois qu'un nombre plus grand. Comprendre les effets de la grandeur de l'unité leur sera utile dans des situations liées à la mesure et contribuera ultérieurement à forger leur **raisonnement proportionnel**.

Variantes. Pour les élèves qui sont prêts à se concentrer sur la multiplication de grands nombres, on peut adapter cette question en employant des nombres plus grands que 10 et 20.

✷ GRANDE IDÉE. On peut additionner, soustraire, multiplier ou diviser des nombres de plusieurs façons.

> Conçois une addition dont la question ou la réponse comporte un 2, un 3 et un 4.

Si tous les élèves répondront à la question à l'aide d'une addition, le choix des combinaisons variera selon leur aisance. Par exemple, ils pourraient écrire :

- $\underline{2} + \underline{34} = 36$
- $\underline{2} + \underline{3} + \underline{4} = 9$
- $\underline{23} + \underline{4}3 + 25 = 91$

L'ouverture de cette question favorise une discussion fructueuse. Au fur et à mesure que des élèves – individuellement ou deux par deux – présentent leurs réponses, les autres sont constamment exposés à de nouvelles idées relatives à l'addition.

Variantes. On peut aisément concevoir des variantes à cette question en choisissant d'autres ensembles de trois nombres, un ensemble de deux ou quatre nombres, ou une autre opération (par exemple, la soustraction).

> Une addition est très facile à effectuer mentalement. Quelle pourrait être cette addition ? Qu'est-ce qui la rend si facile ?

Comme plusieurs autres questions ouvertes, cette question offre à l'enseignant de précieuses possibilités d'évaluation. Les réponses des élèves indiqueront à quel point ils se sentent à l'aise d'utiliser diverses stratégies de calcul.

Certains élèves pourraient choisir d'additionner 1 à un autre nombre, sachant que la somme sera toujours le nombre suivant. D'autres choisiront d'additionner 0 à un autre nombre – montrant qu'ils comprennent qu'additionner 0 à un autre nombre n'a aucun effet sur celui-ci – ou d'additionner un nombre comme 10 à un autre nombre – ce qui ne modifie qu'un chiffre dans le nombre de départ. D'autres encore pourraient choisir une addition comme 34 + 19, qui ne semble pas facile de prime abord, puisqu'ils comprennent qu'elle *est* facile si on additionne d'abord 20 à 34 (ce qui est facile), pour ensuite en soustraire 1 (ce qui est facile également). C'est la discussion au cours de laquelle les élèves expliquent pourquoi leur addition est facile qui est la plus révélatrice de leur compréhension.

Variantes. On peut poser la même question à propos d'une soustraction.

ASTUCE PÉDAGOGIQUE. Il importe de s'attarder à ce qui est facile plutôt qu'à ce qui est difficile pour accroître l'assurance des élèves.

> La somme de deux nombres est de presque 90. L'écart entre les deux nombres est de presque 30. Quels pourraient être ces nombres ?

On peut employer bon nombre de stratégies différentes pour résoudre ce problème. La plupart des élèves procéderont par essais et erreurs, mais de différentes façons.

Des élèves pourront essayer une combinaison, disons 10 + 40, constater que la somme est trop petite, et faire un autre essai avec des nombres plus grands comme 20 + 50, puis 30 + 60. Toujours dans le cas de 10 + 40, d'autres élèves se rendront immédiatement compte qu'il manque 40 à la somme et que chaque nombre doit donc augmenter de 20.

D'autres élèves encore pourraient commencer par trouver une combinaison donnant 90, par exemple 40 + 50, se rendre compte que l'écart entre les **termes de l'addition** n'est que de 10, puis choisir un nombre plus petit que 40 et un nombre plus grand que 50 afin d'obtenir la différence appropriée. Le raisonnement qui sous-tend ces deux démarches est tout aussi valable.

Puisque la question comporte le mot « presque », les élèves chercheront probablement des réponses précises, puis trouveront une façon de les ajuster. Par exemple, un élève pourrait répondre 30 + 59 pour que l'écart entre les nombres ne soit pas tout à fait de 30 et que leur somme ne soit pas tout à fait de 90.

Variantes. Il existe de nombreuses façons de modifier cette question. On peut changer les nombres ou remplacer le mot « presque » par « environ » ou par « un peu plus de ».

> Quelles sont les ressemblances entre l'addition 42 + 38 et l'addition 52 + 28 ? Quelles sont les différences ?

Cette question permet aux élèves de se pencher sur divers éléments, ce qui la rend intéressante. Certains se concentreront sur un processus tel qu'il s'applique aux nombres, d'autres, sur des modèles, et d'autres encore, sur les sens de l'addition. On trouve quelques réponses possibles à la page suivante.

- Ce sont deux additions, mais elles contiennent des nombres différents.
- Dans les deux, on doit additionner 2 et 8, mais l'une demande d'additionner 40 et 30 et l'autre, 50 et 20.
- Les deux additions donnent la même somme, mais contiennent des nombres différents.
- Si on représente les deux sommes avec des **grilles de 10**, on obtient des grilles complètes – même si on commence avec des grilles partiellement remplies. Par contre, on ne commence pas avec le même nombre de grilles de 10 dans les deux additions.

À la fin, il serait utile que les élèves constatent que le fait de déplacer 10 du deuxième au premier terme d'une addition n'en modifie pas la somme.

Utilise une **grille de 100**. Choisis deux nombres à additionner. Les deux nombres doivent se trouver dans la moitié supérieure de la grille. Montre comment additionner les deux nombres à l'aide de la grille, sans utiliser ni papier ni crayon.

1	2	3	4	5	6	7	8	9	10
11	12	13	14	15	16	17	18	19	20
21	22	23	24	25	26	27	28	29	30
31	32	33	34	35	36	37	38	39	40
41	42	43	44	45	46	47	48	49	50
51	52	53	54	55	56	57	58	59	60
61	62	63	64	65	66	67	68	69	70
71	72	73	74	75	76	77	78	79	80
81	82	83	84	85	86	87	88	89	90
91	92	93	94	95	96	97	98	99	100

Puisqu'elle encourage le recours à la visualisation, cette question facilite le **calcul mental**. Les élèves peuvent choisir des nombres dont l'addition est simple ou complexe. Par exemple, les élèves qui partent de 32 et y additionnent 1 comprennent qu'il leur suffit de se déplacer d'une case vers la droite ; pour additionner 10, ils ne se déplacent que d'une case vers le bas. Par contre, un élève pourrait effectuer un calcul mental plus complexe ; par exemple, dans le cas de l'addition d'un nombre comme 29, il pourrait se rendre compte qu'il peut se déplacer de trois cases vers le bas, puis reculer d'une case vers la gauche.

Cette question profite aux élèves de divers stades de développement. En effet, s'ils trouvent les déplacements trop difficiles, ils peuvent éviter d'additionner des nombres compliqués ou de choisir un nombre qui se trouve du côté droit de la grille (par exemple, 49 + 6), ce qui les forcerait à se déplacer sur la rangée suivante.

QUESTIONS OUVERTES – DE LA 3e ANNÉE À LA 5e ANNÉE

✸ **GRANDE IDÉE. Un nombre peut avoir de nombreuses représentations. Chacune d'entre elles en souligne habituellement une caractéristique différente.**

> Décris une situation dans laquelle tu pourrais utiliser $\frac{1}{2}$.

Tous les élèves qui abordent cette question penseront à la fraction $\frac{1}{2}$. Puisqu'il imagine son propre contexte, chaque élève peut participer à la discussion mathématique au niveau qui lui convient. Souvent, le contexte préalablement choisi par l'enseignant n'a de sens que pour certains élèves.

Au besoin, pour les aider à se mettre au travail, l'enseignant peut fournir aux élèves des dessins évoquant des idées ; par exemple, un sandwich coupé en deux, un verre de jus à moitié plein ou une table hexagonale divisée en moitiés par une ligne et de part et d'autre de laquelle sont assises deux personnes. La plupart des élèves ne penseront probablement qu'à la moitié d'un tout, mais certains pourraient songer à la moitié d'un ensemble de deux.

ASTUCE PÉDAGOGIQUE. En fournissant de l'aide aux élèves sous la forme de modèles, on risque de réduire la variété de leurs réponses et de freiner certains d'entre eux, qui se sentiront obligés de suivre ces modèles.

> Décris 100 mille du plus de façons possible.

Ordinairement, on formulerait une question de ce genre à l'aide du symbole « 100 000 » plutôt que de l'expression « 100 mille ». La formulation suggérée possède l'avantage de rendre la question plus accessible aux élèves qui éprouvent des difficultés avec les symboles représentant de très grands nombres. On peut penser que les élèves doivent avoir une idée de ce que représente 100 000 pour répondre à la question, et c'est bien sûr préférable ; mais un élève pourrait tout simplement dire que 100 mille, c'est plus que 99 mille.

D'autres élèves pourraient parler de 100 000 à l'aide d'idées relatives à la valeur de position, par exemple en disant qu'on peut représenter ce nombre avec du matériel de base 10 – comme 100 cubes de mille ou 1000 planchettes de centaine – ou qu'il équivaut à $\frac{1}{10}$ de 1 million.

La discussion de classe offrira de multiples occasions d'exploration à mesure que les élèves présenteront des facettes de 100 mille.

> Tu additionnes deux fractions, et la somme est $\frac{9}{10}$. Quelles pourraient être ces fractions ?

Ordinairement, l'enseignant propose deux fractions et demande aux élèves d'en trouver la somme. Si on leur fournit plutôt une somme en leur demandant de trouver les fractions additionnées, les élèves seront plus nombreux à réussir à répondre à la question.

Par exemple, l'objectif pourrait être de faire la somme de deux fractions afin d'obtenir $\frac{9}{10}$. La réponse suivante est simple : $0 + \frac{9}{10}$. Elle peut générer une discussion intéressante alors que les élèves se demanderont s'il faut écrire 0 sous la forme $\frac{0}{10}$ pour respecter la consigne ou pour effectuer l'addition.

Des additions comme $\frac{8}{10} + \frac{1}{10}$, $\frac{7}{10} + \frac{2}{10}$, et ainsi de suite constituent d'autres solutions plutôt simples. Les élèves verront celles-ci plus clairement s'ils dessinent un schéma représentant $\frac{9}{10}$ et qu'ils en séparent simplement les parties. Par exemple, le schéma ci-dessous illustre comment l'addition $\frac{4}{10} + \frac{5}{10}$ peut représenter $\frac{9}{10}$.

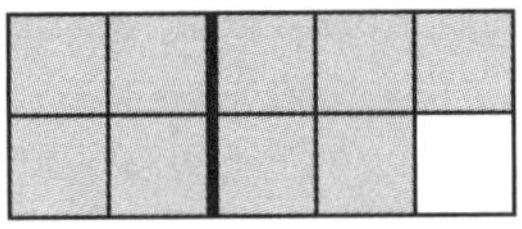

Pour certains élèves, cette représentation pourrait même montrer $\frac{1}{2} + \frac{4}{10}$, s'ils considèrent la rangée du haut comme $\frac{1}{2}$ du tout et les cases ombrées de la rangée du bas, comme $\frac{4}{10}$ du tout.

D'autres élèves encore trouveront leur addition de façon symbolique, soit en cherchant des fractions ayant un dénominateur de 10, soit en écrivant $\frac{9}{10}$ sous forme de fraction équivalente, par exemple $\frac{18}{20}$ ou $\frac{27}{30}$, et en faisant l'addition de fractions de même dénominateur – respectivement 20 ou 30 dans le cas présent.

Il est probable que certains élèves trouveront une seule paire de termes, tandis que d'autres essaieront d'en trouver plus. Une telle question répond donc aux besoins d'une gamme étendue d'élèves. Tous comprendront qu'effectuer une addition, c'est assembler des éléments.

Variantes. On peut facilement modifier cette question en changeant la somme ou en faisant chercher une différence au lieu d'une somme.

✸ GRANDE IDÉE. Les nombres indiquent la quantité.

> Dessine un petit rectangle. Dessine un rectangle plus grand qui contient le petit rectangle. Quelle fraction du grand rectangle le petit rectangle occupe-t-il ?

Lorsqu'on enseigne les fractions, on demande habituellement aux élèves d'identifier une fraction dans un tout préalablement divisé. La question ci-dessus amène les élèves à réfléchir autrement : quel est le tout si on en connaît une fraction ? Cette façon de penser repose sur la réversibilité logique et constitue une habileté mathématique importante que les élèves gagnent à acquérir.

Une question formulée de façon si ouverte admet plusieurs réponses ; un élève qui éprouve des difficultés pourrait se servir d'une fraction simple comme $\frac{1}{2}$, tandis que d'autres élèves pourraient suggérer des fractions plus complexes. Les schémas suivants montrent plusieurs possibilités.

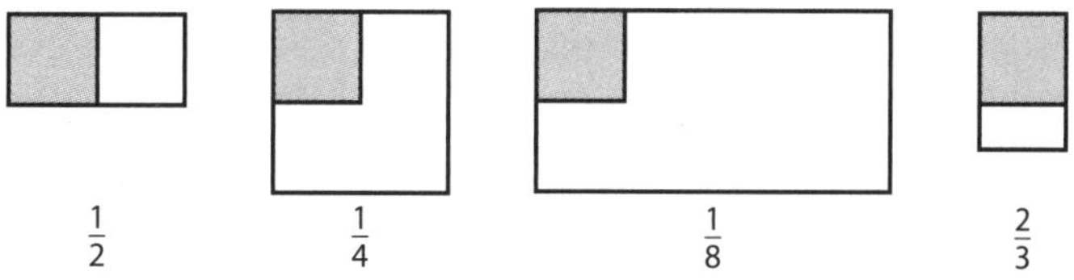

> Quelles deux fractions seraient les plus faciles à comparer ? Pourquoi ?
>
> $\frac{4}{5}$ $\frac{4}{10}$ $\frac{2}{9}$ $\frac{1}{12}$ $\frac{8}{9}$

Grâce à cette question, l'enseignant a accès aux réflexions des élèves alors qu'ils comparent des fractions. Des élèves se sentiront à l'aise de comparer des fractions de même dénominateur seulement, alors que d'autres seront aussi à l'aise de comparer des fractions de même numérateur. D'autres encore pourraient comparer des fractions selon qu'elles sont proches de 0 ou clairement plus proches de 1.

Voici quelques questions qu'un enseignant pourrait poser :

- Si vous placiez ces fractions sur une droite numérique, laquelle serait plus proche de 0 et laquelle serait plus proche de 1 ?
- Sans faire de dessin, comment pouvez-vous savoir que $\frac{4}{5}$ est plus grand que $\frac{4}{10}$?
- Est-il possible que $\frac{1}{12}$ de quelque chose soit plus grand que $\frac{4}{5}$ de quelque chose d'autre ?

✷ GRANDE IDÉE. Les nombres repères sont utiles pour mettre en relation et estimer des nombres.

> Un nombre est environ 400, mais n'est pas 400. Selon toi, quel plus petit nombre cela pourrait-il être ? Quel plus grand nombre ?

On demande souvent aux élèves d'estimer ou d'arrondir des nombres, mais on les invite plus rarement à trouver le nombre de départ correspondant à un nombre arrondi. Si la manchette d'un journal est : « Environ 400 personnes ont assisté à la réunion », vous voulez savoir quel pourrait être le nombre exact de personnes.

La question ne précise pas si 400 a été arrondi à la dizaine ou à la centaine près ; c'est ce qui la rend intéressante. Chaque élève l'interprétera à sa façon.

Voici quelques questions qu'un enseignant pourrait poser :

- Selon vous, le nombre pourrait-il être 398 ?
- Le nombre pourrait-il être plus grand que 400 ? De combien ?
- Le nombre pourrait-il être aussi petit que 325 ? Que 350 ?

> Le produit de deux nombres est de presque 400. Quels pourraient être ces nombres ? Explique ta réponse.

L'estimation est un aspect important du calcul mathématique. Bien des enseignants n'y accordent pas assez d'importance. Cette question ouverte permet aux élèves de travailler à rebours et de réfléchir aux nombres qui ont pu mener à une estimation en particulier. Les élèves devront aussi réfléchir à la signification du mot « presque ».

Certains élèves pourraient choisir une solution plutôt simple, par exemple 1 et 399. D'autres pourraient constater que $20 \times 20 = 400$, puis utiliser 19×19. D'autres encore se pencheront sur d'autres possibilités.

Variantes. On peut formuler la question différemment en remplaçant « presque » par « un peu plus de » ou en choisissant un autre produit que 400. On peut aussi utiliser une autre opération, par exemple dans la question suivante : « La somme, la différence, le produit ou le quotient de deux nombres est d'environ 400. Quels pourraient être ces nombres ? Explique ta réponse. »

✸ GRANDE IDÉE. La classification des nombres permet de tirer des conclusions à leur sujet.

> Pense à un nombre que tu appellerais un **double**. Prouve qu'il s'agit vraiment d'un double.

Pour beaucoup d'adultes, les doubles sont des nombres pairs ou des nombres qui se terminent par 0, 2, 4, 6 ou 8. Toutefois, les élèves doivent saisir qu'à la base un double est un nombre qu'on peut représenter par un ensemble de paires ; chaque élément en est apparié à un autre élément.

Ainsi, si un élève choisit 10, par exemple, il n'a pas à écrire le nombre sous la forme 2×5. Il peut plutôt représenter 10 à l'aide de 5 paires, ce qui est sensé.

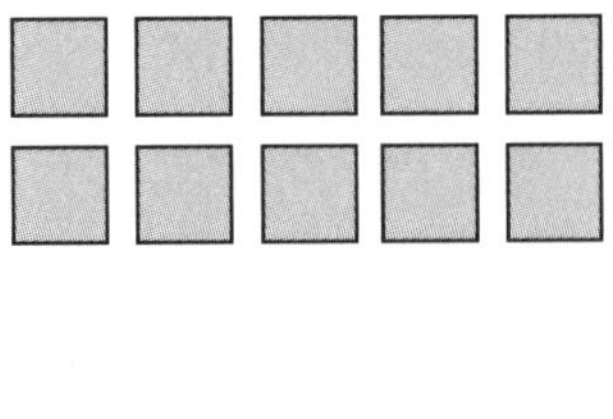

> Le nombre 4 est un facteur de deux nombres différents. Est-ce que quelque chose d'autre peut être vrai à propos de ces deux nombres ? Quoi ?

Savoir quelque chose à propos d'un nombre permet de déduire d'autres informations sur ce nombre ; c'est une facette cruciale de la réflexion mathématique. Par exemple, savoir qu'un nombre est plus grand que 100 signifie nécessairement que ce nombre est aussi plus grand que 10.

S'il sait qu'un nombre est un **multiple** de 4 (parce que 4 en est un facteur), un élève devrait savoir que ce nombre est pair et qu'il se termine par 0, 2, 4, 6 ou 8. Certains élèves pourraient même se rendre compte que soustraire 4 du nombre – ou y additionner 4 – donne aussi un multiple de 4. Il revient à l'enseignant, au moyen de questions incitatives si nécessaire, d'amener les élèves à comprendre qu'il s'agit là d'une **conjecture**. Quelques élèves seront peut-être capables d'expliquer pourquoi cette somme ou cette différence doit être un multiple de 4.

Si on lui pose la question telle qu'elle est formulée ici, un élève qui est moins habile à généraliser peut quand même dire quelque chose de vrai à propos des deux nombres de son choix. Par exemple, il pourrait choisir 8 et 12, et relever que ce sont deux nombres pairs.

Variantes. On peut poser des questions semblables en choisissant un autre facteur.

> Choisis deux fractions ayant des dénominateurs différents. Explique comment les comparer.

Les élèves peuvent employer plusieurs stratégies différentes pour comparer des fractions. En utilisant adéquatement les numérateurs et les dénominateurs, certains élèves pourraient choisir une fraction plus grande que 1 et une fraction plus petite que 1.

Des élèves pourraient faire des comparaisons simples à l'aide d'autres nombres repères. Par exemple, ils pourraient choisir une fraction très proche de 0, comme $\frac{1}{1000}$, et une autre très proche de 1, comme $\frac{99}{100}$. D'autres pourraient penser à une fraction plus petite que $\frac{1}{2}$, comme $\frac{1}{3}$, et à une autre plus grande que $\frac{1}{2}$, comme $\frac{3}{4}$.

Enfin, d'autres élèves – peut-être même la majorité d'entre eux – choisiront probablement deux fractions au hasard, puis les compareront à l'aide de fractions équivalentes ayant un dénominateur commun.

Les élèves peuvent utiliser la stratégie de leur choix pour expliquer comment comparer les fractions. Pour que tous réussissent à répondre à la question, ils doivent avoir cette liberté. En outre, tous les élèves profitent de la discussion sur les comparaisons car ils découvrent alors de nombreuses stratégies qu'ils auraient pu utiliser.

Variantes. L'enseignant peut exiger qu'une fraction – ou les deux – ait un numérateur autre que 1, car les élèves ont souvent tendance à s'en tenir aux **fractions unitaires**.

> Quelles sont les ressemblances et les différences entre les nombres 6,001 et 1,006?

Les réponses à cette question ouverte pourraient avoir trait à la façon de représenter ces nombres à l'aide d'un tableau de valeur de position ou de matériel de base 10, à leur grandeur relative ou tout simplement à leurs chiffres.

Si certains élèves s'orienteront sur le fait que les deux nombres comportent les mêmes chiffres (les classant donc en fonction de leurs chiffres), d'autres constateront que l'un est plus grand que 6 et l'autre, plus petit que 6 (les classant donc en fonction de leur relation avec 6), que tous deux comportent des millièmes (les classant donc en fonction de leur représentation décimale) ou que tous deux sont plus petits que 10. Même les élèves éprouvant des difficultés se rendront compte que les deux nombres sont constitués des mêmes chiffres.

Variantes. Dans l'exemple proposé, on compare et on met en contraste des nombres décimaux. On peut concevoir de nouvelles questions portant sur la comparaison de paires de fractions, de nombres fractionnaires ou de grands nombres comme 1,1 million et 1,1 milliard.

✷ GRANDE IDÉE. Les régularités du système de valeur de position peuvent faciliter l'interprétation des nombres et les opérations sur ceux-ci.

> Tu vas additionner un nombre à 2 ou à 3 chiffres à 348. Tu trouves qu'il n'est pas trop difficile d'effectuer cette addition mentalement. Quel pourrait être ce nombre que tu additionnes? Pourquoi est-il facile de faire cette addition dans ta tête?

Cette question permet aux élèves de se servir d'une variété de stratégies – reposant fort probablement sur la valeur de position – pour effectuer des calculs mentaux. Les élèves pourraient additionner des multiples de 10 ou de 100, comme 10, 20, 100 ou 200, ou même additionner un nombre comme 99, sachant qu'il est plutôt facile d'additionner 100 et de soustraire 1.

Quand on leur pose une question de ce genre, les élèves comprennent qu'effectuer des additions mentalement est une habileté précieuse; cependant, leurs aptitudes réelles au calcul mental varient selon qu'ils sont plus ou moins prêts à effectuer différents types de calculs.

Variantes. On peut concevoir des questions supplémentaires en choisissant une autre somme ou une autre opération.

> Jennifer a additionné deux nombres à deux chiffres. Ces nombres sont différents. Elle a multiplié les mêmes nombres. Selon toi, de combien environ était la différence entre ces deux réponses ? Explique ton raisonnement.

Tous les élèves devront additionner et multiplier deux nombres à deux chiffres ; cependant, les calculs seront faciles ou difficiles à effectuer en fonction des nombres choisis. Par exemple, si un élève choisit 10 et 20, la somme sera de 30 et le produit, de 200 ; la différence sera de 170. Puisqu'ils portent sur des multiples de 10, ces calculs sont simples. Un élève choisissant des valeurs « extrêmes » telles que 99 et 98 obtiendra une somme proche de 200 et un produit proche de 10 000, pour une différence de plus de 9000. Certains élèves se rendront compte qu'il faut examiner une gamme étendue d'exemples variés pour répondre à la question, tandis que d'autres se contenteront d'un ou deux exemples.

Tous les élèves gagneront à écouter leurs camarades décrire leurs stratégies de calcul et expliquer leur choix de nombres.

✷ **GRANDE IDÉE. Il importe de reconnaître les situations où l'utilisation de chaque opération (addition, soustraction, multiplication ou division) est appropriée.**

> Quand tu divises deux nombres, la réponse est 2,5. Quels pourraient être ces deux nombres ? À quel problème écrit cette opération pourrait-elle correspondre ?

Pour répondre à cette question ouverte, les élèves peuvent choisir des nombres naturels ou des nombres décimaux comme **dividende** et **diviseur**, de même que le type de contexte de leur problème écrit. Grâce à ce choix, une gamme étendue d'élèves peuvent aborder cette question.

Certains élèves pourraient choisir 2,5 ÷ 1 ; s'ils savent que 2,5 = 25 dixièmes, ils pourraient aussi choisir 25 et 10, parce que 25 ÷ 10 = 2,5. D'autres élèves emploieront des calculs différents, par exemple 5 ÷ 2 ; 50 ÷ 20 ; 0,5 ÷ 0,2 ; 100 ÷ 40 ; et ainsi de suite. Voici des exemples de problèmes écrits dont les thèmes et les niveaux de complexité sont variés :

- Je divise une ficelle d'une longueur de 12,5 m en 5 morceaux. Quelle est la longueur de chaque morceau ?
- La maison de ma grand-mère est à 25 km d'ici. Celle de ma sœur est à 10 km d'ici. Combien de fois la maison de ma grand-mère est-elle plus éloignée d'ici que celle de ma sœur ?

Grâce à la variété des réponses proposées par les élèves, il sera aisé d'aborder le fait selon lequel, quand on multiplie le diviseur et le dividende par le même nombre, le quotient ne change pas. Par exemple, 10 ÷ 4 donne le même résultat que 20 (c'est-à-dire 2 × 10) ÷ 8 (c'est-à-dire 2 × 4) ou que 5 (c'est-à-dire 10 ÷ 2) ÷ 2 (c'est-à-dire 4 ÷ 2).

> Combien de jours environ as-tu été à l'école? Explique comment tu as fait ton estimation. Quelles opérations mathématiques as-tu utilisées?

Cette question ouverte devrait piquer la curiosité de la plupart des élèves. Pour y répondre, ils devront réfléchir à la façon de collecter les données et aux calculs à effectuer.

Certains élèves vont s'occuper uniquement de l'année en cours. Ils pourraient se dire que, comme chaque mois compte environ 4 semaines et que la plupart des semaines d'école comptent 5 jours, on peut estimer qu'il y a 20 jours d'école par mois. Ils pourraient alors effectuer soit une addition, soit une multiplication pour déterminer le nombre de jours d'école en fonction des mois écoulés depuis le début de l'année scolaire.

D'autres élèves tiendront compte de toutes les années où ils ont fréquenté l'école. D'autres encore tenteront d'être plus précis en soustrayant le nombre de congés scolaires de leur total. Peu importe leur démarche, tous les élèves s'investiront probablement dans la tâche et dans leur réflexion mathématique.

Lors de la discussion sur les opérations utilisées, l'enseignant devrait inciter les élèves à expliquer pourquoi celles-ci étaient appropriées.

> Tu peux représenter une multiplication uniquement à l'aide de languettes de matériel de base 10. Quels pourraient être les nombres multipliés?

Les élèves devront comprendre que la multiplication fait intervenir l'addition répétée, les groupes équivalents ou l'aire. En observant la disposition des languettes, l'enseignant pourra déterminer le sens de la multiplication choisi par les élèves.

Puisqu'ils ne peuvent utiliser que des languettes, les élèves devraient comprendre que l'un des facteurs – ou les deux – doit être un multiple de 10. Certains élèves se rendront compte qu'ils peuvent échanger des languettes contre des planchettes, ce qui leur permettra d'utiliser de plus grands nombres; d'autres supposeront que ce n'est pas possible et s'en tiendront à des produits comme 2×40.

> Tu résous un problème écrit dans lequel la somme est un nombre fractionnaire un peu plus grand que 1. Quel pourrait être ce problème?

Puisque le problème comporte une addition, les élèves doivent constater qu'il sera question d'une sorte de combinaison. Ils peuvent alors se demander ce qu'on peut combiner pour obtenir une somme un peu plus grande que 1. De nombreux élèves trouveront d'abord deux fractions dont la somme est exactement 1, puis augmenteront l'une d'elles. Voici quelques solutions possibles: $\frac{1}{2} + \frac{5}{8}$, $\frac{9}{10} + \frac{1}{9}$, $\frac{3}{4} + \frac{1}{3}$, etc. Les problèmes des élèves pourraient aborder des sujets comme la pizza – par exemple, quelqu'un mange une fraction d'une pizza, puis encore une autre – ou exploiter des scénarios plus originaux.

ASTUCE PÉDAGOGIQUE. Quand ils doivent trouver des nombres « un peu plus grands que », « un peu plus petits que », « proches de », et ainsi de suite, les élèves travaillent un peu plus fort. Habituellement, ils répondent d'abord à la question comme si la réponse devait être exacte, puis ils déterminent le nombre qu'il faut changer et s'ils doivent le faire à la hausse ou à la baisse.

> Écris une phrase qui contient tous les nombres et les mots suivants.
> Tu peux conjuguer « partager ».
>
> 5   3995   partager   presque

Puisqu'il requiert la rédaction d'une phrase, ce problème encourage la créativité.

- Si 5 personnes partagent un lot de 3995 $, chacune d'elles reçoit presque 800 $.
- Les 3995 élèves de 5 écoles secondaires ont décidé de partager le coût d'un concert. Chaque école a payé presque 800 $.
- En tout, les 5 participants au concours « Partagez vos passions » ont obtenu presque 3995 votes.

Les élèves penseront probablement que le terme « partager » comporte l'idée de division, mais ce n'est pas nécessairement le cas.

Variantes. On peut facilement modifier les mots et les nombres pour concevoir d'autres questions. Voici des exemples d'autres mots ou expressions : « produit », « quotient », « somme », « environ », « fois plus de ».

> Tu effectues une multiplication par 1,□□ pour résoudre un problème. Choisis la valeur de la partie décimale du nombre. Quel pourrait être ce problème ? Quelle serait la solution ?

En raison de sa structure, cette question pousse les élèves à réfléchir aux situations où on doit multiplier un nombre par un peu plus de 1. Ils pourraient établir un lien avec une situation comme le calcul d'une taxe ou penser à un thème comme l'accroissement démographique, où on décrit une nouvelle population à l'aide de la multiplication.

Permettre aux élèves de choisir la partie décimale du nombre vise deux objectifs. D'une part, les élèves peuvent choisir des contextes qui ont un sens pour eux. D'autre part, ils peuvent s'en tenir à des calculs simples.

Variantes. On peut modifier cette question en choisissant un autre multiplicateur ou une autre opération.

✸ GRANDE IDÉE. On peut additionner, soustraire, multiplier ou diviser des nombres de plusieurs façons.

> Tu sais que 3 × 5 = 15. Quelles autres multiplications pourrais-tu effectuer plus facilement parce que tu sais cela?

Il est très utile d'enseigner aux élèves diverses façons de mettre en relation les opérations de multiplication qu'ils ont mémorisées afin de simplifier les calculs; cependant, il faut également leur apprendre à penser « à rebours ». Dans ce cas-ci, au lieu de se demander ce qui pourrait les aider à répondre à une question en particulier, ils pensent aux autres questions auxquelles ils pourraient répondre plus facilement grâce à cette information.

Voici quelques réponses possibles: $5 \times 3 = 15$; $4 \times 5 = 15 + 5$, ce qui donne 20; $6 \times 5 = 2 \times 15 = 30$; et ainsi de suite.

Un enseignant pourrait poser les questions suivantes:

- Que signifie 3 × 5? Comment pourrais-tu représenter 3 × 5?
- En quoi la représentation de 4 × 5 serait-elle différente de la représentation de 3 × 5?
- En quoi la représentation de 3 × 6 serait-elle différente de la représentation de 3 × 5?
- En quoi la représentation de 2 × 5 serait-elle différente de la représentation de 3 × 5?

Variantes. On peut modifier cette question en utilisant d'autres opérations mémorisées.

> Remplace les cases par des chiffres de 1 à 6 pour que chaque opération soit vraie. Utilise chaque chiffre autant de fois que tu veux. Tu ne peux pas utiliser 7, 8, 9 ou 0.

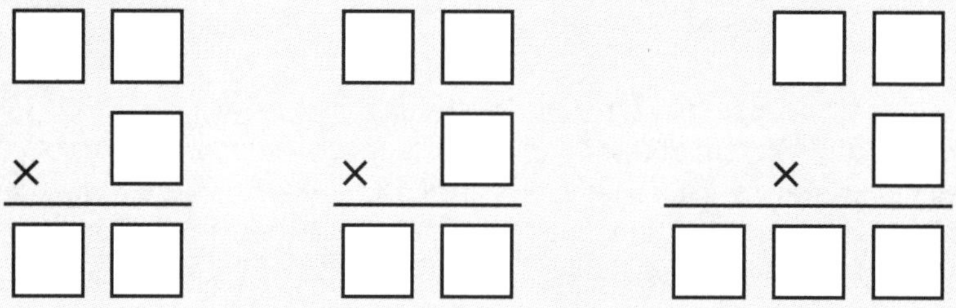

Ici, les élèves doivent multiplier des nombres à deux chiffres par des nombres à un chiffre, mais ils ont le choix des nombres.

Pour se faciliter la tâche, les élèves qui éprouvent des difficultés avec cette opération pourraient choisir d'effectuer des multiplications par 1 ou par 2 seulement (par exemple, $34 \times 1 = 34$, $42 \times 1 = 42$, $62 \times 2 = 124$). D'autres élèves pourraient essayer des combinaisons différentes, mais ils devront respecter le fait que les produits ne peuvent comporter que certains chiffres. Par exemple, un élève pourrait vouloir multiplier 4 par 2, mais se rendre compte que ce n'est pas permis puisque le produit, 8, comporte un chiffre qu'on ne peut pas utiliser.

Peu importe leurs stratégies, tous les élèves auront la chance de s'exercer à effectuer des multiplications.

ASTUCE PÉDAGOGIQUE. Si un élève qui a de la facilité en mathématiques semble toujours choisir des nombres qui rendent la question trop facile, l'enseignant devrait le laisser faire son choix, mais le mettre ensuite au défi d'essayer d'autres nombres.

> Conçois une question qui porte sur la multiplication ou la division de nombres décimaux et qui comporte les chiffres 4, 9 et 2.

Tous les élèves effectueront des multiplications ou des divisions pour répondre à la question ; cependant, chacun d'entre eux pourra choisir les combinaisons avec lesquelles il se sent le plus à l'aise. Par exemple, un élève qui souhaite utiliser des nombres naturels pourrait proposer 94,0 ÷ 2,0 ou 2,0 × 4 × 9. Ceux qui maîtrisent davantage les nombres décimaux pourraient concevoir des questions comme 9,2 ÷ 4 ; 9,2 × 0,4 ; 36,8 ÷ 4 (le 9 et le 2 apparaissent alors dans le quotient : 9,2) ; et ainsi de suite.

Variantes. S'il souhaite rendre la question encore plus ouverte, l'enseignant peut y supprimer la référence aux nombres décimaux et, à la place, circuler parmi les élèves afin d'en inciter certains, en privé, à utiliser des nombres décimaux.

ASTUCE PÉDAGOGIQUE. Pour ouvrir une question, on peut entre autres éviter de demander d'utiliser un certain type de nombre dans le calcul.

> Conçois une question qui porte sur la multiplication et qui comporte de grands nombres ainsi que les chiffres 4, 6 et 9.

Tous les élèves effectueront des multiplications pour répondre à la question ; cependant, chacun d'entre eux pourra choisir les combinaisons avec lesquelles il se sent le plus à l'aise. Par exemple, un élève pourrait écrire 400 × 900 = 360 000, tandis qu'un autre proposerait 400 × 60 × 9 = 216 000, plaçant les trois chiffres imposés dans le membre de gauche.

Pendant la discussion entourant une question ouverte comme celle-ci, les élèves auront l'occasion de s'exercer au calcul en vérifiant les solutions de leurs camarades.

Variantes. On peut facilement adapter cette question en optant pour un autre ensemble de trois chiffres ou pour une opération différente (par exemple, une division).

ASTUCE PÉDAGOGIQUE. Pour que leurs élèves acquièrent de l'aisance à effectuer des calculs, les enseignants doivent leur fournir de nombreuses occasions de s'exercer. Plutôt que de soumettre un grand nombre de questions semblables, ils peuvent poser une question ouverte, ce qui offrira aux élèves l'occasion de s'exercer efficacement dans le contexte d'une discussion de classe animée.

> Tu multiplies deux fractions et tu obtiens $\frac{24}{60}$. Quels pourraient être les nombres que tu as multipliés ? Comment pourrais-tu représenter la multiplication ?

De nombreux élèves chercheront simplement deux nombres dont le produit est 24, pour les numérateurs, et deux nombres dont le produit est 60, pour les dénominateurs (par exemple, en créant les fractions $\frac{2}{15}$ et $\frac{12}{4}$). D'autres élèves vont simplifier $\frac{24}{60}$, obtenant $\frac{2}{5}$, et utiliser $2 \times \frac{1}{5}$; d'autres encore poseront implicitement des restrictions sur leurs fractions, par exemple en décidant que celles-ci doivent être des **fractions propres** ou irréductibles. Le défi que constitue cette question est donc approprié à différents groupes d'élèves.

Voici quelques autres solutions possibles : $\frac{1}{2} \times \frac{4}{5}$, $\frac{1}{2} \times \frac{24}{30}$, $\frac{2}{3} \times \frac{12}{20}$, etc.

Variantes. On peut concevoir des problèmes supplémentaires en modifiant le produit ou l'opération utilisée.

QUESTIONS OUVERTES – DE LA 6e ANNÉE À LA 8e ANNÉE

✸ **GRANDE IDÉE. Un nombre peut avoir de nombreuses représentations. Chacune d'entre elles en souligne habituellement une caractéristique différente.**

> Complète cet énoncé pour qu'il soit vrai.
>
> 72, c'est ___ % de ___.

On demande ordinairement aux élèves de déterminer un pourcentage donné d'un nombre en particulier, en mettant souvent l'accent sur un type précis de pourcentage – un pourcentage qui se situe entre 0 % et 100 % et qui est un nombre naturel, un pourcentage fractionnaire ou un pourcentage plus grand que 100, par exemple. Puisque cette question plus ouverte permet à chaque élève de choisir tant le pourcentage que le nombre dont on calcule le pourcentage, les calculs sont aussi simples que nécessaire.

De nombreux élèves qui éprouveraient de la difficulté à répondre à une question comme « Que représente 120 % de 60 ? » ou « De quel nombre 72 représente-t-il 120 % ? » trouveront probablement qu'il est plus facile de donner l'une des réponses suivantes :

- 72, c'est 100 % de 72.
- 72, c'est 72 % de 100.
- 72, c'est 50 % de 144.

Il est probable que les 30 élèves d'une classe généreront de nombreuses réponses différentes, ce qui leur donnera la chance d'examiner une gamme étendue de situations.

Variantes. On peut utiliser un nombre autre que 72. On peut aussi poser une question comme « ___, c'est ___% de 50 » ou « ___, c'est 40 % de ____ . »

> Écris une phrase qui contient chaque expression et chaque nombre ci-dessous. Tu peux en ajouter d'autres.
>
> 40 pour cent une grande partie 80

Cette question ouverte suscite des réponses variées. Par exemple, les élèves pourraient écrire :

- Une grande partie des gens savent que 40 représente 50 pour cent de 80.
- 80 pour cent de 40 représente une grande partie de 40.
- 90 pour cent de 40 et 90 pour cent de 80 représentent une grande partie de 40 et de 80.

Le choix des nombres 40 et 80 rend la question plus accessible ; la plupart des élèves se sentent à l'aise avec le concept de 50 %.

Variantes. On peut facilement modifier les expressions et les nombres fournis pour susciter d'autres possibilités. Voici des exemples d'autres mots : « rapport », « produit », « additionné », « presque ».

> Choisis un nombre entier négatif. Représente-le du plus de façons possible à l'aide de jetons bicolores.

Pour travailler avec des nombres entiers, il faut comprendre que +1 + (–1) = 0. Pour représenter ce fait, les élèves peuvent utiliser autant de paires de jetons bicolores qu'ils le veulent. Laisser les élèves choisir un nombre entier négatif quelconque leur donne une certaine autonomie. Peu importe le nombre entier choisi, chaque élève montrera qu'il comprend – ou non – qu'on peut additionner n'importe quel nombre de **paires égales à zéro** sans changer la valeur du nombre.

> Complète la phrase suivante à l'aide de fractions:
>
> Julien s'exerce à dessiner. Il remplit _____ page en _____ heure. À ce rythme, combien de pages peut-il remplir en une heure?

Le taux unitaire est un concept important que les élèves ont plus de difficulté à saisir quand des fractions sont en cause. Lorsqu'on leur permet de choisir leurs fractions, les élèves qui éprouvent des difficultés peuvent rendre le problème très simple (par exemple, $\frac{1}{2}$ page en $\frac{1}{2}$ heure) ou assez simple (par exemple, 2 pages en $\frac{1}{2}$ heure); mais d'autres élèves peuvent le rendre plus complexe, s'ils sont prêts à le faire (par exemple, $\frac{3}{5}$ de page en $\frac{2}{3}$ d'heure). On peut mettre les élèves au défi d'utiliser de telles fractions plus intéressantes, s'ils sont aptes à le faire.

Voici des questions que l'enseignant pourrait poser:

- Pouvez-vous déterminer rapidement, juste en regardant vos fractions, si le taux (ou le rythme) est de plus ou de moins d'une page par heure?
- Auriez-vous pu utiliser d'autres fractions pour obtenir le même taux (ou le même rythme) pour une heure? Comment?
- Dans le deuxième blanc, pourquoi est-il plus facile d'utiliser une fraction unitaire (dont le numérateur est 1) qu'un autre type de fraction?

✸ GRANDE IDÉE. Les nombres indiquent la quantité.

> On utilise souvent des rapports et des taux dans les sports. Décris une situation sportive dans laquelle on pourrait utiliser un rapport. Indique ce qui est comparé.

Cette question devrait interpeller les nombreux élèves qui s'intéressent aux sports. On peut bien sûr laisser les élèves peu intéressés par ce contexte s'inspirer d'un domaine de leur choix – comme les arts ou l'environnement – pour parler de rapports.

Le but de cette question est d'aider les élèves à voir à quel point l'utilisation des rapports est courante. De nombreuses solutions sont possibles, et plusieurs élèves seront très heureux d'en discuter. En voici quelques exemples:

- Baseball: la moyenne au bâton
- Football: le nombre d'échappés par 300 touchés
- Basketball: le rapport des passes décisives aux pertes de ballon

> Deux nombres entiers sont situés de part et d'autre de 0 sur une droite numérique, mais l'un d'eux est un peu plus proche de 0 que l'autre. Les nombres sont très éloignés l'un de l'autre. Quels pourraient être ces nombres ? Quel nombre serait le plus proche de 0 ?

La question est ouverte puisque, plutôt que de le leur indiquer, on laisse les élèves choisir l'écart entre les nombres entiers. Néanmoins, les élèves devront tenir compte du fait que, pour déterminer l'écart entre des nombres entiers situés de part et d'autre de 0 sur une droite numérique, on additionne leur distance par rapport à 0 plutôt que de soustraire la plus petite distance par rapport à 0 de la plus grande. Ils devront aussi comprendre que des **nombres** entiers **opposés** se trouvent à égale distance de 0.

Un élève pourrait choisir des nombres comme −30 et 32, tandis qu'un autre pourrait retenir −91 et 90. Comprendre que −30 est plus proche de 0 que 32 (ou que 90 est plus proche de 0 que −91) est une facette importante de la solution.

Variantes. On peut demander aux élèves de trouver des nombres entiers qui sont proches l'un de l'autre, plutôt qu'éloignés. On peut aussi remplacer les nombres entiers par n'importe quels nombres rationnels.

✸ GRANDE IDÉE. Les nombres repères sont utiles pour mettre en relation et estimer des nombres.

> Choisis une fraction et un pourcentage. Indique lequel est le plus grand et dis comment tu le sais.

Les élèves doivent avoir l'occasion de se pencher sur différentes représentations des nombres rationnels, dont les fractions et les pourcentages.

Au lieu d'indiquer aux élèves quel nombre rationnel et quel pourcentage comparer, cette question plus ouverte leur permet de choisir ces valeurs. De cette façon, ils doivent tenir compte d'une certaine équivalence entre les représentations.

S'il ne se sent pas tellement à l'aise avec les relations entre les fractions et les pourcentages, un élève pourrait choisir la fraction $\frac{1}{1000}$ et le pourcentage 99 %. On peut comparer ces valeurs sans réellement faire de conversion d'une forme à l'autre parce qu'il est très clair que l'une d'elles est très proche de 0 et que l'autre est très proche de 100 %, soit de 1. Un autre élève pourrait utiliser une fraction comme $\frac{1}{3}$ et un pourcentage tel que 40 % ; il devrait probablement savoir que $\frac{1}{3}$ correspond à environ 33 %.

Un élève qui possède peu de connaissances sur la conversion de fractions en pourcentages – ou inversement – pourra tout de même fournir immédiatement une réponse juste à la question ; en outre, la discussion lui donnera la chance d'acquérir ces connaissances puisqu'elle portera sur des réponses variées.

Choisis un objet que tu aimerais acheter et qui coûte plus de 50 $. Imagine que tu as des économies de 30 $. Quel rabais le magasin doit-il offrir pour que tu puisses faire cet achat ?

En raison de son caractère personnel, ce problème motivera de nombreux élèves. L'objet à acheter peut leur tenir particulièrement à cœur, puisqu'ils sont libres de le choisir.

Puisque l'objet doit coûter plus de 50 $ plutôt qu'exactement 50 $, les élèves ont encore plus de possibilités. Ils pourront donc choisir une valeur qui facilitera le calcul. Par exemple, un élève pourrait choisir un objet à 60 $; ainsi, un rabais de 50 % abaissera tout de suite le prix à 30 $, le montant dont il dispose.

Un autre élève pourrait choisir un objet à 300 $. Il devrait alors constater qu'un montant de 30 $ ne représente que 10 % du prix de l'objet et que le rabais devrait s'élever à 90 %. Un autre élève encore pourrait choisir une valeur de 120 $ et y appliquer un rabais de 75 %.

Variantes. On peut simplifier ou complexifier le problème – ou en concevoir de nouveaux – en remplaçant 50 $ et 30 $ par d'autres nombres.

Tu multiplies deux nombres entiers. Le produit est d'environ 50 de moins que l'un des nombres. Quels pourraient être ces deux nombres entiers ?

Pour répondre à cette question, les élèves doivent utiliser leurs habiletés en multiplication ainsi que leur connaissance des règles des signes relatives à la multiplication de nombres entiers. Puisque la différence entre le produit des nombres et l'un d'entre eux est d'environ 50 – et non d'exactement 50 –, les élèves ont toutefois une certaine latitude. En outre, ils peuvent choisir des facteurs simples s'ils le désirent.

Voici quelques réponses possibles : –49 et 1, –47 et 1, –2 et 24, mais aussi 0 et 50.

L'enseignant peut poser des questions comme les suivantes :

- Est-ce que les deux nombres peuvent être positifs ?
- Est-ce que les deux nombres peuvent être négatifs ?
- Dans quelle situation le produit d'un nombre est-il plus petit que ce nombre ?

Variantes. La question sera un peu plus complexe si on demande qu'au moins un des nombres entiers soit négatif.

✷ GRANDE IDÉE. La classification des nombres permet de tirer des conclusions à leur sujet.

> Tu multiplies $\sqrt{2}$ par un nombre. Le produit est un **nombre irrationnel**. Quel pourrait être ce nombre ?

Le produit d'un nombre rationnel et d'un nombre irrationnel est toujours un nombre irrationnel, tandis que le produit de deux nombres irrationnels peut ou non être un nombre irrationnel ; pour en prendre conscience, les élèves doivent effectuer des multiplications variées comportant des nombres rationnels et des nombres irrationnels.

Cette question est très accessible parce qu'elle admet le nombre 1, tout simplement, comme réponse. Toutefois, l'enseignant devrait encourager les élèves à considérer une gamme étendue d'autres possibilités. Si les élèves ne choisissent que des nombres naturels, l'enseignant peut leur demander :

- Pourrait-il s'agir d'un nombre négatif ? Lequel ?
- Pourrait-il s'agir d'une fraction ? Laquelle ?

> Tu additionnes deux nombres irrationnels. La réponse est d'environ 20. Quels pourraient être ces nombres ?

Pour répondre à cette question, les élèves doivent faire la distinction entre les nombres rationnels et les nombres irrationnels de même que prendre en compte la valeur rationnelle estimée de nombres irrationnels. Certains élèves penseront que toute **racine carrée** est irrationnelle ; le moment est bien choisi pour expliquer pourquoi $\sqrt{2}$ est un nombre irrationnel, mais pas $\sqrt{4}$. Des élèves pourraient utiliser le nombre π (**pi**) ou l'un de ses multiples plutôt que des racines carrées ou des **racines cubiques**. Quelques-uns pourraient choisir un nombre irrationnel plus grand que 20 et y additionner l'opposé (la valeur négative) d'un autre nombre irrationnel.

Il est aussi probable que des élèves penseront à des **carrés parfaits**. Par exemple, ils pourraient d'abord penser aux nombres 9 + 11, constater qu'il s'agit en fait de $\sqrt{81} + \sqrt{121}$, puis utiliser $\sqrt{80}$ et $\sqrt{120}$.

Variantes. On peut remplacer le nombre 20 par un autre nombre ou ne pas exiger que les deux nombres soient irrationnels.

Tu multiplies deux puissances. Le résultat est 4^{-3}. Quelles pourraient être ces puissances ?

Posée de cette façon, la question semble exiger l'utilisation d'un exposant négatif. Cependant, si un élève sait que 4^{-3} correspond à $\frac{1}{64}$, il peut alors se servir d'exposants positifs avec des fractions sous la forme $\frac{1}{2}$, $\frac{1}{4}$, $\frac{1}{8}$, et ainsi de suite.

Les élèves qui se rendent compte qu'il est possible d'effectuer une multiplication par 1 ont le choix d'utiliser une puissance dont l'exposant est zéro. Cette solution pourrait être, par exemple, $4^0 \times 4^{-3}$.

GRANDE IDÉE. Il importe de reconnaître les situations où l'utilisation de chaque opération (addition, soustraction, multiplication ou division) est appropriée.

Conçois un problème authentique qu'on peut résoudre en divisant deux fractions.

Permettre aux élèves de choisir les fractions à diviser rend le problème accessible à une plus grande gamme d'entre eux. Par exemple, un élève pourrait écrire un problème très simple basé sur la division de $\frac{1}{2}$ par $\frac{1}{4}$, comme « Combien y a-t-il de quarts de tarte dans une demi-tarte ? » Toutefois, un autre élève pourrait concevoir un problème à partir de $\frac{2}{3} \div \frac{3}{4}$, comme « Je peux effectuer $\frac{2}{3}$ d'une tâche en $\frac{3}{4}$ d'heure. Combien puis-je en effectuer en une heure ? »

Détermine le prix de quatre brioches à la cannelle. Ensuite, choisis un autre nombre de brioches à la cannelle et indiques-en le prix. Explique comment tu sais que tu as raison.

Ce problème convient à une gamme étendue d'élèves puisqu'ils peuvent déterminer eux-mêmes le prix et le nombre des brioches à la cannelle.

Certains élèves vont fixer un prix simple (par exemple, 4 $), tandis que d'autres vont retenir un prix plus complexe (par exemple, 2,79 $). De même, des élèves vont choisir un nombre commode de brioches à la cannelle (comme 8 ou 12, des multiples de 4), alors que d'autres vont opter pour un nombre dont l'utilisation est plus compliquée (comme 3, qui n'est pas un multiple de 4).

Le fait d'admettre – et de discuter – plusieurs solutions différentes donne un aperçu à chaque élève de la façon de résoudre de nombreux problèmes comportant des taux.

> Écris une phrase qui contient les mots et les nombres suivants. Tu peux conjuguer « augmenter ».
>
> intérêt augmenter 50 pour cent 4

Quand ils répondront à cette question, les élèves penseront probablement au fait que les taux d'intérêt sont souvent donnés en pourcentages. Ils pourraient – ou non – décider que 50 % constitue un taux d'intérêt trop élevé. Toutefois, puisque les élèves qui éprouvent des difficultés pourront facilement utiliser 50 %, ce pourcentage possède un avantage certain.

Voici quelques phrases possibles :

- Un taux d'intérêt de 4 pour cent augmente à 50 % ; c'est super si on me verse l'intérêt, mais terrible si je dois le payer.
- Si on investit 50 $ à 4 pour cent d'intérêt par année, on recevra 2 $ à la fin de l'année, ce qui augmentera les économies réalisées.
- Chaque fois qu'on place 50 $ à un taux d'intérêt simple de 4 pour cent, on augmente le montant d'argent qu'on possède.

✷ GRANDE IDÉE. On peut additionner, soustraire, multiplier ou diviser des nombres de plusieurs façons.

> Tu divises deux fractions, et le numérateur du quotient est 4. Quelles pourraient être ces fractions ?

Les élèves peuvent examiner une ou plusieurs combinaisons de fractions à diviser et utiliser l'algorithme ou la méthode de leur choix.

Cette question semblera plus facile aux élèves qui divisent des fractions en effectuant la division des numérateurs et des dénominateurs (par exemple, $\frac{8}{15} \div \frac{2}{5} = \frac{8 \div 2}{15 \div 5}$). Cependant, presque tous les élèves peuvent réussir à y répondre simplement en utilisant des fractions comme $\frac{4}{5}$ et $\frac{1}{1}$ ou $\frac{4}{9}$ et $\frac{1}{1}$. Ou encore, un élève pourrait proposer de diviser $\frac{8}{5}$ par $\frac{2}{1}$ ou $\frac{8}{10}$ par $\frac{2}{1}$.

Variantes. On peut adapter cette question en modifiant le quotient ou l'opération. Par exemple, la question pourrait porter sur la multiplication ou l'addition de fractions.

GRANDE IDÉE. En situation de calcul, il importe d'utiliser et de mettre à profit les relations qui existent entre les opérations.

> Tu sais que 60 % des élèves d'une école participent à une collecte de fonds. Si de 200 à 400 élèves y participent, combien d'élèves pourrait-il y avoir dans l'école exactement ? Comment le sais-tu ?

Certains élèves comprendront que, puisqu'on multiplie un nombre par 0,6 pour en déterminer 60 %, alors on peut effectuer une division par 0,6 pour déterminer le nombre qui est multiplié. Cependant, des élèves peuvent aborder ce problème d'une autre façon, par exemple à l'aide d'un schéma comme le suivant.

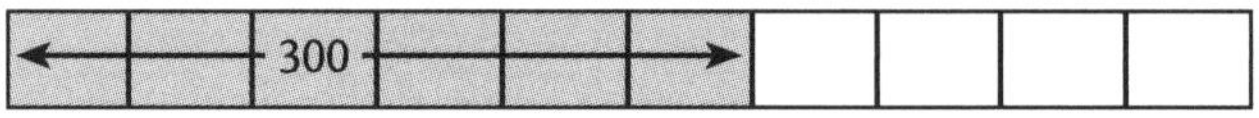

À l'aide du schéma, les élèves déduisent que, puisque chaque section de 10 % vaut 50, le tout vaut donc 500.

Cette question est ouverte du fait qu'elle laisse aux élèves le choix du nombre de participants à la collecte de fonds. De cette manière, chaque élève peut choisir un nombre avec lequel il se sent à l'aise.

TÂCHES PARALLÈLES – DU PRÉSCOLAIRE À LA 2e ANNÉE

Les **TÂCHES PARALLÈLES** sont des ensembles d'au moins deux tâches connexes qui explorent la même grande idée, mais qui sont conçues pour répondre aux besoins d'élèves de différents stades de développement. Le contexte des tâches est suffisamment semblable pour que tous les élèves participent pleinement à la même discussion de suivi.

GRANDE IDÉE. Un nombre peut avoir de nombreuses représentations. Chacune d'entre elles en souligne habituellement une caractéristique différente.

> ***Tâche 1 :*** Dessine beaucoup de points. Il doit être facile de dire combien de points il y a en tout. Combien de points as-tu dessinés et pourquoi est-il facile de dire combien il y en a ?
>
> ***Tâche 2 :*** Dessine quelques points, mais plus de 3. Dis combien de points il y a en tout. Comment peux-tu les disposer pour qu'il soit encore plus facile de dire combien il y en a ?

Pour les jeunes élèves qui progressent dans leur compréhension du nombre, la **reconnaissance globale*** constitue une étape essentielle. Ce type de question met l'accent sur la reconnaissance globale, mais il admet des démarches plus ou moins complexes. Par exemple, certains élèves disposeront simplement 5 points comme ils apparaissent sur un dé et reconnaîtront le nombre 5. D'autres pourraient disposer 20 points en 4 groupes de 5 points – en plaçant ces derniers comme sur un dé – et compter par intervalles en disant « 5, 10, 15, 20 ».

Voici quelques questions que l'enseignant peut poser pour les deux tâches :

- Pourquoi n'avez-vous pas disposé les points un peu partout sur la page ?
- Pourquoi est-ce facile de dire combien de points il y a ?
- Existe-t-il une autre façon de disposer le même nombre de points pour qu'on puisse facilement dire combien il y en a ?

Tâche 1: Choisis un nombre entre 1 et 10. Représente ce nombre du plus de façons possible.

Tâche 2: Choisis un nombre entre 20 et 30. Représente ce nombre du plus de façons possible.

Ces deux tâches ne sont pas très différentes, mais elles permettent aux élèves de choisir celle qui convient le mieux à leur stade de développement.

Les élèves pourraient représenter leur nombre à l'aide d'images, de nombres ou de mots. Pour représenter 9, un élève pourrait par exemple proposer l'expression 10 – 1, une image de 9 objets, 9 points dans une grille de 10, l'expression 4 + 5, 3 groupes de 3 ou des versions stylisées du symbole 9.

Peu importe la tâche choisie, l'enseignant peut poser les questions suivantes aux élèves :

- Quel nombre avez-vous représenté ?
- Comment saviez-vous que vous pouviez choisir ce nombre ?
- De quelles façons avez-vous représenté ce nombre ?

✸ GRANDE IDÉE. Les nombres indiquent la quantité.

Tâche 1: Choisis un nombre qui pourrait décrire la quantité de fleurs pouvant tenir dans un vase. Explique pourquoi ce nombre a du sens.

Tâche 2: Choisis un nombre qui pourrait décrire le nombre de familles dans une petite ville. Explique pourquoi ce nombre a du sens.

Il est probable que le nombre de fleurs pouvant tenir dans un vase sera plutôt petit. Toutefois, il peut varier. Un élève pourrait penser à un grand vase qui peut contenir 20 fleurs ou plus ; toutefois, il est peu probable que le nombre se situe dans les centaines.

* Ce concept est aussi connu sous le nom de « subitisation ». (N.D.T.)

Selon l'idée qu'un élève se fait d'une petite ville, le nombre de familles pourrait être un nombre à deux, à trois ou même à quatre chiffres. Ce sera intéressant d'entendre les élèves justifier les nombres qu'ils auront retenus.

L'enseignant peut demander à tous les élèves d'expliquer comment ils ont choisi leurs nombres et de dire pourquoi ils ont du sens.

> ***Tâche 1:*** Choisis deux nombres entre 10 et 20. Représente chaque nombre à l'aide de grilles de 10. Quelles sont les ressemblances entre les représentations ? Quelles sont les différences ?
>
> ***Tâche 2:*** Choisis deux nombres entre 44 et 55. Représente chaque nombre à l'aide de grilles de 10. Quelles sont les ressemblances entre les représentations ? Quelles sont les différences ?

Tout ce qui distingue ces deux tâches, c'est la grandeur des nombres avec lesquels les élèves pourraient se sentir à l'aise. Dans les deux cas, on utilise des grilles de 10. Pour chaque nombre de la ***tâche 1***, on obtiendra une grille complète et une grille partielle. Pour chaque nombre de la ***tâche 2***, on pourra avoir quatre ou cinq grilles complètes.

Voici des questions qui conviennent aux deux groupes d'élèves :

- Quels nombres avez-vous choisis ? Comment les avez-vous choisis ?
- Comment saviez-vous que vos nombres étaient de la bonne grandeur ?
- Pourquoi aviez-vous besoin de plus d'une grille de 10 ?
- Pourquoi n'avez-vous pas eu besoin de 10 grilles de 10 ?
- Quelles étaient les ressemblances entre vos représentations ? Quelles étaient les différences ?

✸ GRANDE IDÉE. Les nombres repères sont utiles pour mettre en relation et estimer des nombres.

> Le point représente un nombre sur la droite numérique. Quel est ce nombre ?
>
> ***Tâche 1:***
>
> 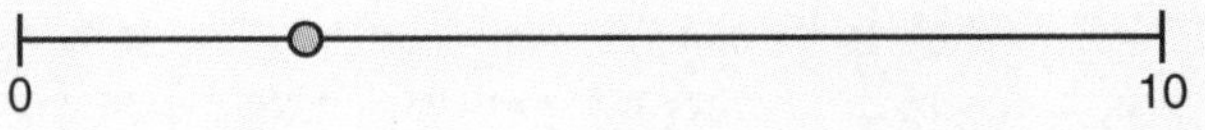
>
>
> ***Tâche 2:***
>
> 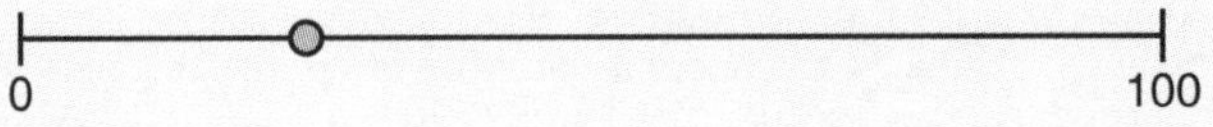
>

Ces tâches parallèles permettent aux élèves qui ne sont à l'aise qu'avec de petits nombres de réussir une tâche semblable à celle que font les élèves aptes à travailler avec de plus grands nombres. Il est probable que tous les élèves utiliseront les mêmes stratégies, peu importe la droite numérique choisie. La plupart d'entre eux diviseront mentalement la droite en deux, puis la moitié obtenue en deux, et ainsi de suite.

Variantes. On peut adapter la tâche en modifiant les nombres aux extrémités de la droite numérique et la position du point.

Tâche 1:	Un nombre est environ 10, mais n'est pas 10. Quel est le plus grand nombre possible ? Quel est le plus petit ?
Tâche 2:	Un nombre est environ 125, mais n'est pas 125. Quel est le plus grand nombre possible ? Quel est le plus petit ?

Ici encore, ces deux tâches ne sont pas très différentes, mais elles permettent aux élèves de choisir celle qui convient le mieux à leur stade de développement.

Il est important que les élèves comprennent que le mot « environ », s'il est vague, est pourtant significatif. Ils trouveront probablement intéressant de constater que, plus le nombre est grand, plus l'intervalle des possibilités acceptables est grand. Par exemple, pour les nombres d'environ 10, les possibilités pourraient aller de 8 à 12 ; cependant, pour 125, elles pourraient aller de 115 à 135.

✷ GRANDE IDÉE. La classification des nombres permet de tirer des conclusions à leur sujet.

Tâche 1:	La somme des chiffres d'un nombre à 3 chiffres est de 12. Avec combien de blocs de matériel de base 10 pourrais-tu représenter ce nombre ?
Tâche 2:	Tu peux représenter un nombre avec 58 blocs de matériel de base 10. Avec quel autre nombre de blocs de matériel de base 10 pourrais-tu représenter ce nombre ?

On peut toujours représenter un nombre plus grand que 10 de plus d'une façon à l'aide de matériel de base 10 ; c'est l'un des principes importants de l'utilisation de ce type de blocs. Par exemple, on peut représenter 32 à l'aide de 5 blocs (3 languettes et 2 cubes d'unité), de 14 blocs (2 languettes et 12 cubes d'unité), de 23 blocs (1 languette et 22 cubes d'unité) ou de 32 blocs (32 cubes d'unité). Autre principe important, le nombre minimal de blocs requis pour représenter un nombre correspond à la somme des chiffres de ce nombre (par exemple, $3 + 2 = 5$ blocs pour le nombre 32). Si les deux tâches proposées font appel à ces principes, elles ne sont pas aussi complexes l'une que l'autre.

Les différences entre toutes les possibilités qui permettent de représenter un nombre à l'aide de blocs sont des multiples de 9. En effet, lorsqu'on échange des blocs, on remplace un grand bloc par 10 petits blocs ; à la fin, il y a donc 9 blocs de plus. Ainsi, un nombre représenté par 58 blocs de matériel de base 10 pourrait aussi être représenté par 22 blocs, par exemple (parce que 58 – 22 est un multiple de 9).

Voici des exemples de questions qu'on peut poser aux deux groupes d'élèves :

- Quel nombre avez-vous utilisé ?
- Comment saviez-vous que ce nombre constituait une réponse juste ?
- Auriez-vous pu utiliser un autre nombre ? Comment le savez-vous ?
- Quel autre nombre de blocs auriez-vous pu utiliser pour représenter le nombre ?

Variantes. Dans les deux cas, on peut modifier les nombres pour rendre chaque tâche plus ou moins difficile. Dans la ***tâche 1***, on peut offrir aux élèves de travailler avec des nombres à 2 ou à 3 chiffres, et leur demander de trouver plus d'une solution. Dans la ***tâche 2***, on peut leur demander d'énoncer une généralisation qui décrit leurs découvertes.

✱ GRANDE IDÉE. Il importe de reconnaître les situations où l'utilisation de chaque opération (addition, soustraction, multiplication ou division) est appropriée.

Tâche 1 :	Choisis un nombre à soustraire de 20. Fais deux dessins qui pourraient t'aider à trouver le résultat.
Tâche 2 :	Choisis un nombre à soustraire de 5. Fais deux dessins qui pourraient t'aider à trouver le résultat.

Pour déterminer ce que les élèves savent de la soustraction, on peut leur demander de faire des dessins expliquant la façon d'obtenir un résultat. Les deux tâches proposées se ressemblent beaucoup ; cependant, l'un des nombres est un peu plus grand que l'autre et pourrait être moins accessible à certains élèves.

Dans les deux cas, les élèves montreront s'ils considèrent la soustraction comme une situation relative à un retranchement, à une comparaison ou à un terme manquant (c'est-à-dire ce qu'il faut additionner à un nombre pour obtenir 5 ou 20).

Voici quelques questions qui conviennent aux deux tâches :

- Comment avez-vous choisi un nombre ?
- Auriez-vous pu prédire la grandeur de votre réponse ?
- De quelle façon les dessins montrent-ils la soustraction ?
- Quelles sont les ressemblances entre vos dessins ? Quelles sont les différences ?

Variantes. On peut adapter le problème en changeant les nombres ou l'opération.

Tâche 1:	Invente un problème écrit que tu peux résoudre en additionnant 14 et 3. Pourquoi est-ce un problème d'addition?
Tâche 2:	Invente un problème écrit que tu peux résoudre en soustrayant 3 de 14. Pourquoi est-ce un problème de soustraction?

Beaucoup d'élèves éprouvent plus de difficultés avec la soustraction qu'avec l'addition. Puisqu'ils ont le choix entre ces deux opérations, les élèves qui hésitent à effectuer des soustractions échappent à la pression qu'ils ressentiraient s'ils devaient faire la ***tâche 2***. Malgré tout, ils tireront profit de la discussion à propos de la soustraction lorsque tous les élèves parleront de leur travail.

Observer les élèves au travail donne à l'enseignant un aperçu des sens qu'ils attribuent à l'addition et à la soustraction.

Voici quelques questions qui conviennent aux deux tâches:

- De quoi traite votre problème? Qui sont les personnages?
- Que représente le nombre 14 dans votre problème?
- Que représente le nombre 3 dans votre problème?
- Auriez-vous pu prédire que la solution de votre problème serait plus grande ou plus petite que 14?
- Dans votre problème, qu'est-ce qui vous a permis d'utiliser la bonne opération?

✷ GRANDE IDÉE. On peut additionner, soustraire, multiplier ou diviser des nombres de plusieurs façons.

Tâche 1:	Combien de combinaisons de deux ou trois nombres dont l'addition donne 6 peux-tu trouver? Comment sais-tu si tu as trouvé toutes les combinaisons?
Tâche 2:	Combien de combinaisons de deux ou trois nombres dont l'addition donne 12 peux-tu trouver? Comment sais-tu si tu as trouvé toutes les combinaisons?

Il y a relativement peu de combinaisons de deux ou trois nombres à compter dont l'addition donne 6 (0 + 6, 1 + 5, 2 + 4, 3 + 3, 1 + 1 + 4, 1 + 2 + 3, 2 + 2 + 2), mais il y en a sensiblement plus dont l'addition donne 12 (par exemple, 0 + 12, 1 + 11, 2 + 10, 3 + 9, 4 + 8, 5 + 7, 6 + 6, 1 + 5 + 6, 1 + 4 + 7, etc.); ces deux tâches reflètent ce fait. S'il est possible que certains élèves se sentent dépassés par le nombre de possibilités qu'offre la ***tâche 2***, d'autres seront enchantés par le défi.

Dans les deux cas, les élèves doivent montrer leur connaissance des combinaisons d'additions. On devrait leur fournir des jetons pour qu'ils répondent à ces questions.

L'enseignant peut poser des questions comme les suivantes aux deux groupes :

- À quelle combinaison avez-vous pensé en premier ? Pourquoi ?
- Comment avez-vous trouvé chaque combinaison suivante ?
- De quelle autre façon auriez-vous pu trouver chaque combinaison suivante ?
- Si deux combinaisons comportaient les mêmes nombres, mais écrits dans un ordre différent, les considéreriez-vous comme différentes ?
- Comment pourriez-vous ordonner vos réponses afin de vérifier plus facilement que vous avez trouvé toutes les combinaisons ?

Tâche 1 : Choisis deux nombres à 3 chiffres dont la somme est proche de 400. Comment pourrais-tu utiliser des blocs de matériel de base 10 pour t'aider à effectuer l'addition ?

Tâche 2 : Choisis deux nombres à 2 chiffres dont la somme est proche de 40. Comment pourrais-tu utiliser des blocs de matériel de base 10 pour t'aider à effectuer l'addition ?

À mesure que les élèves additionnent des nombres de plus en plus grands, il leur est utile de se servir de matériel de base 10 afin de comprendre la raison pour laquelle on additionne les dizaines aux dizaines, les centaines aux centaines et les unités aux unités. Cette stratégie est valable tant pour les nombres à 2 chiffres que pour les nombres à 3 chiffres.

Dans une même classe, certains élèves se sentiront à l'aise avec les nombres plus petits que 100 tandis que d'autres seront prêts à aborder des nombres plus grands que 100. Le choix des nombres 40 et 400 rend les tâches encore plus parallèles ; par exemple, si on parle de 4 blocs, il peut s'agir de 4 languettes ou de 4 planchettes. L'expression « proche de » accroît la quantité de combinaisons de nombres possibles.

Les élèves pourraient tout simplement prendre 4 planchettes ou 4 languettes, échanger l'une d'elles contre d'autres blocs et en enlever un ou deux. Ou encore, ils pourraient ajouter un ou deux blocs à ceux qu'ils ont déjà. Ils pourraient ensuite séparer le matériel de base 10 en deux piles, chacune représentant l'un des deux nombres additionnés.

Voici quelques questions qui conviennent aux deux tâches :

- Comment pourriez-vous représenter la somme de laquelle vous essayez de vous approcher ?
- Que feriez-vous pour montrer un nombre proche de ce nombre ?
- Comment avez-vous choisi les deux nombres qui donnent cette somme ?
- Comment le matériel de base 10 a-t-il facilité la résolution du problème ?

TÂCHES PARALLÈLES – DE LA 3e ANNÉE À LA 5e ANNÉE

GRANDE IDÉE. Un nombre peut avoir de nombreuses représentations. Chacune d'entre elles en souligne habituellement une caractéristique différente.

Tâche 1: Écris le plus d'égalités possible pour décrire cet **arrangement rectangulaire**.

x x x x x x x x x
x x x x x x x x x
x x x x x x x x x
x x x x x x x x x
x x x x x x x x x

Tâche 2: Est-il possible d'écrire chaque nombre de 1 à 50 de plus d'une façon, et ce, pour chaque opération (somme, différence, produit ou quotient)? Écris tes réponses sous forme d'égalités. Qu'est-ce qui était le plus facile à trouver: les sommes, les différences, les produits ou les quotients?

Certains élèves auront besoin du soutien visuel que constitue l'arrangement rectangulaire pour voir qu'on peut se servir d'autres nombres pour écrire le nombre 45. La plupart des élèves qui se serviront de l'arrangement y verront des sommes et des produits; l'enseignant peut les mettre au défi d'y chercher aussi des différences et des quotients. Cette question est formulée de façon ouverte; elle demande simplement d'écrire des égalités, et non des énoncés de multiplication en particulier (comme $5 \times 9 = 45$). Ce point de départ convient même aux élèves qui ne sont pas encore à l'aise avec la multiplication (par exemple, $9 + 9 + 9 + 9 + 9 = 45$).

D'autres élèves seront prêts à travailler symboliquement. Ils pourraient opter pour la ***tâche 2***, qui les incite à émettre puis à vérifier des conjectures. Ils se rendront peut-être compte qu'il existe un moyen facile d'écrire chaque nombre sous forme de somme $(x + 0)$, de différence $(x - 0)$, de produit $(1 \cdot x)$ ou de quotient $(x \div 1)$. On peut trouver d'autres façons d'écrire des nombres; cependant, les élèves pourraient découvrir que cela est plus difficile avec les produits qu'avec les autres opérations.

Lors de la discussion de suivi, l'enseignant peut demander à chaque élève de présenter ses égalités et de dire comment il les a trouvées.

Tâche 1: Deux fractions sont équivalentes. L'addition de leurs numérateurs donne 22 de moins que l'addition de leurs dénominateurs. Quelles pourraient être ces fractions?

Tâche 2: Fais un dessin qui montre deux fractions équivalentes à $\frac{2}{8}$.

Pour arriver à additionner et à soustraire des fractions, les élèves doivent comprendre qu'on peut représenter une partie d'un tout de nombreuses façons. Bien que plusieurs élèves apprennent à concevoir des fractions équivalentes, certains appliquent la règle sans comprendre son fonctionnement ; d'autres la généralisent de façon erronée, par exemple en additionnant la même quantité au numérateur et au dénominateur au lieu de multiplier ou de diviser ces derniers par la même quantité.

Les tâches proposées permettent aux élèves qui commencent à peine à comprendre les fractions équivalentes de montrer ce qu'ils savent des raisons de cette équivalence. En même temps, elles donnent l'occasion aux élèves plus avancés de travailler de façon symbolique à la résolution d'un problème d'équivalence. La ***tâche 1*** a plusieurs solutions (par exemple, $\frac{2}{4} = \frac{20}{40}$ et $(40 + 4) - (20 + 2) = 22$; $\frac{6}{10} = \frac{27}{45}$ et $(10 + 45) - (6 + 27) = 22$; $\frac{8}{10} = \frac{80}{100}$ et $(10 + 100) - (8 + 80) = 22$) ; les élèves doivent se rendre compte qu'ils devraient essayer plus d'une combinaison de nombres.

Voici quelques questions qu'on peut poser aux deux groupes d'élèves :

- Quelles fractions équivalentes avez-vous choisies ?
- Comment saviez-vous qu'elles étaient équivalentes ?
- Quel genre de dessin pourriez-vous faire pour montrer qu'elles sont équivalentes ?
- Comment avez-vous résolu votre problème ?

✷ GRANDE IDÉE. Les nombres indiquent la quantité.

Quelles situations authentiques ce nombre pourrait-il décrire ?

Tâche 1 : 10 000 ***Tâche 2 :*** 1000

Certains élèves de la 3e année à la 5e année trouveront qu'il est difficile d'établir des liens avec le nombre 10 000. Même s'ils sont capables de le lire, plusieurs d'entre eux n'ont pas d'idée de sa grandeur. D'autres élèves, plus à l'aise avec le raisonnement proportionnel, peuvent imaginer 10 000 en fonction de nombres connus, par exemple 10 cubes de mille ou le nombre de sièges dans l'aréna local. S'ils peuvent choisir le nombre à utiliser, tous les élèves seront plus susceptibles de tirer profit de la tâche.

Variantes. On peut adapter la tâche en proposant une autre paire de nombres – soit deux nombres naturels, deux nombres décimaux ou deux fractions.

ASTUCE PÉDAGOGIQUE. L'élève qui choisit la tâche « la plus facile » profitera tout de même de la discussion de classe à propos de l'autre possibilité ; c'est l'un des avantages des tâches parallèles.

✱ GRANDE IDÉE. Les nombres repères sont utiles pour mettre en relation et estimer des nombres.

Le point représente une valeur sur la droite numérique. Selon toi, quelle est cette valeur ?

Tâche 1:

Tâche 2:

Ces tâches parallèles permettent aux élèves qui le désirent de travailler avec une dispersion moins grande de plus petits nombres. Les élèves qui optent pour la ***tâche 2*** vont probablement diviser mentalement la droite en quarts et voir que le point se trouve à 2000 environ. Ceux qui préfèrent la ***tâche 1*** estimeront probablement que 100 correspond à 0 pour faciliter la division mentale de la droite.

Pour discuter du travail de tous les élèves, l'enseignant pourrait poser les questions suivantes :

- La valeur représentée par le point est-elle plus grande que 1000 ? Pourquoi ?
- Est-elle plus grande que 2000 ? Pourquoi ?
- Comment avez-vous déterminé la valeur représentée par le point ?
- Comment savez-vous qu'il doit y avoir plus d'une réponse sensée ?

Variantes. On peut adapter la tâche en modifiant les valeurs aux extrémités de la droite numérique et la position du point.

✱ GRANDE IDÉE. La classification des nombres permet de tirer des conclusions à leur sujet.

Tâche 1: Représente deux fractions de même numérateur. Dis laquelle est la plus grande et explique pourquoi.

Tâche 2: Représente deux fractions de même dénominateur. Dis laquelle est la plus grande et explique pourquoi.

Les élèves bénéficient d'une grande latitude puisqu'ils choisissent eux-mêmes les fractions. Ils pourraient utiliser des dénominateurs simples – comme 2 ou 4 – ou complexes. Ils sont libres de choisir des fractions propres ou des **fractions impropres**. Bon nombre d'élèves trouvent qu'il est plus simple de comparer des fractions de même dénominateur que des fractions de même numérateur ; c'est la raison d'être de la ***tâche 2***. Toutefois, l'enseignant devrait inciter ses élèves à choisir la ***tâche 1***, s'ils sont prêts à l'aborder.

Voici quelques questions qui conviennent aux deux tâches :

- Est-ce que l'une de vos fractions est très proche de 0 ? De 1 ?
- Est-ce que l'une de vos fractions est plus grande que 1 ? Qu'en est-il de l'autre fraction ?
- Devez-vous convertir vos fractions pour déterminer laquelle est la plus grande ? Est-il facile de le faire sans les convertir ?
- Quelle fraction est la plus grande ? Comment pouvez-vous convaincre quelqu'un que cette fraction est la plus grande ?

ASTUCE PÉDAGOGIQUE. De temps à autre, il est bon de demander aux élèves de justifier leur choix.

Tâche 1: Le produit de deux nombres est de 24 000. Quels pourraient être ces nombres ?

Tâche 2: Le produit de deux nombres est de 24,00. Quels pourraient être ces nombres ?

Ces deux tâches sont plutôt semblables ; toutes les deux comportent une multiplication et requièrent une bonne compréhension du système de numération en base 10. Toutefois, l'une comporte un nombre décimal (quoiqu'un élève puisse considérer 24,00 comme un nombre naturel plutôt simple) et l'autre, un grand nombre naturel.

Dans les deux cas, les élèves pourraient se servir de leurs connaissances à propos des facteurs de 24 et de la multiplication par des **puissances de 10**. Dans la ***tâche 1***, ils pourraient trouver des combinaisons comme 600 × 40 ou 8 × 3000. Dans la ***tâche 2***, ils pourraient se servir de combinaisons comme 4,0 × 6,0 (ou simplement 4 × 6) ou 1,5 × 16,0.

Voici quelques questions qui conviennent aux deux tâches :

- L'un des deux nombres pourrait-il être très petit ?
- Quelle est la plus grande valeur que pourrait avoir l'un des nombres ?
- Pourquoi est-ce utile de connaître les facteurs de 24 ?
- Quelles autres connaissances sur la multiplication vous ont été utiles pour résoudre votre problème ?

Tâche 1: Tu multiplies une fraction par $\frac{4}{3}$. Que sais-tu avec certitude à propos du résultat ?

Tâche 2: Tu multiplies une fraction par $\frac{2}{3}$. Que sais-tu avec certitude à propos du résultat ?

Les élèves doivent apprendre que, si on multiplie un nombre par une fraction plus grande que 1, on obtient un produit plus grand que le nombre initial; au contraire, si on multiplie un nombre par une fraction plus petite que 1, on obtient un produit plus petit que le nombre initial. La ***tâche 2*** s'adresse en particulier aux élèves qui sont peu à l'aise avec les fractions impropres.

Les tâches proposées ne fournissent pas les nombres à multiplier. Les élèves devront soit multiplier plusieurs nombres différents, soit réfléchir à l'effet général de la multiplication.

Pour inciter les élèves à donner une variété de réponses, on leur fournit un multiplicateur: une fraction dont le dénominateur est 3. Certains élèves supposeront par exemple que, si on multiplie un nombre par des tiers, le dénominateur du produit sera automatiquement un multiple de 3 (ce qui est vrai avant la simplification, mais pas toujours après); ou que, si on multiplie un nombre par une fraction dont le numérateur est 2 ou 4, le numérateur du produit sera pair (ce qui, encore une fois, n'est pas toujours vrai après la simplification).

Voici quelques questions qu'on peut poser peu importe la tâche effectuée:

- Comment pourriez-vous représenter la multiplication?
- Que savez-vous à propos du numérateur de la fraction obtenue (le produit)?
- Que savez-vous à propos du dénominateur?
- Votre réponse sera-t-elle plus grande ou plus petite que le nombre multiplié? Pourquoi?

Tâche 1:	Y a-t-il plus de multiples de 3 ou plus de multiples de 4 entre 1 et 100? Combien de plus?
Tâche 2:	Y a-t-il plus de **nombres premiers** ou plus de **nombres composés** entre 1 et 100? Combien de plus?

La classification des nombres en fonction des **propriétés** relatives à la multiplication est un thème sous-jacent de la 3e année à la 5e année. Qu'ils classifient les nombres comme nombres premiers ou composés, ou qu'ils les classifient comme des multiples d'autres nombres, les élèves étudient des propriétés relatives à la multiplication.

Dans cette tranche d'années d'études, certains élèves éprouvent encore de la difficulté à déterminer si un nombre est premier. Ces élèves réussiront plus facilement la ***tâche 1***, mais ils tireraient tout de même profit de la discussion relative à la ***tâche 2***. Les deux tâches requièrent que les élèves dressent deux listes de nombres et en comparent la longueur. De plus, les élèves devront justifier la présence de nombres donnés sur une liste ou l'autre, voire sur les deux (dans le cas de la ***tâche 1***). Au fil de la discussion, il peut être utile de demander aux élèves pourquoi certains nombres apparaissent sur les deux listes dans la ***tâche 1***, mais pas dans la ***tâche 2***. Entre 1 et 100, il y a $33 - 25 = 8$ multiples de 3 de plus que de multiples de 4; et il y a $74 - 25 = 49$ nombres composés de plus que de nombres premiers. Quant au nombre 1, il n'est ni premier ni composé.

✱ **GRANDE IDÉE. Il importe de reconnaître les situations où l'utilisation de chaque opération (addition, soustraction, multiplication ou division) est appropriée.**

Tâche 1:	Tu remplis 8 verres aux $\frac{3}{4}$. Combien de verres aurais-tu pu remplir au complet, à la place?
Tâche 2:	Tu remplis quelques verres aux $\frac{5}{6}$. Avec la même quantité d'eau, tu aurais pu remplir des verres au complet, sans qu'il reste d'eau. Combien de verres as-tu remplis aux $\frac{5}{6}$?

Les deux problèmes comportent la multiplication d'un nombre naturel par une fraction ou l'addition répétée d'une fraction; les élèves doivent s'en rendre compte. Dans la ***tâche 1***, les élèves connaissent exactement les valeurs avec lesquelles ils doivent travailler; en revanche, ils ne connaissent pas le nombre total de verres dans la ***tâche 2***, ce qui rend le problème plus difficile pour certains. L'un ou l'autre problème peut aider les élèves à comprendre que $c \times \frac{a}{b}$ est un nombre naturel seulement si b est un facteur de $c \times a$.

Il n'y a qu'une réponse à la ***tâche 1*** (6 verres), mais de multiples réponses à la ***tâche 2*** (dont 6 verres, 12 verres, 18 verres, etc.).

Peu importe la tâche effectuée, l'enseignant peut poser les questions suivantes:

- La réponse pourrait-elle être 2 verres? Pourquoi?
- La réponse pourrait-elle être 3 verres? Pourquoi?
- La réponse pourrait-elle être 4 verres? Pourquoi?
- Comment le fait de penser à 3 verres ou à 4 verres aurait-il pu vous aider à résoudre le problème?

Tâche 1:	Conçois un problème écrit qu'on peut résoudre par la soustraction de deux grands nombres.
Tâche 2:	Conçois un problème écrit qu'on peut résoudre par la soustraction de deux fractions.

Dans les deux cas, les élèves doivent reconnaître des situations où la soustraction est appropriée; toutefois, si un problème requiert l'utilisation de fractions, l'autre admet les nombres naturels. Beaucoup d'élèves ont du mal avec les contextes comportant des fractions.

L'enseignant peut poser des questions comme les suivantes à tous les élèves:

- Pourquoi votre problème comporte-t-il une soustraction?
- Pourrait-on le résoudre à l'aide d'une autre opération? Laquelle?
- Quel énoncé numérique pourrait accompagner votre problème?
- Quel est votre problème? Quelle est sa solution?

Tâche 1:	Tu divises une fraction sous la forme $\frac{1}{\square}$ par un nombre naturel. Le résultat est plus petit que 0,1. Décris plusieurs combinaisons fraction/nombre naturel possibles et justifie ta réponse à l'aide de dessins.
Tâche 2:	Tu divises un nombre naturel par un nombre naturel. Le résultat est une fraction plus petite que 0,1. Décris plusieurs paires de nombres naturels possibles et justifie ta réponse à l'aide de dessins.

Certains élèves seront attirés par la ***tâche 2*** parce qu'ils préfèrent travailler avec des nombres naturels. D'autres choisiront la ***tâche 1*** parce qu'ils ont l'impression d'avoir plus d'indices sur l'un des nombres avec lesquels ils doivent travailler; il doit être sous la forme $\frac{1}{\square}$.

Pour la ***tâche 1***, les élèves chercheront un dénominateur et un nombre naturel dont le produit est plus grand que 10, afin d'obtenir un résultat plus petit que 0,1 ou $\frac{1}{10}$ (par exemple, $\frac{1}{5} \div 4$). Pour la ***tâche 2***, ils chercheront un numérateur dont la valeur correspond à moins de $\frac{1}{10}$ de celle du dénominateur (par exemple, $3 \div 50$ ou $\frac{3}{50}$). Dans ce cas, les élèves doivent montrer qu'ils comprennent qu'une fraction est le quotient du numérateur et du dénominateur.

L'enseignant pourrait poser des questions comme les suivantes:

- Pourriez-vous effectuer une division par le nombre naturel 2? Expliquez votre réponse.
- Pourriez-vous effectuer une division par un nombre naturel plus petit que 10? Expliquez votre réponse.
- Quel type de dessin avez-vous fait pour montrer votre division? Pourquoi?
- Après avoir trouvé une première solution, comment en avez-vous trouvé une deuxième?

✷ GRANDE IDÉE. On peut additionner, soustraire, multiplier ou diviser des nombres de plusieurs façons.

Tâche 1:	Tu additionnes deux nombres et tu représentes la somme à l'aide de matériel de base 10. Tu as besoin de plus de planchettes que de languettes et de plus de languettes que de cubes d'unité. Quels pourraient être les nombres additionnés? Explique ta réponse.
Tâche 2:	Tu additionnes deux nombres et tu représentes la somme à l'aide de matériel de base 10. Tu as besoin de plus de languettes que de cubes d'unité, mais d'aucune planchette. Quels pourraient être les nombres additionnés? Explique ta réponse.

Ces tâches parallèles sont ouvertes parce qu'elles fournissent de l'information sur la réponse, sans toutefois donner de valeurs exactes. Voici des sommes possibles pour la ***tâche 1***: 321, 932, 842, etc. et pour la ***tâche 2***: 72, 91, 50, etc. Les élèves qui préfèrent travailler avec des sommes plus petites que 100 opteront probablement pour la ***tâche 2***.

Une fois qu'ils ont retenu une somme possible, les élèves doivent encore séparer le nombre pour obtenir les deux termes de l'addition. L'enseignant doit les inciter à trouver une variété de possibilités.

Voici quelques questions qu'on peut poser aux deux groupes d'élèves:

- Qu'avez-vous choisi en premier: la somme ou l'un des termes de l'addition?
- Auriez-vous pu faire le contraire?
- La somme aurait-elle pu être 135? Pourquoi?
- L'un des nombres additionnés aurait-il pu être 49, même si 49 contient plus de cubes d'unité que de languettes?

Tâche 1: Dresse la liste de 10 égalités que cette image peut décrire.

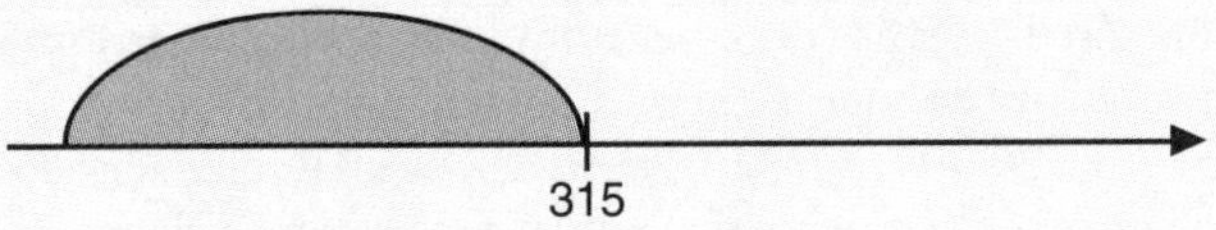

Tâche 2: Dresse la liste de 5 égalités que cette image peut décrire.

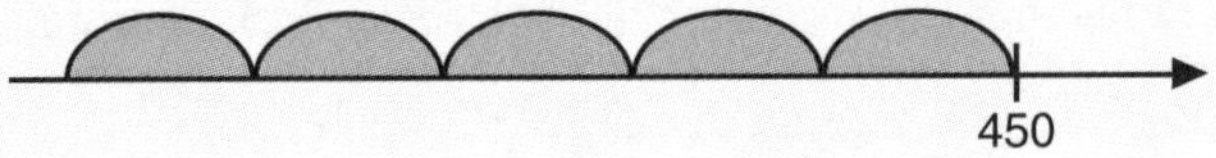

Des élèves pourraient supposer que la ***tâche 2*** nécessite la multiplication; elle comporte en fait l'addition, la multiplication ou les deux opérations (par exemple, $5 \times 90 = 450$ ou $250 + 5 \times 40 = 450$). Ils considéreront probablement la ***tâche 1*** comme un problème d'addition, bien qu'on puisse aussi trouver des solutions à l'aide de la soustraction (par exemple, $100 + 215 = 315$ ou $315 - 100 = 215$).

Ces tâches sont parallèles parce que toutes deux comportent une **droite numérique ouverte** et suscitent la conception d'égalités simples. Leur différence réside dans la complexité des opérations requises.

La discussion de suivi sera probablement fructueuse. Dans le cas de la ***tâche 2***, les élèves pourraient constater que, tant qu'ils commencent à une valeur appropriée, ils peuvent attribuer n'importe quelle valeur à l'intervalle répétitif. Par exemple, on peut avoir des intervalles de 90 si on part à 0, mais des intervalles de 80 si on part à 50. Pour la ***tâche 1***, les élèves devraient découvrir qu'ils peuvent utiliser n'importe quelle paire de nombres dont la somme est 315, donc qu'il y a plusieurs énoncés numériques possibles.

Dans chaque situation, l'enseignant peut poser des questions comme les suivantes:

- Quel était votre nombre de départ?
- Comment avez-vous déterminé ce nombre?
- Quelles opérations avez-vous utilisées?

Écris chacun des chiffres 0, 1, 2, 3, 4, 5, 6, 7, 8 et 9 dans la bonne case. Tu ne peux utiliser chaque chiffre qu'une seule fois.

Tâche 1:	***Tâche 2:***
3 × 5☐ = 15☐	☐ × ☐ = 5☐
☐ × ☐☐ = ☐0	4 × ☐ = 3☐
6 × 1☐ = 6☐	☐ × ☐ = 2☐
☐ × 1☐ = 105	8 × ☐ = 4☐

Les élèves peuvent choisir de travailler avec des produits de nombres à un chiffre ou avec des produits comportant des nombres à deux chiffres, à leur guise. Dans les deux cas, il serait instructif de leur demander d'indiquer les chiffres qu'ils ont trouvés en premier et la raison pour laquelle ceux-ci étaient les plus faciles à déterminer. Chacune des tâches constitue un défi, mais de type différent. Puisqu'ils ont un choix, les élèves seront plus nombreux à avoir la chance de réussir. (Solution de la ***tâche 1***, de haut en bas et de gauche à droite : 3, 9, 4, 2, 0, 8, 1, 6, 7, 5 ; solution de la ***tâche 2*** : 9, 6, 4, 8, 2, 7, 3, 1, 5, 0.)

ASTUCE PÉDAGOGIQUE. En présence de possibilités numérotées, l'option « la plus simple » devrait parfois constituer la ***tâche 1***, et parfois la ***tâche 2***. Si la tâche la plus simple n'est pas nécessairement la première, les élèves devront envisager les deux possibilités avant de faire leur choix.

✷ **GRANDE IDÉE. En situation de calcul, il importe d'utiliser et de mettre à profit les relations qui existent entre les opérations.**

Tâche 1: ☐ × ☐ = 480. Avec combien de paires de nombres peux-tu compléter l'égalité ? Quels sont ces nombres ?

Tâche 2: ☐ × ☐ = 24. Avec combien de paires de nombres peux-tu compléter l'égalité ? Quels sont ces nombres ?

Pour résoudre ces deux problèmes de multiplication, les élèves pourraient diviser le produit en facteurs potentiels. La connaissance des facteurs de 12, 24 ou 48 devrait les aider à résoudre le problème. L'une des tâches est plus difficile que l'autre surtout parce que son produit est plus grand. Toutefois, dans chacun des cas, on incite les élèves à trouver le plus de réponses possible.

Pour la ***tâche 2***, les solutions constituées de nombres naturels sont les suivantes : 1 × 24, 2 × 12, 3 × 8 et 4 × 6 ; cependant, certains élèves pourraient aussi examiner des réponses comportant des fractions, comme $\frac{1}{2} \times 48$. Pour la ***tâche 1***, les solutions constituées de nombres naturels sont les suivantes : 1 × 480, 2 × 240, 3 × 160, 4 × 120, 5 × 96, 6 × 80, 8 × 60, 10 × 48, 12 × 40, 15 × 32, 16 × 30 et 20 × 24. Toutefois, ici encore, les élèves choisissant d'utiliser des fractions pourraient fournir un nombre infini d'autres réponses.

Voici quelques questions qu'on peut poser à tous les élèves :

- Pourquoi pourrait-il être utile de savoir qu'un des facteurs doit être pair ?
- Pourquoi pourrait-il être utile de connaître les facteurs de 12 ?
- Pourquoi pourrait-il être utile de connaître les facteurs de 24 ?
- Comment pouvez-vous obtenir une deuxième réponse une fois que vous en avez trouvé une première ?
- Y a-t-il des réponses comportant des fractions ? Donnez-en un exemple.

Tâche 1 : Tu divises un nombre décimal par un nombre naturel. Le quotient est sous la forme □□,□□. La somme des quatre chiffres du quotient est 8. Quelle division pourrais-tu avoir effectuée ?

Tâche 2 : Tu divises un nombre naturel à 4 chiffres par un nombre naturel à 2 chiffres. Il n'y a pas de reste. La somme des chiffres du quotient est 8. Quelle division pourrais-tu avoir effectuée ?

La division comportant des nombres décimaux fait souvent partie des programmes d'études de 5e année ; pourtant, certains élèves mettront plus de temps que d'autres à se préparer à s'acquitter de ce type de tâche. Une tâche parallèle comme la ***tâche 2*** leur permet de consacrer plus de temps à cet apprentissage. Ces élèves diviseront encore des nombres naturels, mais ils auront l'occasion d'écouter les réponses d'autres élèves qui auront travaillé avec des nombres décimaux. Cela les exposera davantage au concept avant qu'ils aient à le mettre eux-mêmes en application. Dans les deux cas, on souligne la relation entre la multiplication et la division.

Voici l'une des nombreuses solutions possibles pour la ***tâche 1*** : 92,48 ÷ 4. Voici une solution possible pour la ***tâche 2*** : 5332 ÷ 86.

Voici quelques questions qu'un enseignant pourrait poser :

- Pourquoi le quotient ne peut-il pas comporter le chiffre 9 ?
- Comment avez-vous su combien de chiffres comportait la partie du dividende composée d'un nombre naturel ?
- Comment la multiplication pourrait-elle faciliter la résolution de votre problème de division ?

TÂCHES PARALLÈLES – DE LA 6e ANNÉE À LA 8e ANNÉE

GRANDE IDÉE. Un nombre peut avoir de nombreuses représentations. Chacune d'entre elles en souligne habituellement une caractéristique différente.

En voiture, le père de Lisa parcourt 25 kilomètres toutes les 15 minutes.

Tâche 1: Quelle distance parcourt-il en 20 minutes?

Tâche 2: Quelle distance parcourt-il en 2,5 heures?

Dans le domaine des proportions, écrire un taux sous une autre forme est à la base de la résolution de problèmes. Dans ce cas-ci, les deux questions suscitent la réflexion. Certains élèves pourraient considérer la ***tâche 2*** comme plus directe; ils vont convertir le taux à 100 kilomètres à l'heure, effectuer la multiplication 2×100 puis additionner 50 kilomètres au résultat, ce qui leur donnera la distance parcourue en 2,5 heures. D'autres élèves pourraient considérer la ***tâche 1*** comme plus facile; ils se contenteront d'additionner $\frac{1}{3}$ de 25 à 25, afin de passer de 15 à 20 minutes (5 minutes de plus).

Dans les deux situations, on peut poser les questions suivantes aux élèves:

- Pourquoi était-ce plus utile de connaître la distance parcourue en 15 minutes qu'en 17 minutes, par exemple?
- Pour quels autres nombres de minutes pourrait-on déterminer facilement la distance parcourue? Pourquoi?
- Peut-on déterminer la distance parcourue en n'importe quel nombre de minutes ou seulement en certains nombres de minutes?

Tâche 1: Représente –12 sous la forme d'une somme d'autres nombres entiers. Quelle pourrait être la plus grande valeur de l'un des autres nombres entiers? Quelle pourrait en être la plus petite valeur?

Tâche 2: Représente –12 sous la forme d'un produit d'autres nombres entiers. Quelle pourrait être la plus grande valeur de l'un des autres nombres entiers? Quelle pourrait en être la plus petite valeur?

Habituellement, les élèves apprennent la multiplication des nombres entiers après en avoir appris l'addition; toutefois, plusieurs élèves pourraient trouver la ***tâche 2*** plus facile que la ***tâche 1***. Dans les deux cas, les élèves doivent réfléchir aux règles des signes qui s'appliquent aux opérations sur les nombres entiers. Ils doivent également raisonner pour déterminer la plus grande et la plus petite valeur qu'ils peuvent utiliser. Par exemple, un élève pourrait se rendre compte que –12 peut être la somme de 400 et de –412 ou de 1000 et de –1012; il constaterait alors que, pour obtenir une somme, il n'existe pas de valeur maximale ou minimale. Pour un produit de nombres entiers, par contre, la plus petite valeur serait –12 et la plus grande, +12.

Voici quelques questions qu'on peut poser aux deux groupes :

- Comment avez-vous représenté −12 ?
- Combien de combinaisons avez-vous utilisées ?
- Quelle est la plus grande valeur que vous avez utilisée ?
- Comment savez-vous si une plus grande valeur est possible ?

Tâche 1 :	Quel est le meilleur achat : 5 jeux pour 54,75 $ ou 6 jeux pour 63,54 $?
Tâche 2 :	Quel est le meilleur achat : 2 jeux pour 21,25 $ ou 6 jeux pour 63,54 $?

Les deux tâches nécessitent l'utilisation du raisonnement proportionnel. La ***tâche 1*** convient aux élèves qui sont prêts à relever un défi parce que les prix sont proches l'un de l'autre et qu'il n'y a pas de relation multiplicative simple entre les nombres 5 et 6. Dans la ***tâche 2***, les élèves peuvent simplement comparer les deux prix en triplant celui des 2 jeux ou en déterminant $\frac{1}{3}$ du prix des 6 jeux. Bien que la ***tâche 2*** soit plus simple, elle fait tout de même grandement appel au raisonnement proportionnel.

Dans la ***tâche 1***, un élève pourrait calculer le coût unitaire de chaque jeu et comparer ces coûts. Ou encore, un élève pourrait calculer le coût unitaire de l'une des possibilités et le multiplier (plutôt que de le diviser) par l'autre nombre de jeux afin d'établir une comparaison. Il pourrait même multiplier le prix de 5 jeux par 6 et le prix de 6 jeux par 5 afin de comparer le coût de 30 jeux selon les deux taux.

Peu importe la tâche choisie, on peut poser des questions comme les suivantes aux élèves :

- Est-il facile de savoir immédiatement quel est le meilleur achat ? Expliquez votre réponse.
- Pourquoi le problème serait-il plus facile si on donnait les prix du même nombre de jeux ?
- Deviez-vous connaître le prix de 1 jeu pour résoudre le problème ?
- De quelle autre façon auriez-vous pu résoudre le problème ?

✸ GRANDE IDÉE. Les nombres indiquent la quantité.

Choisis l'une des mesures ci-dessous. Environ quel âge, en années, a une personne âgée du nombre de jours, de secondes ou d'heures que tu as choisi ?

Tâche 1 :	1000 jours
Tâche 2 :	1 000 000 secondes
Tâche 3 :	10 000 heures

Les élèves ont le choix de travailler avec un très grand nombre (1 000 000) ou de plus petits nombres (1000 ou 10 000), en fonction de leur aisance. Peu importe la tâche choisie, ils s'exerceront à faire des calculs pour convertir des mesures de temps (1000 jours correspondent à un peu moins de 3 ans; 10000 heures correspondent à environ 14 mois; 1 000 000 de secondes se situent entre 11 et 12 jours); choisir l'une des trois tâches leur permet simplement d'étudier les conversions avec lesquelles ils se sentent le plus à l'aise. Peu importe leur choix, les élèves ont une énigme à résoudre, laquelle devrait les intéresser.

ASTUCE PÉDAGOGIQUE. L'une des choses les plus importantes qu'un enseignant puisse faire pour les élèves qui éprouvent des difficultés est de s'assurer qu'ils prennent plaisir à l'aspect « résolution d'énigmes » des mathématiques, mais à un degré où ils peuvent réussir. En faisant seulement des tâches qui nécessitent du « par cœur », les élèves n'auront jamais la chance d'apprécier vraiment les mathématiques, même s'ils peuvent éprouver de la satisfaction à obtenir les bonnes réponses.

Tâche 1: Un nombre entre 20 et 30 correspond à 80 % d'un autre nombre. Quel pourrait être le deuxième nombre ?

Tâche 2: Un nombre entre 20 et 30 correspond à 150 % d'un autre nombre. Quel pourrait être le deuxième nombre ?

Dans les deux situations, les élèves doivent déterminer de quel nombre un nombre donné correspond à une certaine partie. Plutôt que de donner un nombre précis, on fournit un intervalle de valeurs; cela permet aux élèves de s'exercer davantage et d'utiliser des nombres repères commodes, s'ils le désirent. Le pourcentage présenté dans la ***tâche 1*** est plus petit que 100 %, tandis que celui de la ***tâche 2*** est plus grand que 100 %, ce qui rend la tâche plus difficile pour la plupart des élèves.

Dans les deux cas, les élèves doivent réfléchir à la relation entre le nombre donné et l'autre nombre, c'est-à-dire qu'ils doivent se demander si l'autre nombre est plus grand ou plus petit que le nombre donné, et pourquoi. Voici une solution possible pour la ***tâche 1***: 24 correspond à 80 % de 30; et pour la ***tâche 2***: 24 correspond à 150 % de 16.

On peut poser ces questions aux deux groupes:

- Le deuxième nombre est-il plus grand ou plus petit que le premier ?
- Comment avez-vous déterminé si le deuxième nombre était plus grand ou plus petit que le premier ?
- Quel est l'écart entre les valeurs possibles du deuxième nombre ?

Tâche 1:	Ordonne ces nombres du plus petit au plus grand:
	$\sqrt{10}$ $2\sqrt{3}$ $\sqrt{2}+2$ $\sqrt{18}-1$
Tâche 2:	Ordonne ces nombres du plus petit au plus grand:
	$\sqrt{10}$ $\sqrt{15}-2$ $\sqrt{30}-3$ $\sqrt{40}\div 3$

Dans les deux tâches, les élèves doivent déterminer la valeur rationnelle approximative de nombres irrationnels. Les valeurs que présente la ***tâche 1*** sont un peu plus proches les unes des autres que celles de la ***tâche 2***: en effet, $\sqrt{10}$, $2\sqrt{3}$, $\sqrt{2}+2$ et $\sqrt{18}-1$ correspondent approximativement à 3,16; 3,46; 3,41 et 3,24; alors que $\sqrt{10}$, $\sqrt{15}-2$, $\sqrt{30}-3$ et $\sqrt{40}\div 3$ correspondent approximativement à 3,16; 1,87; 2,48 et 2,11.

Voici des questions qu'on peut poser aux deux groupes d'élèves:

- Comment avez-vous su que toutes les valeurs étaient plus grandes que 1?
- Comment avez-vous su que toutes les valeurs étaient plus petites que 4?
- Comment pourriez-vous estimer la valeur de $\sqrt{10}$ sans vous servir d'une calculatrice?
- Y a-t-il deux valeurs dont vous avez su tout de suite que l'une était plus grande que l'autre? Pourquoi?
- Quel ordre avez-vous obtenu?

✷ GRANDE IDÉE. Les nombres repères sont utiles pour mettre en relation et estimer des nombres.

Tâche 1:	Sur une droite numérique, un écart de 24 unités sépare un nombre de son opposé. Quel est ce nombre?
Tâche 2:	Sur une droite numérique, un écart de 5,9 unités sépare un nombre de son opposé. Quel est ce nombre?

La seule différence entre les deux tâches est que l'une comporte des nombres entiers et l'autre, des nombres rationnels. Dans les deux cas, les élèves doivent comprendre le concept de « nombre opposé » ; cependant, l'une des tâches comporte un calcul plus simple.

Peu importe la tâche qu'ils ont choisie, les élèves peuvent examiner les points suivants:

- Est-ce que l'un des nombres pourrait être le nombre donné dans le problème? Pourquoi?
- Est-ce que l'un des nombres pourrait être le double du nombre donné dans le problème? Pourquoi?
- Quelle stratégie avez-vous utilisée pour résoudre le problème?
- Comment pouvez-vous vérifier si votre réponse est sensée?

Tâche 1:	Fais un dessin pour aider quelqu'un à comparer $\sqrt{130}$ et $\sqrt{260}$.
Tâche 2:	Fais un dessin pour aider quelqu'un à comparer $\sqrt{121}$ et $\sqrt{484}$.

Dans les deux situations, les élèves peuvent se servir de nombres repères comme $\sqrt{100}$, $\sqrt{225}$ ou $\sqrt{400}$ pour estimer la valeur des racines carrées. Les racines carrées de la ***tâche 2*** correspondent à des carrés parfaits, mais pas celles de la ***tâche 1***. Certains élèves pourraient penser au **théorème de Pythagore** et dessiner un triangle; d'autres pourraient simplement dessiner des segments de droite de longueurs particulières ou des carrés d'aires particulières, ou même tracer un graphique. Par exemple, un élève pourrait tracer le graphique de $y = x^2$, y situer les carrés en question, puis chercher les racines carrées correspondantes.

Peu importe la tâche choisie, l'enseignant peut poser ces questions:

- Comment avez-vous estimé la valeur des racines carrées?
- De quelles racines carrées faciles à déterminer vous êtes-vous servis?
- De quelle façon votre dessin montre-t-il clairement la relation?

GRANDE IDÉE. Il importe de reconnaître les situations où l'utilisation de chaque opération (addition, soustraction, multiplication ou division) est appropriée.

Tâche 1:	Comment peux-tu représenter le sens de (−12) ÷ (−4)?
Tâche 2:	Comment peux-tu représenter le sens de (−12) − (−4)?

Peu importe la tâche choisie, les élèves doivent réfléchir aux sens des opérations – soit la division ou la soustraction – sur des nombres entiers. Certains élèves choisiront une représentation numérique, comme une régularité, tandis que d'autres préféreront se servir d'une droite numérique ou de jetons.

Un élève pourrait interpréter (−12) ÷ (−4) comme une division reposant sur la mesure: «Combien de groupes de (−4) y a-t-il dans un groupe de (−12)?» Il pourrait aussi considérer cette expression comme une multiplication dont il manque un terme, c'est-à-dire $-4 \times \square = -12$. Il est à noter que le sens le plus «classique» de la division, soit le partage égal («Combien d'objets reçoit chaque personne si on partage également □ objets entre □ personnes?»), ne s'applique pas bien à cette situation.

Le modèle de retranchement permet de bien interpréter (−12) − (−4). Un élève pourrait penser à retirer 4 jetons négatifs d'un ensemble de 12 jetons négatifs. Sur une droite numérique, un élève pourrait réfléchir à l'écart entre −4 et −12 et à la direction du déplacement requis pour aller de l'une à l'autre valeur. Ou encore, un élève pourrait concevoir une addition dont il manque un terme: $-4 + \square = -12$.

Discuter des deux tâches suscitera des commentaires utiles qui éclaireront les élèves, et ce, à propos des deux questions.

Variantes. On peut adapter ce problème en modifiant les nombres ou les opérations.

✱ GRANDE IDÉE. On peut additionner, soustraire, multiplier ou diviser des nombres de plusieurs façons.

Tâche 1: Décris trois façons différentes de déterminer la valeur de $-\frac{5}{3} \times \frac{3}{8}$.

Tâche 2: Décris trois façons différentes de déterminer la valeur de $\frac{4}{5} \times \frac{5}{6}$.

Dans les deux cas, les élèves travaillent avec des nombres rationnels ; certains pourraient néanmoins préférer les fractions propres positives. Cependant, tous montreront qu'ils comprennent qu'on peut effectuer des calculs de plus d'une façon sur des nombres rationnels.

Des élèves vont se servir du nombre décimal ou du pourcentage équivalent à l'un des nombres rationnels – ou aux deux. Certains constateront qu'il est très simple de prendre des tiers de 3 ou des cinquièmes de 5 ; ils se rendront compte que la première expression est équivalente à $-5 \times \frac{1}{8}$ ou la deuxième, à $4 \times \frac{1}{6}$. D'autres élèves convertiront $\frac{5}{3}$ en nombre fractionnaire et combineront un groupe de $-\frac{3}{8}$ avec $-\frac{2}{3} \times \frac{3}{8}$. Certains élèves considéreront que le fait de représenter l'expression à l'aide d'un dessin constitue une démarche différente.

On peut poser les questions suivantes à tous les élèves :

- Votre réponse sera-t-elle positive ou négative ?
- Sera-t-elle plus grande ou plus petite que 1 ?
- Que remarquez-vous à propos des numérateurs et des dénominateurs ?
- Laquelle de vos stratégies est la plus simple ? Pourquoi ?

✱ GRANDE IDÉE. En situation de calcul, il importe d'utiliser et de mettre à profit les relations qui existent entre les opérations.

Tâche 1: Montre que le produit de deux nombres est parfois plus grand que leur quotient, et parfois plus petit.

Tâche 2: Choisis deux nombres de sorte que chaque énoncé soit vrai :

quotient < différence < somme < produit

somme < différence < produit < quotient

Les élèves – et même de nombreux adultes – entretiennent plusieurs idées fausses à propos de la multiplication et de la division. Ils ont tendance à croire que la multiplication produit toujours un nombre plus grand que les nombres de départ et que la division donne toujours un nombre plus petit que les nombres de départ, et ce, sans tenir compte des fractions ou des nombres négatifs, qui compliquent les choses. Les deux tâches proposées ici poussent les élèves à tenir compte de cette complication.

Puisqu'elle impose moins de conditions, la ***tâche 1*** est moins lourde que la ***tâche 2***. Un élève pourrait proposer la solution suivante pour la ***tâche 1*** : $-3 \times -4 > -3 \div -4$, mais $3 \times 0{,}5 < 3 \div 0{,}5$. Pour la ***tâche 2***, un élève pourrait rendre vrai le premier énoncé à l'aide de la paire de nombres 12 et 2, et rendre vrai le deuxième énoncé à l'aide de la paire de nombres -12 et $-0{,}5$.

Voici quelques questions qu'on peut poser aux deux groupes :

- Supposez que vous utilisez 25 et 5. Lequel est le plus grand : le quotient ou le produit ?
- Est-il possible que le quotient de deux nombres soit plus grand que leur produit ? Dans quels cas ?
- Quelle paire de nombres avez-vous choisie ? Pourquoi avez-vous essayé ces nombres ?

Tâche 1:	En 2008, 11 196 athlètes ont participé aux Jeux olympiques d'été. De ce nombre, 4746 étaient des femmes. Calcule le nombre et le pourcentage d'athlètes masculins. Fais une estimation pour vérifier ton travail.
Tâche 2:	Aux Jeux olympiques spéciaux, 850 athlètes ont participé aux épreuves d'athlétisme. De ce nombre, 512 étaient des femmes. Calcule le nombre d'athlètes masculins. Estime la fraction des athlètes qui étaient des hommes.

Ces deux problèmes sont semblables, mais l'un d'eux comporte des nombres avec lesquels certains élèves pourraient ne pas se sentir à l'aise. S'ils choisissent la ***tâche 2***, les élèves pourront montrer qu'ils comprennent quand il est approprié d'effectuer une soustraction et d'utiliser des fractions, et comment le faire – il leur sera cependant plus facile de résoudre le problème. Des contextes stimulants augmentent les chances qu'un grand nombre d'élèves s'engagent activement dans la résolution de problèmes.

On peut poser des questions comme les suivantes à tous les élèves :

- Comment avez-vous calculé le nombre d'hommes ?
- Est-ce que plus de la moitié des athlètes étaient des hommes ? Comment le savez-vous ?
- Quelle opération avez-vous utilisée ? Pourquoi ?
- Comment avez-vous fait l'estimation ? Pourquoi cette estimation était-elle sensée ?

RÉCAPITULATION

MES QUESTIONS ET MES TÂCHES

Objectif de la leçon : **Année d'études :** _____

Notions à l'étude :

Grande idée sous-jacente :

Question ouverte :

Tâches parallèles :

Tâche 1 :

Tâche 2 :

Principes fondamentaux :

- Toute question ouverte doit admettre de bonnes réponses correspondant à divers stades de développement.
- Les variantes que comportent les tâches parallèles doivent favoriser la réussite des élèves qui éprouvent des difficultés et stimuler les élèves compétents.
- La façon dont les questions et les tâches sont élaborées doit permettre à tous les élèves de participer aux discussions de suivi.

Le présent chapitre explore les 8 grandes idées qui sous-tendent le domaine du sens des nombres et des opérations au moyen d'environ 100 exemples de questions ouvertes et de tâches parallèles – et de leurs variantes. Par leur conception, les exemples pédagogiques fournis soutiennent l'enseignement différencié destiné à des élèves de différents stades de développement, dans trois tranches distinctes d'années d'études : du préscolaire à la 2e année, de la 3e année à la 5e année et de la 6e année à la 8e année.

Pour bien des enseignants et des parents, le sens des nombres et des opérations constitue le domaine mathématique le plus fondamental ; la réussite des élèves est donc indispensable. Grâce à l'application des stratégies d'enseignement différencié, un plus grand nombre d'élèves réussiront en mathématiques.

Les questions et les tâches présentées dans ce chapitre ne constituent que quelques exemples qui peuvent servir à différencier l'enseignement dans le domaine du sens des nombres et des opérations. Par exemple, on peut concevoir de nouvelles tâches en modifiant les opérations, les nombres ou les types de nombres proposés (par exemple, en remplaçant des nombres à deux chiffres par des nombres à trois chiffres). Le modèle pratique que constitue le formulaire présenté ici peut servir à la conception de questions ouvertes et de tâches parallèles personnalisées. L'appendice du présent ouvrage contient un formulaire vierge, de pleine dimension, ainsi que des conseils sur la façon d'utiliser celui-ci pour concevoir du matériel pédagogique personnalisé.

3

Géométrie

LES ACTIVITÉS D'APPRENTISSAGE DIFFÉRENCIÉ liées à la géométrie découlent de l'application des processus mathématiques – tels que décrits par le NCTM – en ce qui concerne la résolution de problèmes, le raisonnement, la communication, l'établissement de liens et la visualisation, et ce, aux objectifs relatifs à la géométrie que prône cet organisme, notamment :

- analyser les caractéristiques et les propriétés de figures à deux et à trois dimensions, et élaborer des arguments mathématiques à propos de relations géométriques ;
- définir des positions et décrire des relations relatives à l'espace ;
- analyser des situations mathématiques à l'aide de la **symétrie** et en appliquant des **transformations** ;
- résoudre des problèmes à l'aide de la visualisation, du raisonnement spatial et de la représentation géométrique (National Council of Teachers of Mathematics, 2000).

THÈMES

Dans leur travail avec les figures, les élèves se concentrent d'abord sur l'apparence générale des figures, puis sur l'étude de leurs caractéristiques et propriétés (Small, 2011). Tout d'abord, ils leur donnent un sens en manipulant et en examinant des figures concrètes ; ce n'est que plus tard qu'ils utilisent des représentations imagées. Au fil de leur progression, les élèves en viennent à maîtriser les transformations de figures et à faire des déductions informelles. Les *Curriculum Focal Points* (National Council of Teachers of Mathematics, 2006) et les programmes d'études provinciaux et régionaux constituent des sources utiles de renseignements à propos de la séquence habituelle de l'enseignement de la géométrie.

Du préscolaire à la 2e année

Dans cette tranche d'années d'études, les élèves décrivent de façon non structurée les figures qui les entourent et nomment des figures à deux et à trois dimensions. Ils commencent à construire des structures et notent la façon dont de grandes figures ou structures peuvent être constituées de figures plus petites. La **combinaison** des figures les prépare à l'étude subséquente de l'aire et des fractions.

De la 3e année à la 5e année

Dans cette tranche d'années d'études, les élèves élargissent leur utilisation des propriétés propres aux figures à deux et à trois dimensions – comme les relations entre les côtés, les relations entre les angles ou les types de **faces** – pour classifier ces figures. Ils construisent, représentent et analysent des figures à deux et à trois dimensions afin de mieux les comprendre. Plus précisément, ils découvrent le **plan cartésien** et la symétrie de figures à deux dimensions ainsi que la classification des figures en fonction de leurs **attributs** communs. Ils explorent la façon dont on peut composer et décomposer des figures, ce qui les prépare à l'étude de l'aire et des fractions (figures à deux dimensions) ainsi que du volume (figures à trois dimensions).

De la 6e année à la 8e année

Les élèves de cette tranche d'années d'études se consacrent à la combinaison et à la **séparation** de figures à deux et à trois dimensions, ce qui soutient leur travail sur l'aire et le volume. Par rapport aux élèves plus jeunes, ils résolvent aussi des problèmes de géométrie plus complexes, dont ceux qui comportent le théorème de Pythagore – lequel établit une relation entre les longueurs de côté d'un triangle rectangle.

Les élèves apprennent à faire des **dessins à l'échelle** et découvrent les transformations (**rotations**, **réflexions**, **translations** et **homothéties**). Au moyen des transformations, ils explorent aussi la **congruence** et la **similitude**.

Les élèves examinent les propriétés des angles formés dans des figures et par des **droites parallèles**. Ils construisent des figures, en particulier des triangles, qui satisfont des conditions précises.

Les élèves construisent des **développements** de figures à trois dimensions et explorent des **coupes transversales** de **prismes** et de **pyramides**.

LES GRANDES IDÉES QUI SOUS-TENDENT LA GÉOMÉTRIE

Voici les grandes idées autour desquelles on peut structurer les programmes d'études cohérents qui correspondent aux normes de contenu et aux processus mathématiques du NCTM (National Council of Teachers of Mathematics, 2000) et qui soutiennent l'enseignement différencié.

- Des figures de différentes dimensions et leurs propriétés peuvent être décrites mathématiquement.
- Il existe toujours de nombreuses représentations d'une figure donnée.
- De nouvelles figures peuvent être créées en combinant ou en séparant d'autres figures.
- Les figures peuvent être localisées dans l'espace et déplacées à l'aide de procédures mathématiques.

Les tâches présentées et les questions posées au cours de l'enseignement de la géométrie devraient consolider ces grandes idées. Les pages suivantes présentent plusieurs exemples d'utilisation des questions ouvertes et des tâches parallèles lors de l'enseignement différencié de ces grandes idées, d'une tranche d'années d'études à l'autre.

TABLE DES MATIÈRES DU CHAPITRE

QUESTIONS OUVERTES – DU PRÉSCOLAIRE À LA 2e ANNÉE

Les **QUESTIONS OUVERTES** possèdent une large portée et suscitent des réponses sensées chez des élèves de plusieurs stades de développement.

✱ **GRANDE IDÉE. Des figures de différentes dimensions et leurs propriétés peuvent être décrites mathématiquement.**

> Tu fabriques un livre qui parle de toi. Dessine la forme de la couverture; elle doit te représenter. Pourquoi as-tu choisi cette forme ?

Une question comme celle-ci donne la chance à l'enseignant d'explorer les connaissances que possèdent les élèves à propos des propriétés des figures. En expliquant les raisons pour lesquelles ils ont choisi leur forme, les élèves révéleront des choses sur eux-mêmes (ce qui constitue un avantage supplémentaire). Il est toutefois possible d'orienter la conversation sur les attributs géométriques des figures en invitant les élèves à décrire les caractéristiques de leur couverture (c'est-à-dire de leur figure) qui justifient leur choix.

La question convient à un grand nombre d'élèves, car ceux qui en ressentent le besoin peuvent choisir une forme simple dont ils pourront facilement justifier le choix.

> Construis une nouvelle figure à l'aide d'autocollants en forme de figures. Utilise le plus de figures possible. Décris ta nouvelle figure et celles qui la composent. Explique pourquoi tu as choisi ces figures.

Grâce à cette tâche, l'enseignant a l'occasion de vérifier les connaissances des élèves à propos des figures ainsi que la façon dont ils combinent des figures pour en construire de nouvelles. Alors que les élèves expliquent pourquoi ils ont choisi leurs figures, l'enseignant peut les amener à parler des endroits où ils voient ces figures autour d'eux et s'appuyer sur cette compréhension pour poursuivre l'enseignement.

Ici encore, les élèves peuvent choisir des figures simples, si ce sont les seules avec lesquelles ils sont à l'aise, ou encore opter pour des figures très complexes.

Variantes. Il est possible de réutiliser cette tâche en y ajoutant des conditions, par exemple en indiquant les figures à utiliser ou leur nombre, le thème de la nouvelle figure, et ainsi de suite.

Quelles sont les ressemblances entre ces figures ?

Quelles sont les différences ?

Cette question est ouverte en ce sens que les élèves peuvent s'intéresser à n'importe quelle caractéristique des figures. Leurs réponses indiqueront de façon évidente ce qu'ils savent – ou ne savent pas – à propos des triangles. Certains élèves aborderont la symétrie – ou son absence. Quelques-uns utiliseront des termes de géométrie et diront, par exemple: « Ce sont deux triangles. » D'autres élèves remarqueront que les deux figures ont trois côtés, sans toutefois employer le terme « triangle ». Il est même possible que certains pensent à la façon dont on pourrait diviser les figures ou à une autre figure dont chaque triangle pourrait faire partie.

Variantes. On peut réutiliser cette question avec d'autres paires de figures, en comparant par exemple un triangle avec un **quadrilatère**, une figure à deux dimensions avec une figure à trois dimensions, ou deux figures distinctes à trois dimensions (par exemple, un cube et un **prisme à base rectangulaire** long et mince).

ASTUCE PÉDAGOGIQUE. Certaines questions peuvent être réutilisées à l'infini grâce à de légères modifications. Cette question en est un exemple.

Choisis un type de figure. Dis tout ce que tu peux à propos de ce type de figure.

Cette question très ouverte permet aux élèves de dire tout ce qu'ils savent à propos d'une figure, qu'elle soit à deux ou à trois dimensions. En décrivant une figure, les élèves révèlent leur compréhension de ses attributs ou de ses propriétés. Si nécessaire, l'enseignant devrait inciter les élèves à porter leur attention sur les attributs géométriques des figures plutôt que sur d'autres attributs – comme la couleur ou la texture.

Un élève qui choisit un cercle pourrait dire qu'il est rond, qu'il est courbé ou qu'il n'a pas d'extrémités.

L'enseignant peut exploiter les réponses des élèves en leur posant d'autres questions, par exemple:

- Connaissez-vous une figure qui a des extrémités ?
- À quoi ressemblent ces extrémités ?

ASTUCE PÉDAGOGIQUE. On peut mentionner un objet, une propriété, un nombre, une unité de mesure, un type de régularité, un type de diagramme, et ainsi de suite, et demander aux élèves d'en dire tout ce qu'ils peuvent ; c'est l'une des façons les plus faciles de concevoir une question ouverte.

> Une figure te fait penser à un rectangle, mais ce n'est pas un rectangle. Quelle pourrait être cette figure ? Pourquoi ?

Il y a de nombreuses réponses possibles. En voici quelques-unes :

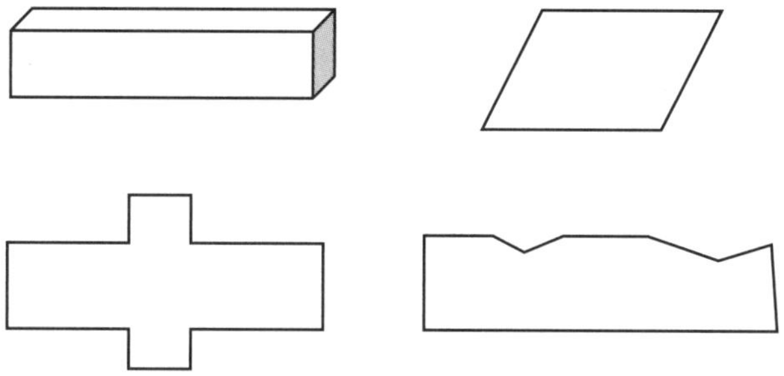

Parce que la question demande aux élèves de nommer une figure qui leur fait penser à un rectangle, le risque d'erreur est nul ; toutes les réponses sont acceptables pourvu que les élèves justifient le lien qu'ils ont trouvé. Toutefois, la question suscite une discussion fructueuse sur les figures, à laquelle tous les élèves peuvent participer. Ainsi, le choix d'un prisme à base rectangulaire pourrait susciter une discussion sur la relation entre des figures à deux et à trois dimensions. Ou encore, un élève pourrait soulever la relation entre les **parallélogrammes** et les rectangles (donnant à l'enseignant l'occasion d'expliquer qu'un rectangle est un parallélogramme). La discussion pourrait même permettre d'aborder des notions relatives à la symétrie si un élève choisissait une figure comportant le même type de symétrie qu'un rectangle.

Variantes. On peut adapter la question en cherchant d'autres liens, par exemple en demandant aux élèves de nommer une figure qui leur fait penser à un cercle, sans être un cercle.

ASTUCE PÉDAGOGIQUE. L'enseignement différencié bénéficie d'un environnement où la prise de risques est encouragée. Ce n'est qu'au moment où les élèves sentent véritablement que leur enseignant est ouvert à de nombreuses idées qu'ils commencent à se concentrer sur les mathématiques au lieu de chercher à deviner ce que celui-ci veut entendre.

✹ GRANDE IDÉE. Il existe toujours de nombreuses représentations d'une figure donnée.

On construit une structure avec des **cubes emboîtables**. Vue de côté, elle a l'apparence ci-contre.

À quoi cette structure pourrait-elle ressembler ?

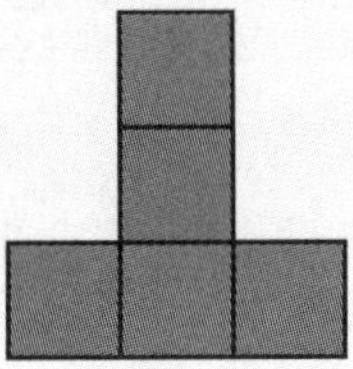

Cette question est ouverte en ce sens qu'on n'indique aux élèves ni le nombre de cubes à utiliser ni l'apparence de la figure selon d'autres points de vue. Ainsi, tous les élèves peuvent aborder le problème de la façon qui leur convient. Si certains élèves supposeront que la structure ne contient que les cinq cubes visibles, d'autres se rendront compte qu'elle peut en contenir d'autres.

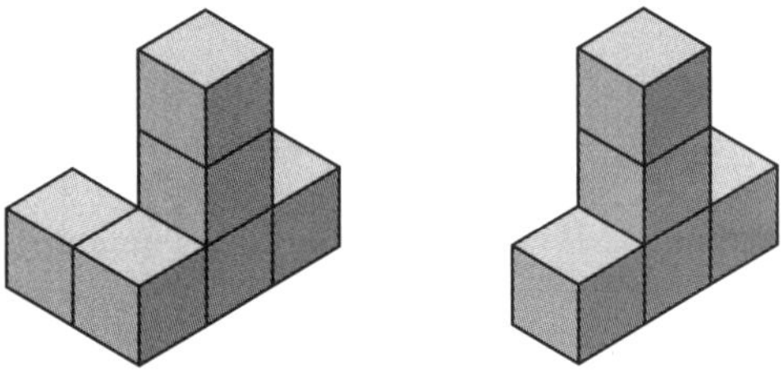

On peut – ou non – fournir des cubes emboîtables aux élèves ; c'est une façon de varier le degré de complexité de la question. Les élèves plus avancés pourraient visualiser la structure sans manipuler les cubes ; toutefois, il serait utile à la plupart des élèves de disposer de matériel concret.

On peut aussi rendre la question plus difficile en précisant le nombre de cubes emboîtables que contient la structure. En l'absence de conditions, comme dans la présente question, le problème est beaucoup plus simple que si on y précise, par exemple, que la structure contient 11 cubes.

Fais deux dessins différents de cette boîte.

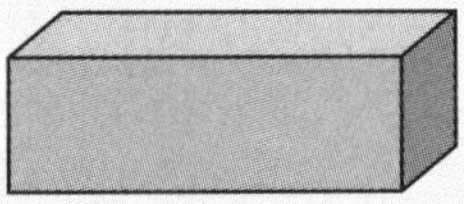

Bien sûr, les aptitudes en dessin des élèves varieront ; mais d'un point de vue mathématique, le cœur de la question est la façon dont les élèves pourraient représenter la figure. Puisqu'ils doivent faire deux dessins différents, les élèves devront prendre en considération l'aspect de la figure si on la tourne ou si on la regarde du dessus.

Il est possible que des élèves ne dessinent que la face de devant, tandis que d'autres dessineront les six faces. D'autres encore pourraient tenter d'esquisser la figure de sorte qu'elle semble posséder trois dimensions ou n'en dessiner que la **charpente**. En observant la façon dont les élèves se penchent sur la représentation de la figure, l'enseignant aura un aperçu des caractéristiques de la figure qu'ils saisissent déjà et de celles qui nécessiteront un enseignement supplémentaire.

✷ GRANDE IDÉE. De nouvelles figures peuvent être créées en combinant ou en séparant d'autres figures.

> Prends 18 cubes emboîtables et combine-les pour former 6 blocs de 3, comme ci-contre.
>
> Quelles figures pourrais-tu construire?

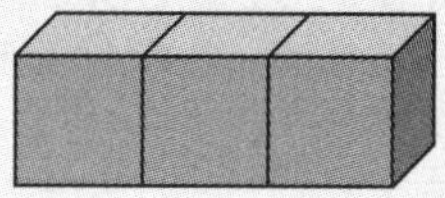

L'enseignement de la géométrie est souvent axé sur les figures à deux dimensions plutôt que sur les figures à trois dimensions; c'est plus pratique dans une classe comportant de nombreux élèves, mais relativement peu de matériel de manipulation. Toutefois, l'enseignement de la géométrie relative aux figures à trois dimensions est extrêmement important pour soutenir le développement du sens de l'espace des élèves. Poser des questions comme celle-ci ne requiert que du matériel simple et favorise la progression des élèves en géométrie.

Dans ce cas-ci, l'enseignant voudra voir si certains élèves ne construisent que des figures sans hauteur (à une seule rangée) ou s'ils s'en tiennent aux figures traditionnelles, comme les prismes. S'ils sont prêts à le faire, certains élèves pourraient faire appel aux stratégies de résolution de problèmes, comme préparer une liste ordonnée, afin de trouver plus de possibilités.

Variantes. On peut concevoir des questions semblables en modifiant le nombre de petites structures à combiner ainsi que le nombre ou la disposition des cubes qui forment les petites structures.

> Choisis une figure. Découpe-la en trois morceaux. Donne les morceaux à un ou une camarade et demande-lui de reconstituer la figure.

Les élèves doivent s'exercer à combiner des figures pour en construire de nouvelles, mais aussi à séparer des figures en d'autres figures. Ces habiletés les aideront plus tard dans leur étude des fractions, de l'aire et du volume. Elles leur seront aussi utiles pour comprendre des figures plus complexes.

Dans la présente situation, un élève pourrait choisir un carré, puis constater qu'il peut le découper en trois morceaux correspondant à des figures connues ou moins courantes.

Les élèves pourraient avoir la surprise de découvrir qu'il est parfois plus facile d'assembler des morceaux dont la forme est inhabituelle (cela peut rendre l'assemblage plus évident).

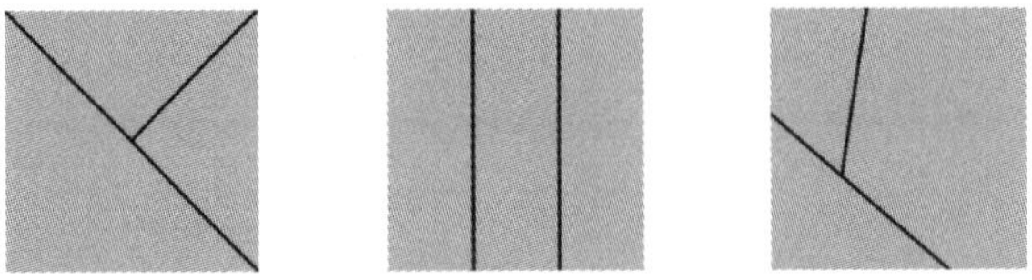

Pour certains élèves, cette tâche peut sembler moins intimidante que d'autres parce qu'ils peuvent découper la figure comme ils le désirent.

ASTUCE PÉDAGOGIQUE. Lors de la discussion en grand groupe, l'enseignant devrait faire parler les élèves les plus faibles en premier afin d'éviter que toutes leurs idées aient été mentionnées quand vient leur tour.

Voici un **tangram** d'animal.

Construis ton propre tangram d'animal.

Pour répondre à cette question, les élèves doivent déjà connaître le tangram. Il s'agit d'un ensemble de sept pièces qui forment un carré (voir ci-contre).

Même les élèves les plus faibles peuvent réussir à répondre à la question, puisqu'ils peuvent simplement copier l'exemple donné. Toutefois, la tâche est suffisamment ouverte pour offrir un défi à la mesure de chaque élève; tous ont la possibilité de concevoir leur propre animal. Le tangram est un outil très répandu. On peut trouver d'autres idées de tangrams d'animaux, mais aussi de symboles, de lettres, et ainsi de suite, dans de nombreuses sources (Tompert, 1990).

Utilise quatre pièces de tangram de ton choix pour construire une figure qui ressemble à une maison. Décris ta maison à l'aide de termes de géométrie.

Puisqu'elle ne montre pas la figure que l'élève doit construire, la question est très ouverte. Peu importe l'apparence de sa figure, un élève peut dire qu'elle ressemble à une maison – et avoir raison. L'important, c'est que l'élève utilise le vocabulaire de la géométrie pour décrire sa figure. Les termes employés peuvent être simples ou complexes, selon l'élève. Par exemple, si certains élèves nommeront la figure obtenue (par exemple, un heptagone, une figure à sept côtés), d'autres décriront simplement les figures qui composent leur maison (par exemple, un carré et trois triangles).

QUESTIONS OUVERTES – DE LA 3e ANNÉE À LA 5e ANNÉE

GRANDE IDÉE. Des figures de différentes dimensions et leurs propriétés peuvent être décrites mathématiquement.

Un triangle construit en **réglettes Cuisenaire** ou en bandes graduées en centimètres possède un **périmètre** de 10. Combien de triangles correspondent à cette description ? De quelle longueur sont leurs côtés ?

Les concepts associés aux domaines de la géométrie et de la mesure sont souvent étroitement liés – mais pas toujours. Bien qu'elle fasse intervenir une mesure (le périmètre), cette question est véritablement axée sur le concept géométrique selon lequel les deux plus petits côtés d'un triangle, mis ensemble, doivent être plus longs que son côté le plus long. Par exemple, les côtés d'un triangle ne peuvent pas mesurer 8, 1 et 1 parce qu'il est impossible que les deux côtés de 1 se rencontrent tout en touchant le côté de 8.

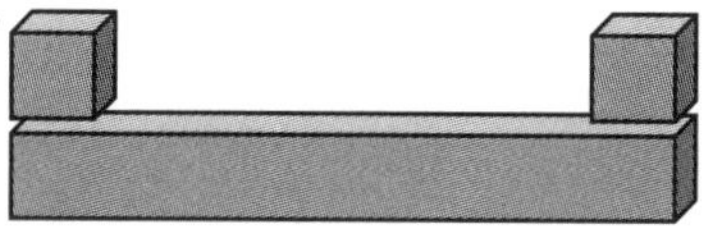

Les élèves qui éprouvent des difficultés pourront répondre plus facilement à la question si on leur fournit des réglettes. Il est plutôt simple de construire un triangle ayant un périmètre de 10 (c'est-à-dire dont la somme des longueurs de côté est de 10). Les élèves pourraient comparer divers trios de réglettes avec une réglette orange de 10 jusqu'à en arriver à la bonne longueur totale, puis essayer de construire un triangle avec les trois réglettes choisies.

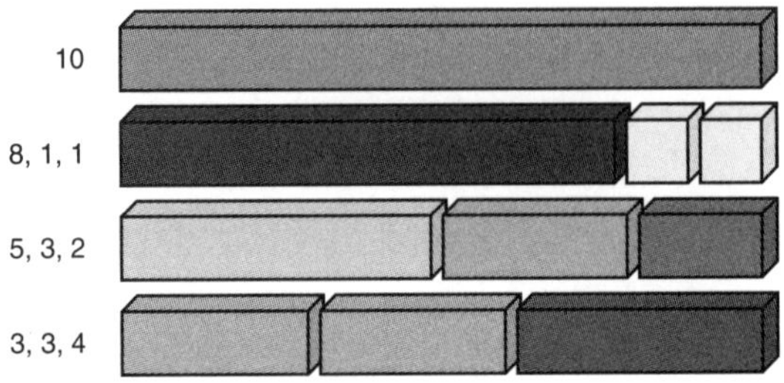

Les différences mathématiques entre les élèves deviendront évidentes ; ils ne comprendront pas tous que certaines combinaisons ne valent même pas la peine qu'on les essaie (par exemple, un côté très long et deux côtés très courts) et ne réussiront pas tous à déterminer s'ils ont examiné toutes les combinaisons possibles.

Variantes. On peut varier cette question en ne mentionnant pas les réglettes Cuisenaire (par conséquent, on ne limiterait pas le périmètre à 10). À la place, on pourrait utiliser des bandes graduées d'une longueur maximale de 15 cm. On pourrait aussi demander aux élèves de construire des quadrilatères ou ajouter des conditions au problème, par exemple que le **triangle** soit **isocèle**.

> Quelles figures peux-tu construire avec deux pailles courtes identiques et deux pailles longues identiques ?

On peut fournir deux pailles courtes et deux pailles longues aux élèves. Certains ne tiendront compte que des **polygones**, tandis que d'autres examineront aussi d'autres types de figures.

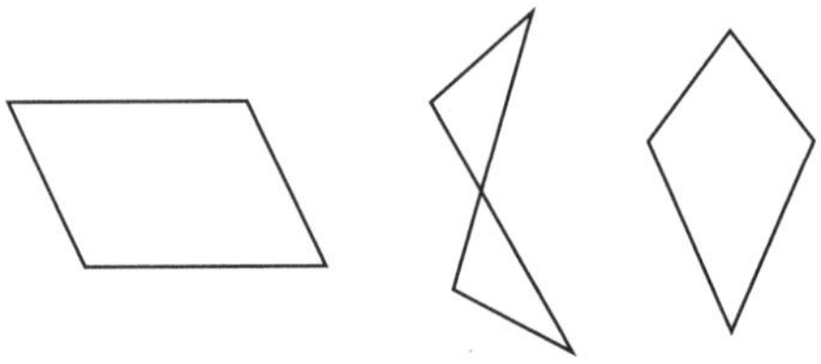

Certains élèves exploreront ce qu'ils peuvent faire avec les longueurs de paille données seulement. Par exemple, avec deux pailles de 10 cm et deux pailles de 12 cm, ils pourraient construire un parallélogramme de ces dimensions précises. Toutefois, d'autres élèves pourraient faire une généralisation à propos de n'importe quelles deux paires de longueurs de côté. Certains élèves présumeront qu'il faut utiliser les quatre pailles, mais quelques-uns pourront envisager d'en utiliser seulement trois, voire deux (pour construire des angles). Chaque élève pourra ainsi aborder le problème à un niveau ou à un autre.

Variantes. On peut adapter le problème en modifiant le nombre de pailles ou le nombre de paires de pailles congruentes.

On utilise divers mots pour décrire des triangles. Par exemple, on peut dire d'un **triangle** qu'il est **acutangle**, **obtusangle**, rectangle, **équilatéral**, isocèle ou **scalène**. Trouve des combinaisons de deux mots qu'on peut utiliser pour décrire un triangle.

Puisque les élèves doivent trouver « des » combinaisons – et non « toutes les » combinaisons possibles –, cette question convient aux élèves qui éprouvent des difficultés aussi bien qu'aux élèves plus avancés. Par exemple, un élève qui éprouve des difficultés pourrait simplement dessiner un triangle, remarquer que celui-ci est à la fois rectangle et isocèle, et ne nommer que cette combinaison. D'autres élèves pourraient tenter de tenir compte de toutes les combinaisons possibles.

Comme question de suivi, l'enseignant peut demander aux élèves d'indiquer les combinaisons impossibles et de justifier leurs réponses.

Une figure a six côtés et deux angles mesurant 90°. À quoi pourrait-elle ressembler ?

Voici quelques figures possibles :

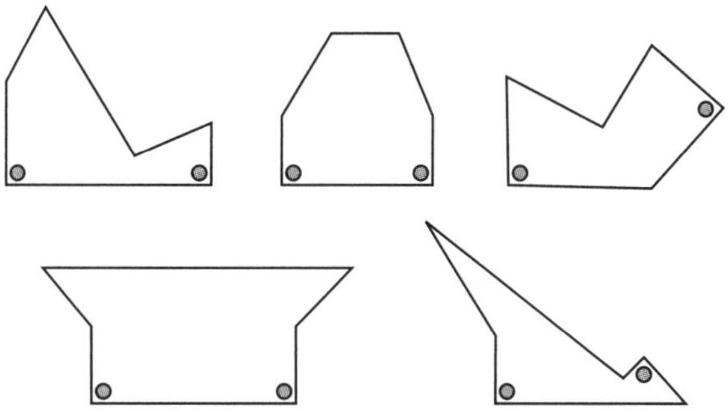

Certains élèves vont placer un **angle droit** à chaque extrémité d'un segment de droite, puis s'assurer de tracer six côtés. D'autres pourraient se rendre compte que les angles droits ne doivent pas forcément se trouver sur le même côté de la figure. Une fois de plus, les élèves ont l'occasion de donner des réponses plus ou moins classiques.

L'enseignant pourrait faire un suivi en demandant aux élèves ce qui se passerait si la figure n'avait que quatre côtés. Certains élèves constateront que le choix des types de figures devient alors plus limité, comme le montre la figure ci-contre.

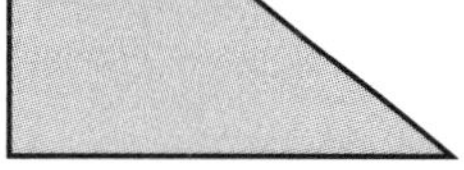

Variantes. On peut adapter la question en modifiant les conditions relatives au nombre de côtés ou d'angles donnés, ou à la mesure de ceux-ci.

Prouve que cette figure est symétrique. Tu peux utiliser un **miroir transparent** ou une règle.

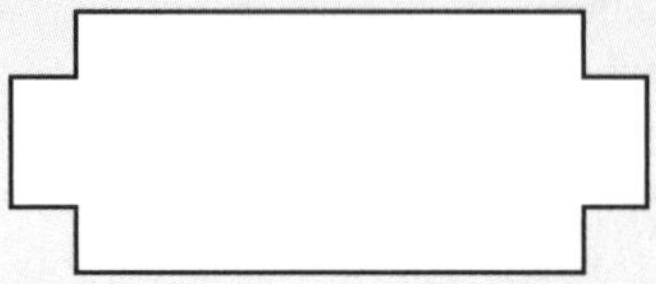

Des recherches ont démontré que, en ce qui concerne le développement des élèves, il est plus exigeant de vérifier la symétrie à l'aide d'une règle plutôt qu'avec un miroir transparent (Small, 2011). Pour utiliser la règle, les élèves doivent comprendre que la **distance perpendiculaire** qui sépare tout point de l'axe de symétrie est égale à la distance qui en sépare son point correspondant, de l'autre côté de l'axe.

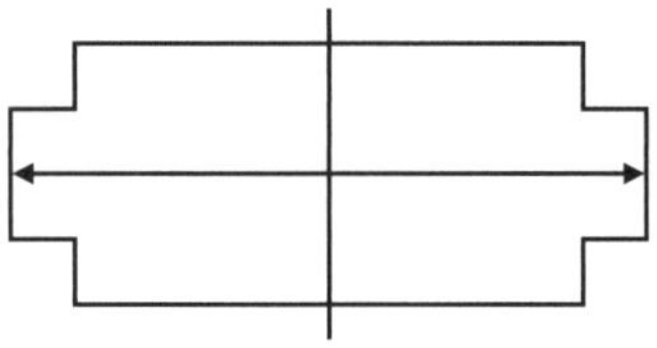

En permettant aux élèves de choisir leur outil, on tient compte des besoins d'élèves de différents stades de développement.

ASTUCE PÉDAGOGIQUE. Si un élève choisit toujours les tâches les plus simples alors qu'il est capable de faire plus, l'enseignant devrait suggérer à cet élève ou à de petits groupes d'élèves d'utiliser un outil en particulier.

Exactement trois côtés d'une figure ont la même longueur. À quoi pourrait ressembler cette figure? Comment le sais-tu?

On peut répondre à cette question de façon simple ou complexe. Certains élèves penseront immédiatement à un triangle équilatéral, ce qui est une réponse tout à fait appropriée. D'autres élèves imagineront des figures possédant plus de côtés, mais dont seulement trois auront la même longueur.

Voici quelques exemples de figures possibles:

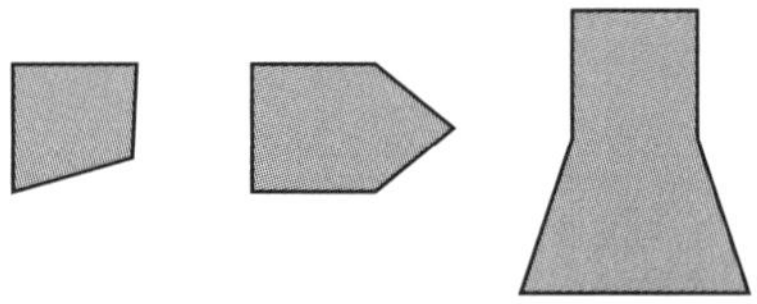

Dans cette activité, la discussion est ce qui importe. Celle-ci doit faire ressortir la façon dont les élèves ont construit leur figure et dont ils savent que trois de ses côtés, mais pas plus de trois, ont la même longueur. L'enseignant pourrait demander aux élèves pourquoi ils ne pouvaient pas utiliser certaines figures, comme les parallélogrammes, les **cerfs-volants** ou les **hexagones** réguliers.

Variantes. On peut modifier le nombre de côtés de même longueur. Ou encore, on peut indiquer le nombre de côtés de longueurs différentes.

> Une figure à trois dimensions possède exactement 12 **arêtes**. À quoi pourrait ressembler cette figure ? Comment le sais-tu ?

Les élèves doivent faire appel à leurs habiletés de visualisation pour imaginer des figures à 12 arêtes. La question stipule le nombre 12 parce qu'il correspond au nombre d'arêtes de l'une des figures les plus évidentes, soit le prisme à base rectangulaire ; il s'agit d'une réponse possible pour les élèves qui ont du mal à trouver d'autres possibilités. Ce qui est intéressant, c'est de savoir s'il existe ou non d'autres figures à 12 arêtes ; bien sûr, il y en a.

Tout quadrilatère, par exemple un cerf-volant ou un **trapèze**, peut former la base du prisme ; celle-ci n'a pas à être un rectangle.

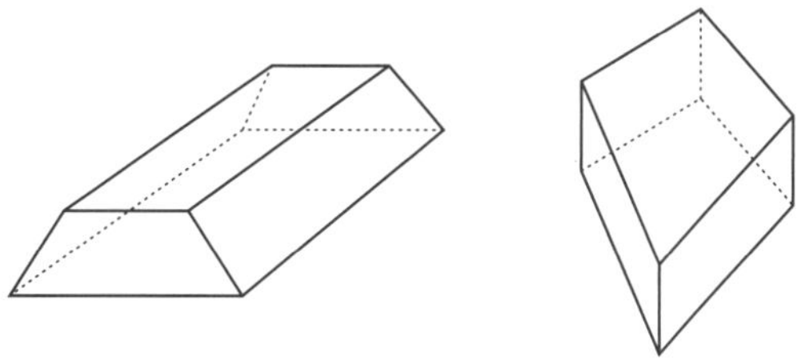

Cependant, la figure pourrait aussi être une pyramide à base hexagonale.

Variantes. Plutôt que le nombre d'arêtes, on peut donner le nombre de **sommets** ou de faces.

> Une figure peut porter au moins trois noms différents. Quelle pourrait être cette figure ?

Dans cette tranche d'années d'études, on s'intéresse au fait que certaines figures constituent des cas particuliers d'autres figures. Par exemple, un carré est aussi un parallélogramme et un quadrilatère. (Il est également un **losange** et un rectangle.) Un triangle équilatéral est aussi un triangle, un polygone et une **figure régulière**.

Une question comme celle-ci aide les élèves à se concentrer sur le fait que la plupart des figures portent plusieurs noms.

Une figure possède quelques paires de côtés **perpendiculaires** et quelques paires de côtés parallèles. Les paires de côtés parallèles sont les plus nombreuses. Quelle pourrait être cette figure ?

Pour répondre à cette question, les élèves penseront probablement à toutes les figures qu'ils connaissent et aux propriétés de celles-ci ; il s'agit donc d'une bonne question de révision. Les élèves se rendront compte que les triangles ne peuvent pas avoir de côtés parallèles, et donc que la figure ne peut pas être un triangle. Les rectangles ont deux paires de côtés parallèles, mais quatre paires de côtés perpendiculaires ; on doit donc les éliminer. Les parallélogrammes et les trapèzes sont des possibilités, mais pas nécessairement s'ils ont également des côtés perpendiculaires. Les **octogones** réguliers ou les hexagones réguliers répondent à la consigne.

Variantes. On peut modifier la relation entre le nombre de paires de côtés perpendiculaires et le nombre de paires de côtés parallèles.

Construis deux figures. L'une des figures doit comporter beaucoup plus d'axes de symétrie que l'autre. Indique le nombre d'axes de symétrie que possède chaque figure.

Les élèves peuvent choisir des figures très simples, mais ils ont la chance d'interpréter l'expression « beaucoup plus » comme ils le veulent. Certains élèves choisiront le cercle, sachant qu'il possède un grand nombre d'axes de symétrie, mais il leur sera sans doute difficile d'indiquer ce nombre (puisqu'il est infini). Ils pourraient alors examiner d'autres figures, comme les hexagones, les octogones, etc.

Les élèves découvriront probablement que les figures régulières possèdent plus d'axes de symétrie que les figures irrégulières. En fait, il peut être utile de leur demander comment ils savent qu'une figure possédant un axe de symétrie doit comporter quelques côtés égaux.

On devrait s'attendre à ce que les élèves prouvent qu'une ligne est un axe de symétrie en découpant une figure et en la pliant.

Variantes. Bien que les élèves n'étudient pas les plans de symétrie de figures à trois dimensions de façon structurée, ils pourraient explorer des structures de cubes emboîtables auxquelles ils attribueraient une symétrie orthogonale (ou de réflexion).

Construis un angle obtus et un angle aigu. L'angle obtus doit être environ trois fois plus grand que l'angle aigu.

Dans cette tranche d'années d'études, les élèves commencent à distinguer les angles obtus d'avec les angles aigus et droits. Les élèves qui connaissent les degrés pourraient s'en servir pour construire les angles. Ils devraient alors se rendre compte que, s'ils utilisent un angle aigu de 30°, l'angle obtus devra mesurer un peu plus de 90°. Ils pourraient aussi s'apercevoir que l'angle aigu ne peut pas mesurer plus de 60°, car l'angle obtus, trois fois plus grand, ne doit pas mesurer plus de 180°.

D'autres élèves vont simplement construire un angle aigu et le répéter trois fois, côte à côte, obtenant ainsi l'angle obtus correspondant. Si leur angle aigu est trop petit, ils n'obtiendront pas un angle obtus ; ils comprendront qu'il faut utiliser un angle aigu plus grand, mais pas trop.

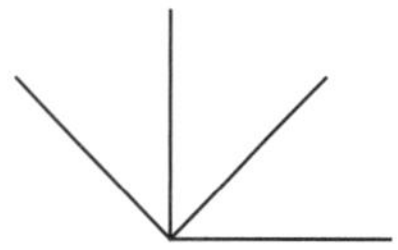

Variantes. Il est facile de modifier la condition selon laquelle l'angle obtus doit être environ trois fois plus grand que l'angle aigu. Une autre variante consiste à stipuler que l'angle le plus grand soit lui aussi aigu, ce qui oblige les élèves à se demander à quel point l'angle initial doit être petit.

> Tu dois construire un triangle qui possède un côté de 10 cm, un côté beaucoup plus long que 10 cm et un angle obtus. Détermine d'abord la longueur du côté le plus long et la mesure de l'angle. Ensuite, construis le triangle.

Il peut être utile de laisser les élèves choisir la mesure des côtés et des angles plutôt que de les imposer. Les élèves peuvent inclure l'angle entre les deux côtés connus afin de simplifier la tâche ; cela constitue un avantage. Cela dit, on pourrait probablement mettre certains élèves au défi de ne pas inclure l'angle entre les côtés connus. Cette question possède un autre avantage ; les élèves découvriront que certaines combinaisons de longueurs de côté sont impossibles, par exemple 10-30-10. Plus important encore, la diversité des triangles construits suscitera une discussion de classe fructueuse.

Si, par exemple, un élève choisissait un long côté de 20 cm et un angle de 120°, il pourrait suivre la démarche illustrée ci-contre.

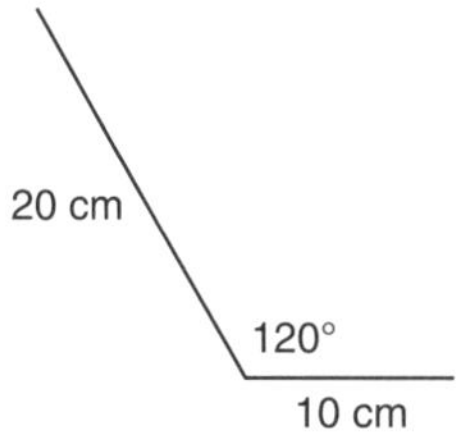

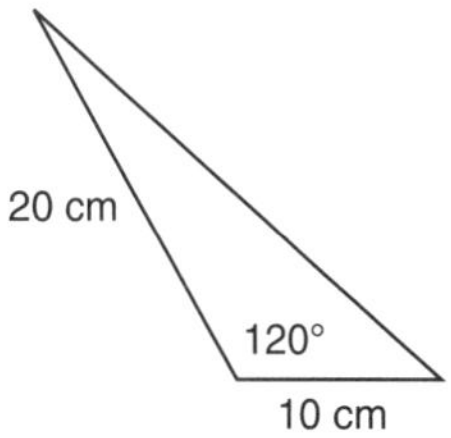

En revanche, si l'angle n'est pas inclus, on peut obtenir un triangle comme celui qui est représenté ci-contre.

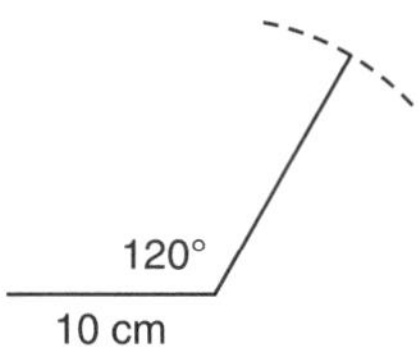

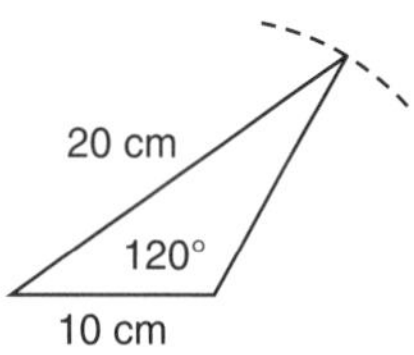

✸ GRANDE IDÉE. Les figures peuvent être localisées dans l'espace et déplacées à l'aide de procédures mathématiques.

> Un triangle isocèle est dessiné dans un plan cartésien. L'un de ses sommets se trouve au point (4, 5). Où pourraient se trouver les autres sommets ?

Dans cette tranche d'années d'études, les élèves commencent à déterminer la position d'objets dans l'espace à l'aide du premier **quadrant** d'un plan cartésien. Leur demander de construire des triangles isocèles dans un plan cartésien constitue un moyen intéressant de les amener à exercer leurs habiletés à repérer des coordonnées tout en approfondissant d'autres concepts géométriques.

Si on considère que les deux côtés égaux du triangle isocèle se rencontrent au point (4, 5), il y a plusieurs solutions possibles. Un exemple est donné ci-dessous ; cependant, on pourrait facilement prolonger proportionnellement la longueur de la base de part et d'autre du sommet.

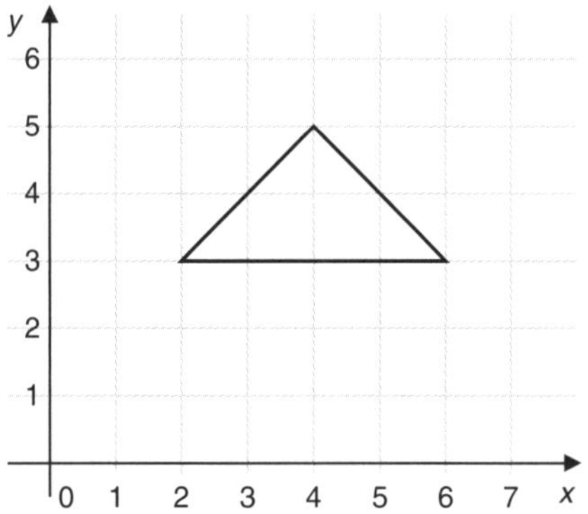

Toutefois, comme le montre l'exemple ci-dessous, le sommet (4, 5) ne se trouvera pas forcément à l'endroit où les deux côtés égaux se rencontrent.

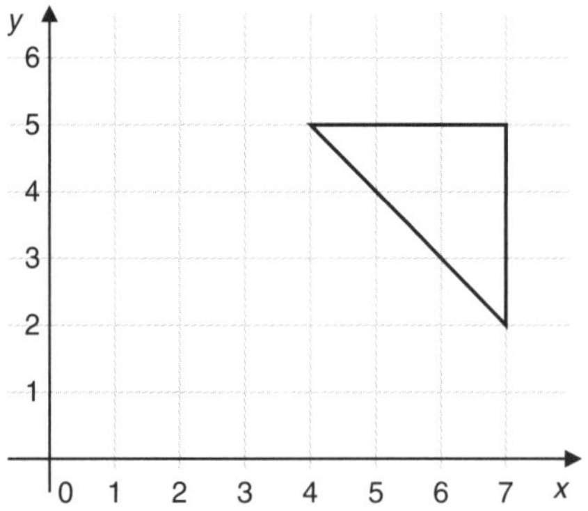

Variantes. On peut facilement remplacer le triangle isocèle par d'autres figures.

QUESTIONS OUVERTES – DE LA 6e ANNÉE À LA 8e ANNÉE

✸ **GRANDE IDÉE. Des figures de différentes dimensions et leurs propriétés peuvent être décrites mathématiquement.**

Choisis une mesure d'angle et construis l'angle correspondant. Comment pourrais-tu construire un angle ayant la même mesure ainsi qu'un autre angle afin de former une paire d'**angles supplémentaires**, et ce, sans utiliser de rapporteur d'angles ?

L'enseignant devra peut-être d'abord s'assurer que les élèves savent que des angles supplémentaires sont une paire d'angles dont la somme des mesures est égale à 180°. Néanmoins, il y a plusieurs façons de répondre à cette question.

Des élèves pourraient construire le premier angle, puis prolonger ses deux segments pour former à la fois la paire d'angles supplémentaires et l'**angle opposé par le sommet**.

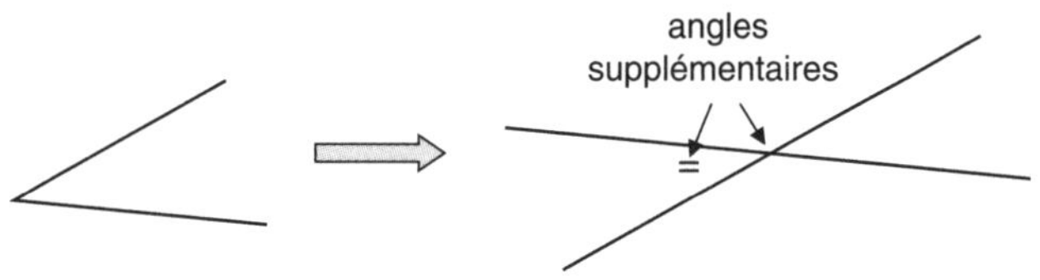

D'autres prolongeront chaque segment de l'angle puis traceront une droite parallèle afin d'obtenir des droites parallèles coupées par une **sécante**.

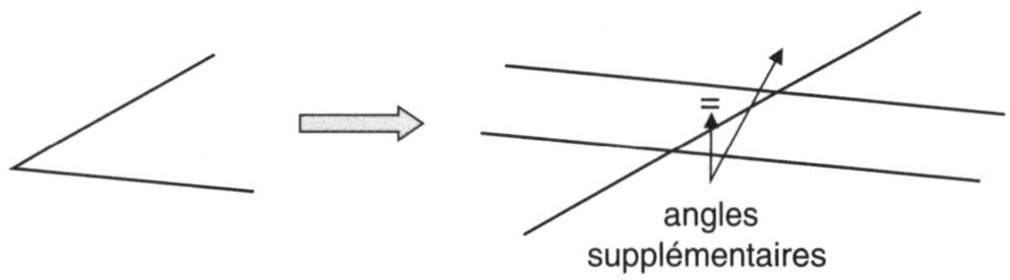

D'autres encore pourraient construire un triangle possédant un angle de la mesure choisie, puis le calquer pour obtenir l'angle congru. Ils accoleraient les deux autres angles du triangle pour obtenir le deuxième membre de la paire d'angles supplémentaires.

Construis des triangles différents, mais qui ont un angle mesurant 100° et un côté de 6 cm de longueur. Qu'est-ce que ces triangles ont d'autre en commun ?

Puisque l'un des angles doit mesurer 100°, les élèves ne construiront évidemment que des triangles obtusangles. Si certains élèves s'en rendront immédiatement compte, d'autres auront besoin de faire les dessins pour le constater.

Puisqu'on ne connaît pas d'autre mesure d'angle ni d'autre longueur de côté, les élèves dessineront des triangles très variés. Cette expérience les prépare à comprendre que deux mesures ne suffisent jamais à définir un triangle et que trois mesures peuvent – ou non – définir un triangle, selon leur nature.

> Deux côtés d'un triangle rectangle mesurent respectivement 6 cm et 8 cm. Un triangle qui lui est semblable mathématiquement possède un côté mesurant 24 cm. Quelles pourraient être les longueurs des trois côtés de chaque figure ?

L'intérêt de cette question réside dans le fait qu'elle ne comporte pas de schéma ; les élèves ne savent donc pas à quel côté du triangle initial correspond le côté de 24 cm du nouveau triangle. Si le côté de 24 cm correspondait au côté de 6 cm, alors il faudrait multiplier la longueur de chaque côté du triangle initial par 4. En revanche, s'il correspondait au côté de 8 cm, alors il faudrait multiplier la longueur de chaque côté du triangle initial par 3. Le côté de 24 cm pourrait même correspondre au troisième côté du triangle rectangle initial, dont la mesure est de 10 cm ($\sqrt{6^2 + 8^2}$) ou de $\sqrt{28}$ cm ($\sqrt{8^2 - 6^2}$) ; pour trouver le facteur de proportionnalité, on diviserait alors 24 par l'une ou l'autre mesure. Par conséquent, on peut considérer la question à la fois comme simple et complexe.

Si on connaît la longueur du troisième côté, c'est parce que le triangle est rectangle et qu'on peut appliquer le théorème de Pythagore.

Variantes. Dans le deuxième triangle, au lieu de donner une longueur de côté comme 24, qui est un multiple des deux longueurs de côté connues du triangle initial, on peut choisir un nombre qui n'est un multiple de la longueur que de l'un des côtés ou qui n'en est pas un multiple.

> Construis un triangle rectangle. Construis une autre figure sur son hypoténuse. Autrement dit, un des côtés de la nouvelle figure sera formé par l'hypoténuse du triangle rectangle initial.
>
> Ensuite, sur les autres côtés du triangle rectangle initial, construis des figures qui sont semblables mathématiquement à celle que tu as construite sur l'hypoténuse.
>
> Calcule l'aire des trois figures que tu as construites. Que remarques-tu ?

Le théorème de Pythagore possède plusieurs prolongements intéressants ; l'un d'eux est que, si on construit des figures semblables (pas seulement des carrés) sur les trois côtés d'un triangle rectangle, la somme des aires des deux plus petites figures correspondra à l'aire de la plus grande figure. Posée de cette façon, c'est-à-dire de sorte que les élèves choisissent eux-mêmes la figure à construire, la question leur permet de se rendre la tâche plus ou moins difficile, à leur gré.

Certains élèves pourraient construire des rectangles ou de simples triangles rectangles isocèles sur chaque côté du triangle rectangle initial. Cela leur permettrait de calculer facilement l'aire et la similitude des figures.

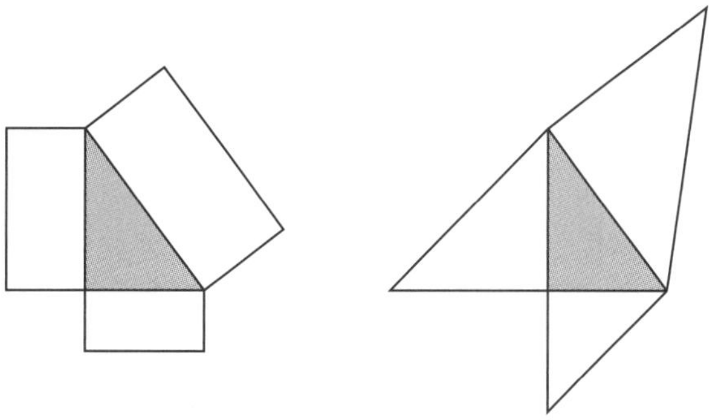

D'autres élèves pourraient choisir de construire des demi-cercles ou même des figures originales – qui poseront un défi beaucoup plus grand – sur chaque côté du triangle rectangle initial.

> On te donne une figure et la plupart de ses dimensions. Tu as besoin du théorème de Pythagore pour déterminer l'aire de la figure. De quelle figure pourrait-il s'agir ? Quelles dimensions pourrait-on t'avoir données ?

Pour répondre à cette question, les élèves doivent visualiser le type de figure dont ils ont besoin. Au départ, la plupart choisiront un triangle rectangle parce que la question mentionne le théorème de Pythagore. Toutefois, si on connaît la longueur des deux cathètes de ce triangle (plutôt que la longueur d'une cathète et celle de l'hypoténuse), on n'a pas vraiment besoin du théorème de Pythagore pour en déterminer l'aire.

Les élèves qui sont prêts à considérer d'autres figures devraient être incités à le faire. Le trapèze ci-contre constitue une possibilité, si on connaît la longueur de ses quatre côtés et qu'on détermine sa hauteur à l'aide du théorème de Pythagore.

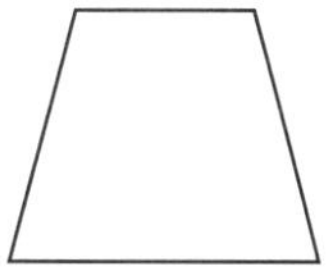

Il est aussi possible d'utiliser un hexagone régulier (comme ci-contre) dont on connaît les longueurs de côté. Encore une fois, le théorème de Pythagore servirait à déterminer la hauteur de chacun des six triangles qui composent l'hexagone. Puisque les triangles sont tous équilatéraux, on connaît la longueur de l'hypoténuse.

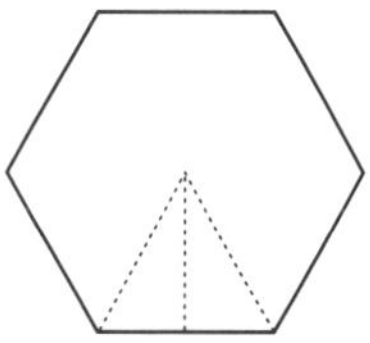

On peut aussi mettre les élèves au défi de trouver d'autres figures.

GRANDE IDÉE. Il existe toujours de nombreuses représentations d'une figure donnée.

> Tu dessines le développement d'une figure à trois dimensions afin d'en calculer l'**aire totale**. Sur le développement, on ne voit que deux grandeurs de faces. De quelle figure pourrait-il s'agir?

Cette question est conçue pour attirer l'attention des élèves sur les types de développements qui peuvent servir à calculer l'aire totale d'une figure.

Par exemple, le développement d'un prisme à base rectangulaire qui n'est pas un cube et dont la base est carrée comportera deux grandeurs de faces. Les élèves pourraient aussi constater que toute pyramide dont la base est une figure régulière autre qu'un triangle équilatéral possède deux grandeurs de faces. De même, ils pourraient constater qu'un prisme à base non rectangulaire ne comporte que deux grandeurs de faces.

> La coupe transversale d'une figure forme un triangle. Quelle pourrait être cette figure?

On peut poser cette question aux élèves dès qu'ils savent ce qu'est une coupe transversale. Certains élèves tiendront pour acquis que la pyramide constitue une réponse logique; ils s'apercevront qu'il n'est pas aussi facile qu'on le croit d'obtenir une coupe transversale en forme de triangle. On en obtiendra une, par exemple, si on coupe une **pyramide à base triangulaire** parallèlement à sa base ou à un sommet.

D'autres élèves se rendront compte que, dès qu'on coupe une figure là où trois faces et un sommet se rencontrent, on obtient une coupe transversale en forme de triangle. Par conséquent, la coupe transversale d'un cube pourrait former un triangle, comme ci-contre.

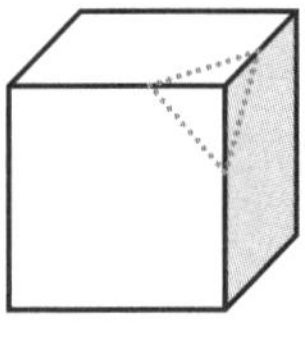

En fournissant de la pâte à modeler et du fil dentaire aux élèves pour qu'ils fassent les coupes transversales, on rend la question accessible à un plus grand nombre d'entre eux.

> Choisis une figure à trois dimensions. Décris toutes les coupes transversales que tu pourrais faire.

Permettre aux élèves de choisir une figure peut simplifier ou complexifier le problème. Certains élèves pourraient choisir des figures possédant des surfaces courbes, comme des sphères, des cylindres ou des cônes, tandis que d'autres opteraient pour des cubes ou des pyramides à base carrée ou triangulaire. S'ils peuvent construire leurs figures dans une matière qu'on peut couper à l'aide de fil dentaire, les élèves pourront étudier directement les possibilités; la tâche semblera alors beaucoup plus claire pour certains élèves que s'ils ne devaient utiliser que des dessins ou des images mentales.

✷ GRANDE IDÉE. De nouvelles figures peuvent être créées en combinant ou en séparant d'autres figures.

> De façon générale, peux-tu séparer une figure en une ou plusieurs figures semblables ?

Pour répondre à cette question, les élèves doivent savoir qu'une figure semblable à une autre figure en est l'agrandissement ou la réduction – ou la reproduction. Les élèves commenceront probablement avec une figure simple, comme un cercle, et essaieront de la décomposer. Ils constateront alors qu'il n'est pas possible de séparer un cercle pour obtenir uniquement d'autres cercles plus petits.

S'ils utilisent un carré, les élèves s'apercevront qu'ils peuvent le séparer en plusieurs autres carrés, de plus d'une façon.

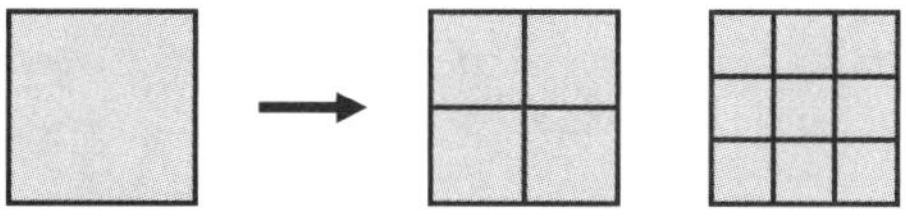

Certains élèves s'arrêteront là ; d'autres cependant poursuivront leur exploration pour trouver les types de figures auxquels s'applique – ou pas – ce genre de décomposition. Tous les élèves de la classe devraient être capables de résoudre ce problème, puisqu'une figure simple comme un carré en constitue une solution.

✷ GRANDE IDÉE. Les figures peuvent être localisées dans l'espace et déplacées à l'aide de procédures mathématiques.

> Une figure se trouve complètement dans le premier quadrant d'un plan cartésien. Où pourrait-elle se retrouver après une translation ?

Pour obtenir une réponse, certains élèves se contenteront d'une figure et d'une translation. Par exemple, un élève pourrait dessiner un carré et le déplacer vers le haut ou vers la droite, concluant avec raison que la figure est restée dans le premier quadrant. D'autres élèves se rendront compte que, s'ils déplacent la figure vers la gauche, elle pourrait se retrouver dans le deuxième quadrant ; vers le bas, dans le quatrième quadrant ; ou vers la gauche et vers le bas, dans le troisième quadrant. D'autres élèves encore chercheront toutes les combinaisons possibles et montreront que la figure peut se retrouver dans un, deux, trois ou même quatre quadrants.

Variantes. On peut concevoir des questions semblables en modifiant la transformation (rotation, réflexion ou même homothétie) ou en donnant une figure de départ.

Fais un dessin dans un plan cartésien à l'aide de plusieurs polygones. Dans ton dessin, on doit trouver un côté de 3 unités de longueur, un côté de 5 unités de longueur et un côté de 10 unités de longueur.

En répondant à cette question, les élèves ont l'occasion de montrer qu'ils savent mesurer des distances horizontales et verticales dans un plan cartésien – certains élèves qui sont prêts à le faire pourraient même mesurer des distances diagonales. Pour ce faire, ils peuvent se servir soit d'une règle – à laquelle ils font correspondre les unités du plan cartésien –, soit du théorème de Pythagore. La question permet aux élèves d'employer des figures simples ou complexes, à leur gré.

Faire un dessin n'est bien sûr pas essentiel à l'apprentissage des mathématiques, mais cela pourrait susciter l'intérêt des élèves.

Un triangle possède un sommet au point (1, 2). Après une réflexion, l'un des sommets se retrouve au point (5, 8). Indique les trois sommets du triangle initial et du triangle final.

Certains élèves ne seront à l'aise qu'avec des **axes de réflexion** horizontaux ou verticaux. La façon dont la question est posée leur permet de réussir la tâche malgré cette contrainte.

Par exemple, les sommets du triangle de départ pourraient se trouver aux points (1, 2), (1, 8) et (3, 8), et ceux du nouveau triangle, aux points (5, 2), (5, 8) et (3, 8).

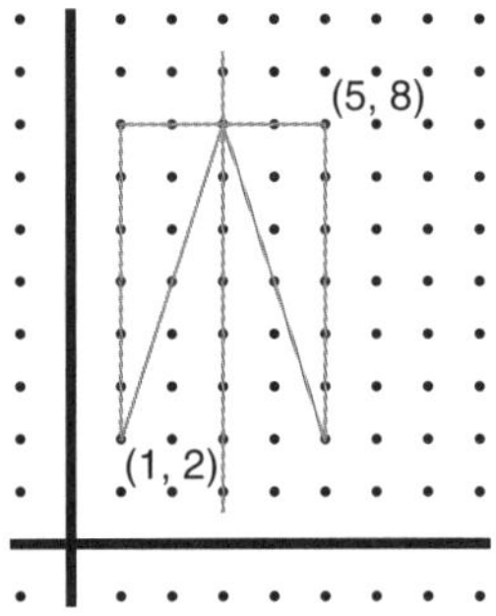

D'autres élèves supposeront que le point (1, 2) a été déplacé à (5, 8). Ils chercheront donc un axe de réflexion « diagonal » qui donnera ce résultat. En fait, ils pourraient utiliser un tel axe de réflexion et déplacer des sommets initiaux comme (1, 2), (3, 5) et (6, 3) aux points (5, 8), (3, 5) et (6, 3).

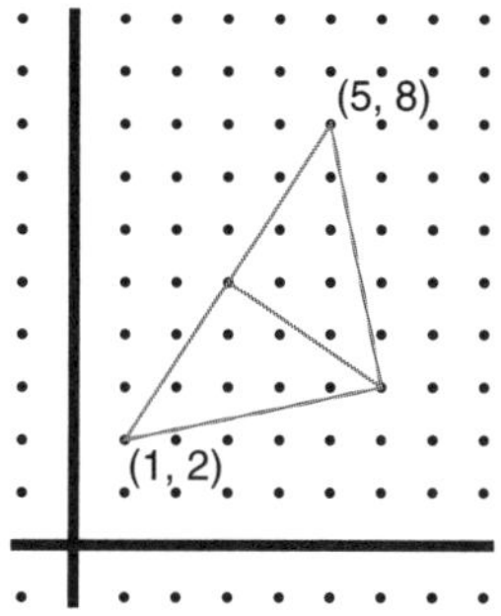

D'autres élèves encore vont se rendre compte qu'il existe encore plus de possibilités. Par exemple, les sommets du triangle initial pourraient se trouver aux points (1, 2), (0, 3) et (−2, 1) et se déplacer aux points (5, 8), (6, 7) et (7, 10).

Tu dessines une figure dans un plan cartésien. Tu lui fais subir une rotation et tu dessines l'image obtenue. Tu effaces le **centre de rotation** et tu demandes à quelqu'un de prouver que tu as effectué une rotation. Comment pourrait-on y arriver ?

L'étude des transformations devrait d'abord mettre l'accent sur les effets de ces transformations. Les élèves doivent comprendre que, lorsqu'une figure subit une transformation, ses mesures de longueur, de surface et d'angle ne changent pas, pas plus que les relations de parallélisme et de perpendicularité qu'elle comporte.

Dans le cas d'une rotation, les élèves peuvent observer le mouvement de rotation. Toutefois, ils doivent comprendre qu'il y a un centre de rotation dont on peut déterminer la position en trouvant le centre d'un cercle dont le contour passe par des paires de points correspondants.

À l'aide de ces notions, un élève peut effectuer des mesures pour constater qu'aucune mesure d'angle ou de longueur n'a changé. Cependant, il peut aussi trouver la position d'un point qui se trouve à égale distance de paires de points correspondants.

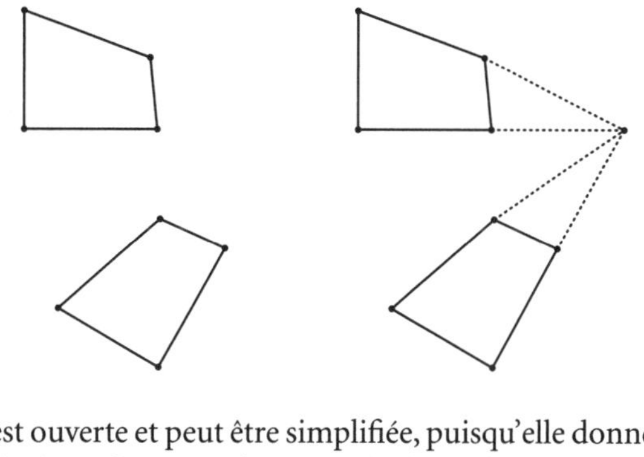

Cette question est ouverte et peut être simplifiée, puisqu'elle donne aux élèves la liberté de choisir la figure ainsi que le centre, le sens et le degré de rotation.

Variantes. On peut remplacer la rotation par une réflexion.

Dessine une figure de ton choix. Fais-en une copie exacte. Prouve que tu peux obtenir ta copie à partir de ta figure initiale en utilisant une combinaison de translations, de réflexions ou de rotations.

Certains élèves vont choisir une figure très simple, à laquelle il est facile de faire subir une réflexion ou une rotation. D'autres en choisiront de plus complexes. Puisqu'ils peuvent effectuer l'une ou l'autre des trois transformations, les élèves réussiront probablement à faire cette tâche. On peut mettre certains élèves au défi d'utiliser uniquement des réflexions. Il est toujours possible d'obtenir une copie exacte à partir de la figure initiale en trois réflexions tout au plus, bien que certains élèves pourraient en utiliser davantage.

Deux exemples sont montrés ci-dessous. Dans le premier cas, un **trapèze isocèle** subit d'abord une réflexion, puis une translation.

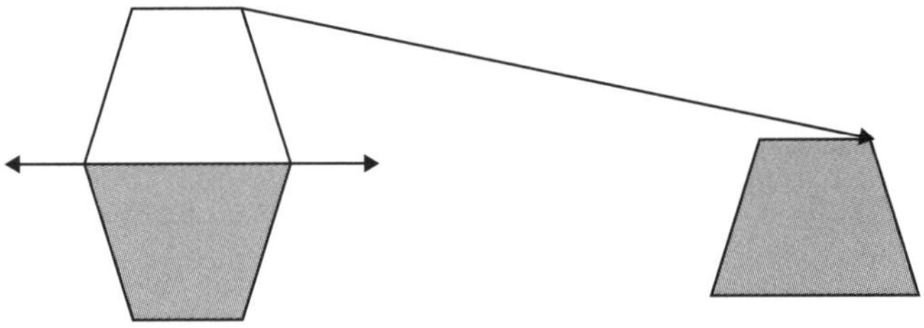

Dans le deuxième cas, un triangle subit d'abord une rotation, puis une translation.

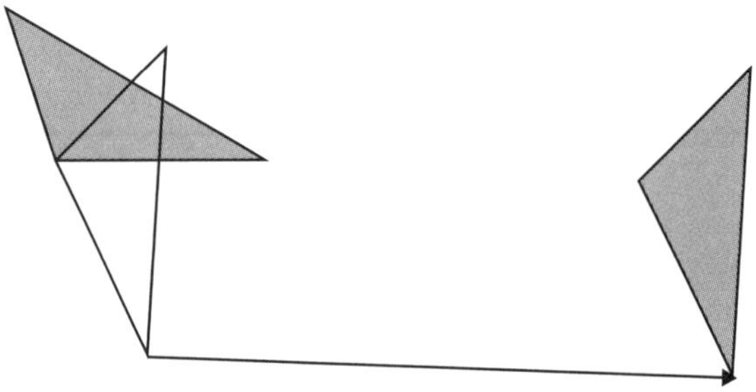

TÂCHES PARALLÈLES – DU PRÉSCOLAIRE À LA 2e ANNÉE

Les **TÂCHES PARALLÈLES** sont des ensembles d'au moins deux tâches connexes qui explorent la même grande idée, mais qui sont conçues pour répondre aux besoins d'élèves de différents stades de développement. Le contexte des tâches est suffisamment semblable pour que tous les élèves participent pleinement à la même discussion de suivi.

GRANDE IDÉE. Des figures de différentes dimensions et leurs propriétés peuvent être décrites mathématiquement.

Indique les deux figures qui se ressemblent le plus, selon toi. Explique pourquoi.

Tâche 1:

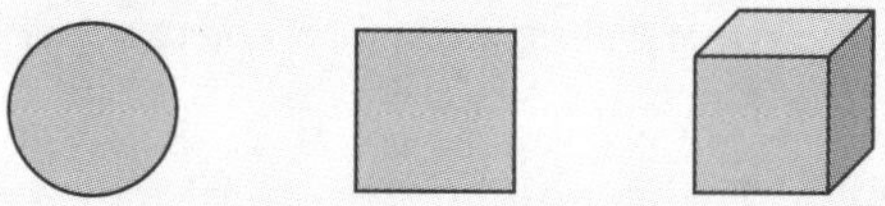

Tâche 2:

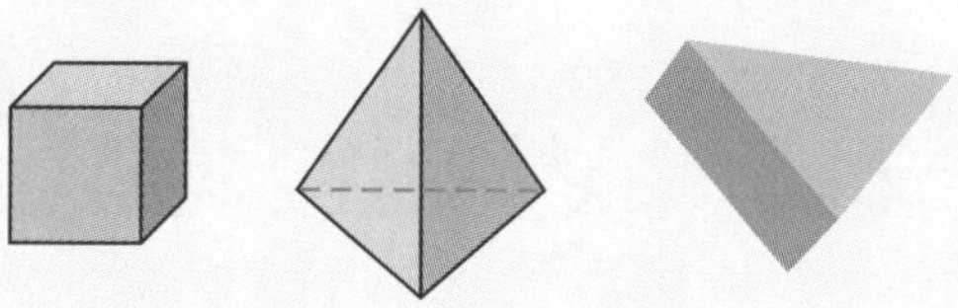

Dans cet ensemble, le choix de la tâche repose moins sur le stade de développement des élèves que sur leur aisance à travailler avec une grande variété de figures.

Certains élèves pourraient préférer la ***tâche 2*** parce qu'ils voient une ressemblance entre les figures: ce sont toutes des **polyèdres** (bien sûr, on ne s'attend pas à ce qu'ils utilisent ce mot), c'est-à-dire des figures dont toutes les faces sont des polygones. Ils pourraient se concentrer sur le fait que la deuxième et la troisième figure possèdent toutes deux des faces triangulaires ou que la première et la troisième figure possèdent toutes deux des faces rectangulaires.

Par contre, des élèves pourraient préférer la ***tâche 1*** parce qu'ils y voient deux formes carrées. D'autres élèves pourraient trouver que le carré et le cercle se ressemblent le plus parce que ce sont deux figures planes.

Peu importe la tâche effectuée par les élèves, l'enseignant pourrait leur demander de nommer les figures qu'ils ont choisies et la raison de leur choix. En outre, il pourrait les inviter à faire des commentaires supplémentaires, ce qui pourrait générer une discussion de suivi animée à laquelle les élèves de tous les stades pourraient participer.

ASTUCE PÉDAGOGIQUE. L'enseignant peut tirer de l'information diagnostique importante de l'observation des choix que fait un élève.

Tâche 1 :	Crée deux créatures différentes à l'aide de figures à deux dimensions de ton choix. Décris tes créatures.
Tâche 2 :	Crée deux créatures différentes à l'aide de figures à trois dimensions de ton choix. Décris tes créatures.

Puisqu'ils peuvent travailler avec des figures à deux ou à trois dimensions, les élèves sont plus nombreux à pouvoir résoudre ce problème. Ils disposent d'une grande liberté quant au choix des figures et à la façon de les employer, puisque aucune règle ne s'applique à l'apparence des créatures.

Peu importe la tâche choisie, l'enseignant peut poser les questions suivantes :

- Comment se nomment vos figures ?
- Combien de figures de chaque type avez-vous utilisées ?
- Pour quelles raisons avez-vous choisi ces figures ?
- Comment avez-vous déterminé la façon de disposer les figures ?

✸ GRANDE IDÉE. Il existe toujours de nombreuses représentations d'une figure donnée.

> Choisis l'une de ces figures. Représente-la du plus de façons possible. Utilise des images, des mots, des nombres et des objets.
>
> cube carré cylindre hexagone

Lorsqu'il présente ces tâches parallèles, l'enseignant devrait mettre un éventail de matériel à la disposition des élèves, notamment de la pâte à modeler, du matériel de dessin, du papier (que les élèves pourront découper ou rouler), des **blocs mosaïques** (que les élèves pourront manipuler ou dont ils traceront le contour), des modèles à trois dimensions, des pailles et des connecteurs, et des **Polydrons** (des figures de plastique qu'on peut assembler pour constituer des figures à trois dimensions). On peut compléter ce matériel à l'aide d'objets qui se trouvent dans la salle de classe ; par exemple, un élève pourrait représenter un carré à l'aide d'un livre dont la couverture est carrée. Les élèves qui sont plus à l'aise avec les figures à deux dimensions ont le choix d'opter pour l'une de ces figures, alors que les autres peuvent choisir une figure à trois dimensions.

Si un élève choisit le cube, il pourrait simplement trouver des modèles de cubes dans la classe (par exemple, des dés), dessiner un cube ou en dessiner toutes les faces. Un élève qui choisit l'hexagone ne s'apercevra peut-être pas tout de suite qu'il y a plusieurs types d'hexagones (tous les hexagones ne sont pas réguliers), mais il pourrait aboutir à cette conclusion à mesure qu'il cherche des objets à six côtés. Pour représenter un cylindre, un élève pourrait rouler un morceau de papier ; il établirait ainsi un lien qui lui sera utile lors de l'exploration de l'aire totale des cylindres.

> *Tâche 1 :* Un prisme et une pyramide possèdent le même nombre de sommets. Montre ce à quoi ces figures pourraient ressembler à l'aide d'un dessin ou d'une construction.
>
> *Tâche 2 :* Un prisme et une pyramide possèdent le même nombre d'arêtes. Montre ce à quoi ces figures pourraient ressembler à l'aide d'un dessin ou d'une construction.

Les élèves peuvent construire des charpentes pour représenter les figures, pourvu qu'on leur fournisse de petites boules de pâte à modeler ou des guimauves pour en faire les sommets et des pailles ou des cure-dents pour en faire les arêtes.

Les élèves qui choisiront la ***tâche 1*** construiront probablement le prisme en premier. Puis, quand ils comprendront qu'il n'y a qu'un seul sommet en haut de la pyramide, ils sauront exactement combien de sommets devra posséder la base. Par exemple, si un élève construit un **prisme à base triangulaire** (lequel a six sommets), il conclura que la base de la pyramide doit être un **pentagone**. Un élève qui construit d'abord la pyramide pourrait trouver la tâche plus difficile, à moins de saisir que la pyramide doit comporter un nombre pair de sommets.

Les élèves qui opteront pour la ***tâche 2*** pourraient commencer par le prisme ou la pyramide. Puisque le nombre d'arêtes d'un prisme correspond toujours au triple du nombre d'arêtes de sa base et que le nombre d'arêtes d'une pyramide correspond toujours au double du nombre d'arêtes de sa base, les élèves découvriront que seul un nombre d'arêtes qui est à la fois un multiple de 3 et de 2 permet de résoudre le problème.

Résoudre ces deux problèmes constitue un défi, mais qu'il est possible de relever. La ***tâche 2*** est clairement plus complexe que la ***tâche 1***.

Peu importe la tâche choisie, l'enseignant peut poser les questions suivantes :

- Comment pourriez-vous nommer votre prisme et votre pyramide ?
- Comment avez-vous compté les sommets ou les arêtes ?
- Comment auriez-vous pu prédire le nombre de sommets ou d'arêtes de vos figures ?

✷ GRANDE IDÉE. De nouvelles figures peuvent être créées en combinant ou en séparant d'autres figures.

> *Tâche 1 :*
> Sépare cette figure en 4 parties égales.
>
> 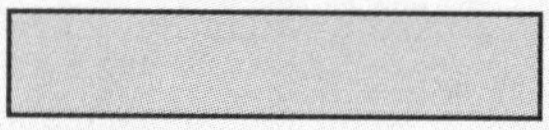
>
> *Tâche 2 :*
> Sépare cette figure en 12 parties égales.
>
> 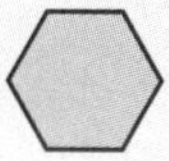

Beaucoup d'élèves trouveront qu'il est plus facile de séparer le rectangle que l'hexagone ; ils pourraient penser à plier le rectangle, mais trouver qu'il est plus complexe de plier l'hexagone. En revanche, la ***tâche 2*** n'est pas trop difficile ; un élève pourrait comprendre qu'il est possible de décomposer l'hexagone pour former les six triangles qui le constituent, puis de séparer chaque triangle en deux. Les élèves qui ont déjà utilisé des blocs mosaïques ont plus de chances de découvrir cette possibilité.

Les deux tâches sont axées sur la notion selon laquelle on peut séparer une figure en plusieurs figures plus petites. Pour la discussion de suivi, on peut inviter les élèves à proposer d'autres façons de décomposer chaque figure.

Variantes. On peut adapter cette tâche en modifiant les figures et le nombre de parties.

Utilise un tangram.

Tâche 1:
Ajoute les pièces de tangram correspondantes.

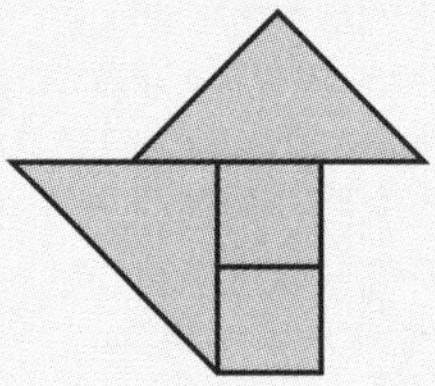

Tâche 2:
Construis un carré avec cinq pièces de tangram.

Tâche 3:
Construis cette figure.

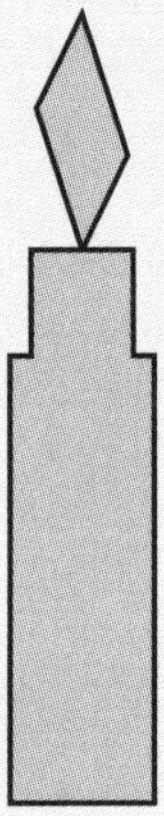

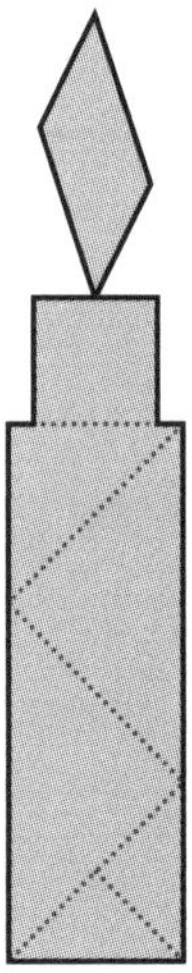

La ***tâche 1*** est celle qui convient le mieux aux élèves qui maîtrisent peu les concepts géométriques. Avec un schéma grandeur nature, les élèves peuvent simplement faire des essais et tenter de placer diverses pièces à différents endroits. Lors de la discussion de suivi, ces élèves pourront parler de la façon dont ils ont placé les pièces, des indices qu'ils ont utilisés, et ainsi de suite.

La ***tâche 3*** est une activité mathématiquement plus complexe que la ***tâche 1*** parce qu'elle ne montre pas les lignes de division du modèle. En outre, sa complexité peut varier selon que le schéma est ou non grandeur nature. Les élèves auront toujours plus de facilité à travailler avec un schéma grandeur nature puisqu'ils pourront placer les pièces sur le tracé. Le schéma ci-contre montre le tracé des pièces de tangram qui composent la chandelle.

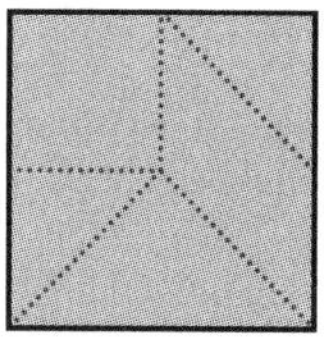

La ***tâche 2*** est la plus ouverte des trois. On peut la rendre encore plus ouverte en permettant aux élèves de construire un carré avec n'importe quel nombre de pièces de tangram, ce qui peut susciter quelques solutions très simples. Construire un carré avec exactement cinq pièces constitue un plus grand défi. Le schéma ci-contre montre un carré constitué de cinq pièces de tangram, avec le tracé correspondant.

Lors de la discussion de suivi, l'enseignant pourrait inviter les élèves – peu importe la tâche qu'ils ont choisie – à décrire la façon dont ils ont résolu leur problème.

Variantes. On peut rendre la ***tâche 1*** un peu plus difficile en fournissant un schéma grandeur nature, mais sans tracé.

TÂCHES PARALLÈLES – DE LA 3e ANNÉE À LA 5e ANNÉE

✷ **GRANDE IDÉE. Des figures de différentes dimensions et leurs propriétés peuvent être décrites mathématiquement.**

> Les deux points ci-contre sont des sommets d'une figure. • •
>
> ***Tâche 1:*** Construis un carré qui a ces sommets.
>
> ***Tâche 2:*** Construis un parallélogramme qui a ces sommets.
>
> ***Tâche 3:*** Construis un triangle isocèle qui a ces sommets.

Certains élèves préféreront la ***tâche 3*** parce qu'ils ne devront placer qu'un point de plus. Cependant, puisque le triangle doit être isocèle, le niveau de difficulté de cette tâche est adéquat.

Certains élèves ayant choisi la ***tâche 1*** placeront les points aux extrémités d'une **diagonale**, pour que les côtés du carré soient horizontaux et verticaux. D'autres comprendront que le carré peut être incliné; ils placeront les points aux extrémités de l'un des côtés.

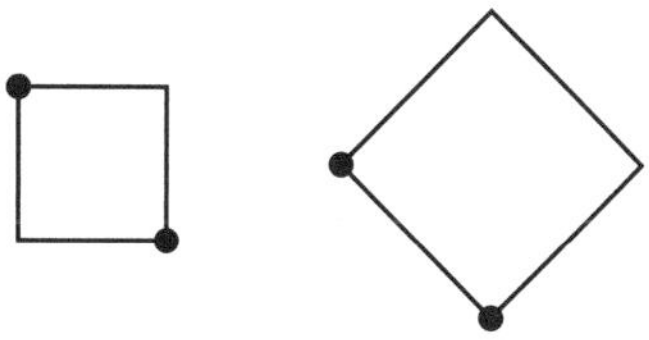

En voyant l'inclinaison du segment qui unit les deux sommets, d'autres élèves encore feront de celui-ci un côté du parallélogramme de la ***tâche 2*** et traceront des segments de droite horizontaux pour le compléter.

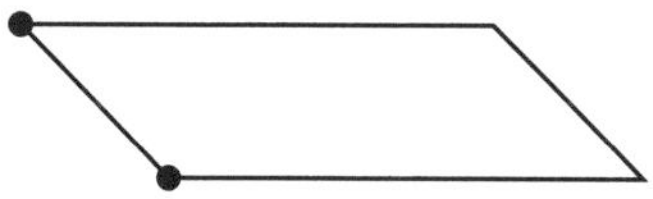

Peu importe la tâche choisie, l'enseignant peut poser les questions suivantes :

- Pouvez-vous décrire votre figure ?
- Quel nom pourriez-vous donner à votre figure ? Est-ce un… (par exemple, un polygone) ?
- Comment savez-vous qu'il s'agit bien de cette figure ?

Tâche 1 :	Construis deux figures qui n'ont pas le même nom, mais qui possèdent chacune deux paires de côtés égaux. Indique d'autres ressemblances et d'autres différences entre les figures.
Tâche 2 :	Construis deux figures qui n'ont pas le même nom, mais qui possèdent chacune deux paires de côtés parallèles. Indique d'autres ressemblances et d'autres différences entre les figures.

Chaque tâche suscite plusieurs réponses possibles. Un élève effectuant la ***tâche 1*** pourrait construire un rectangle et un parallélogramme ; un pentagone en forme de maison et un cerf-volant ; ou peut-être un pentagone irrégulier et une figure irrégulière à sept côtés.

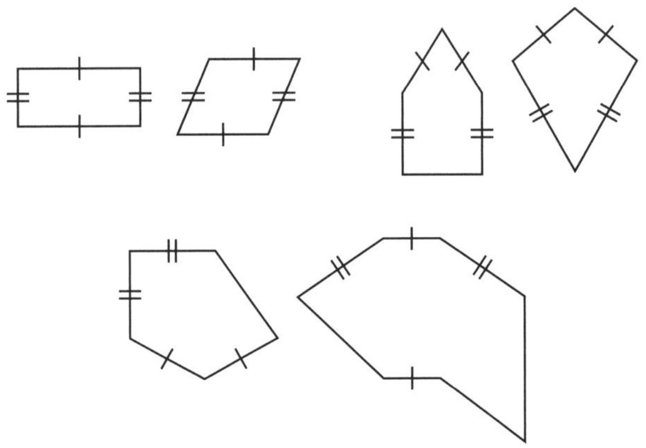

Un élève effectuant la ***tâche 2*** pourrait construire un parallélogramme et un rectangle ; une figure à sept côtés et un carré ; ou peut-être un losange et un long parallélogramme.

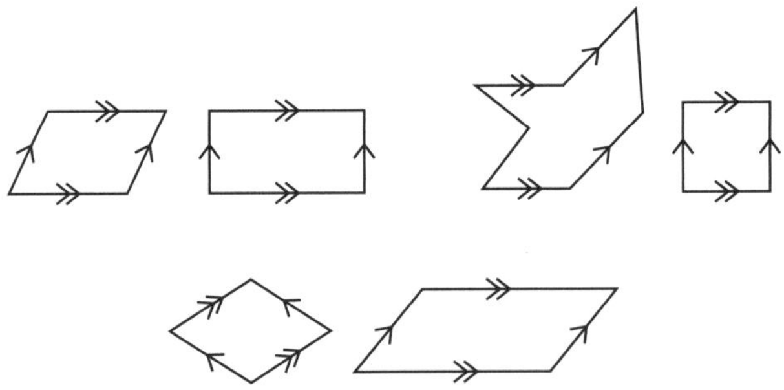

Voici quelques questions qui conviennent aux deux tâches :

- Quels noms pourriez-vous donner à vos deux figures ?
- Quelles sont les ressemblances entre vos figures, mis à part les paires de côtés parallèles (ou égaux) ?
- Qu'est-ce qui distingue le plus vos figures ?

Tâche 1 : Décris deux stratégies différentes que tu pourrais utiliser pour tracer deux droites parallèles, puis applique-les. Qu'est-ce qui te donne la certitude que les droites sont parallèles ?

Tâche 2 : Décris deux stratégies différentes que tu pourrais utiliser pour tracer deux droites perpendiculaires, puis applique-les. Qu'est-ce qui te donne la certitude que les droites sont perpendiculaires ?

Le choix d'une tâche ou de l'autre dépendra du type de droites – parallèles ou perpendiculaires – que les élèves considèrent comme les plus faciles à tracer. Les élèves peuvent employer un éventail de stratégies, notamment reproduire des tracés existants, utiliser un **objet droit** et un **compas**, utiliser un **logiciel de géométrie dynamique** ou se servir d'un miroir transparent.

La partie importante de la discussion porte sur les raisons pour lesquelles les élèves savent que leurs droites sont parallèles ou perpendiculaires. L'enseignant ne doit pas se contenter d'une réponse comme « elles ont l'air correct » ; il doit inciter les élèves à fournir des éléments de justification. Les élèves évoqueront probablement des mesures de longueur ou d'angle. Par exemple, on peut vérifier si deux droites sont parallèles en traçant une droite qui semble perpendiculaire, puis en vérifiant si elle l'est. On peut vérifier si deux droites sont perpendiculaires en utilisant l'une d'entre elles comme axe de symétrie afin de vérifier si l'image d'un côté de l'autre droite correspond à l'autre côté de celle-ci.

✷ GRANDE IDÉE. De nouvelles figures peuvent être créées en combinant ou en séparant d'autres figures.

Tâche 1 : Dessine un rectangle. Sépare-le en quatre parties de $\frac{1}{4}$. Fais la même chose deux autres fois, mais en séparant le rectangle de façon différente chaque fois.

Tâche 2 : Dessine un rectangle. Sépare-le en quatre parties de $\frac{1}{4}$ qui n'ont pas toutes la même forme.

Chaque tâche présente un défi intéressant. Dans le premier cas, un élève pourrait obtenir les quatre parties en pliant deux fois le rectangle horizontalement ou verticalement, ou horizontalement puis verticalement. Ce faisant, certains élèves pourraient aussi résoudre la ***tâche 2*** « par accident ». Dans le deuxième cas, les stratégies évidentes ne fonctionnent pas ; les élèves doivent chercher d'autres solutions. Voici quelques réponses possibles :

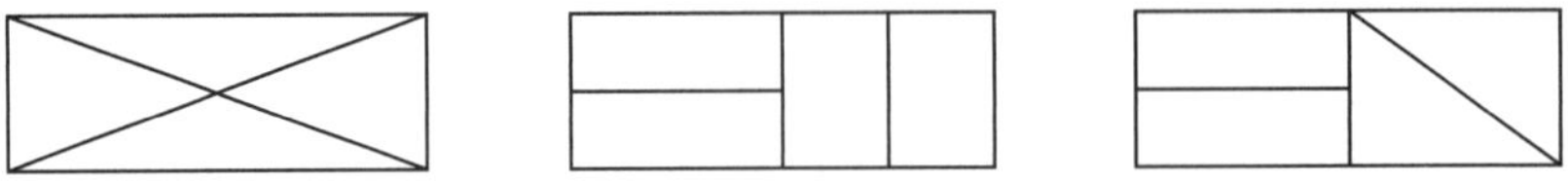

L'enseignant pourrait poser des questions comme les suivantes :

- Pourquoi dit-on que chaque partie est $\frac{1}{4}$?
- Comment pouvez-vous savoir avec certitude que les parties ont la même grandeur (la même aire) ?
- Quelle stratégie avez-vous utilisée ? Pourquoi était-ce une bonne idée ?

Tâche 1 :	Montre comment construire un losange avec trois quadrilatères. Nomme les figures que tu utilises.
Tâche 2 :	Montre comment construire un rectangle avec trois quadrilatères. Nomme les figures que tu utilises.

Même si elles mettent l'accent sur la séparation de figures, ces tâches amènent aussi les élèves à réfléchir aux différents types de quadrilatères. Lorsque les élèves nomment les quadrilatères qu'ils utilisent, l'enseignant peut profiter de l'occasion pour souligner que de nombreux quadrilatères portent plusieurs noms et explorer la hiérarchie des types de quadrilatères. La ***tâche 2*** peut sembler plus accessible parce que les élèves connaissent mieux le rectangle que le losange.

Un élève effectuant la ***tâche 1*** pourrait construire un losange avec trois parallélogrammes (en disant peut-être que ce sont deux losanges et un parallélogramme) ou, peut-être, avec un quadrilatère irrégulier (le deltoïde) et deux trapèzes.

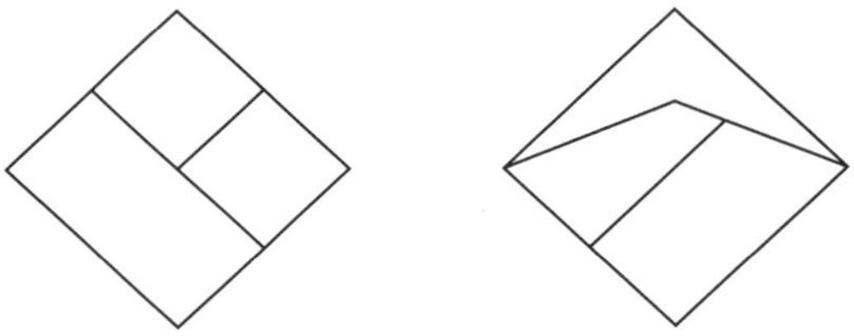

Un élève pourrait compléter la ***tâche 2*** en utilisant trois petits rectangles ou encore un carré et deux rectangles.

Voici quelques questions qu'on peut poser pour les deux tâches :

- Comment pourriez-vous nommer vos trois quadrilatères ?
- Quelle stratégie avez-vous utilisée pour séparer la figure initiale en plus petites figures ?
- Existe-t-il d'autres façons de séparer votre figure en quadrilatères ? Comment le savez-vous ?

✸ **GRANDE IDÉE. Les figures peuvent être localisées dans l'espace et déplacées à l'aide de procédures mathématiques.**

Tâche 1:	Dans un plan cartésien, deux sommets d'un rectangle se trouvent aux points (1, 5) et (3, 5). Où pourraient se trouver les autres sommets?
Tâche 2:	Dans un plan cartésien, deux sommets d'un losange se trouvent aux points (1, 5) et (3, 5). Où pourraient se trouver les autres sommets?

Les élèves de cette tranche d'années d'études commencent à peine à utiliser des plans cartésiens. Il est logique de combiner l'utilisation du plan cartésien avec l'exploration d'autres concepts géométriques – dans ce cas-ci, avec l'étude des propriétés des figures. Pour trouver les autres sommets, les élèves doivent se pencher sur ce qui fait qu'un rectangle est un rectangle ou qu'un losange est un losange.

Les questions suivantes conviennent aux deux tâches:

- Pourquoi les figures pourraient-elles être grandes ou petites?
- Les figures pourraient-elles être orientées différemment?
- Savez-vous avec certitude où se trouvent les axes de symétrie des figures?

ASTUCE PÉDAGOGIQUE. En présence de possibilités numérotées, l'option « la plus simple » devrait parfois constituer la ***tâche 1***, et parfois la ***tâche 2***. Si la tâche la plus simple n'est pas nécessairement la première, les élèves devront envisager les deux possibilités avant de faire leur choix.

Tâche 1:	Trace le graphique de la relation entre la longueur de côté d'un carré et son aire. Que remarques-tu?
Tâche 2:	Trace le graphique de la relation entre la mesure de la largeur d'un rectangle dont la longueur est de 10 unités et le périmètre de celui-ci.

Les deux tâches permettent aux élèves d'entrevoir comment on peut se servir d'un plan cartésien pour montrer les relations entre des **variables**. Le graphique que traceront les élèves effectuant la ***tâche 1*** n'est pas une droite, au contraire de celui que traceront ceux qui préféreront la ***tâche 2***. Les deux graphiques offrent la possibilité de combiner la géométrie et la mesure.

Peu importe la tâche choisie, l'enseignant peut poser les questions suivantes:

- Que représente l'**abscisse**? Que représente l'**ordonnée**?
- Nommez quelques paires de coordonnées que vous avez repérées.
- De quelle forme est votre graphique? Pourquoi cette forme a-t-elle du sens?

TÂCHES PARALLÈLES – DE LA 6e ANNÉE À LA 8e ANNÉE

GRANDE IDÉE. Des figures de différentes dimensions et leurs propriétés peuvent être décrites mathématiquement.

Tâche 1 : L'un des angles d'un triangle mesure moins de 40°. Un autre **angle intérieur** en mesure le double. Quelle pourrait être la mesure de chacun des trois angles de ce triangle ? De quelle sorte de triangle pourrait-il s'agir ?

Tâche 2 : L'un des angles d'un triangle mesure moins de 40°. Un **angle extérieur** en mesure le double. Quelle pourrait être la mesure de chacun des trois angles de ce triangle ? De quelle sorte de triangle pourrait-il s'agir ?

Dans cette tranche d'années d'études, les élèves apprennent que la somme des angles intérieurs d'un triangle est de 180° ; ils pourraient aussi apprendre que la somme de ses angles extérieurs est de 360°. Certains élèves sont moins à l'aise avec les angles extérieurs qu'avec les angles intérieurs ; cet ensemble de tâches est conçu pour les aider. Les deux tâches sont tout aussi ouvertes.

Un élève effectuant la ***tâche 1*** pourrait choisir des angles mesurant respectivement 30° et 60°, et se rendre compte que le triangle serait rectangle. S'il choisissait plutôt des angles mesurant respectivement 39° et 78°, il obtiendrait un triangle acutangle car le troisième angle mesurerait 63°. Le triangle ne peut pas être obtusangle ; les élèves devraient réfléchir aux raisons pour lesquelles il en est ainsi.

Un élève effectuant la ***tâche 2*** pourrait choisir un angle intérieur mesurant 30°, un angle extérieur mesurant 60° (obtenant ainsi un angle intérieur mesurant 120°) et un dernier angle mesurant 30° ; il obtiendrait ainsi un triangle obtusangle isocèle. En fait, il est impossible d'obtenir un triangle acutangle ou un triangle rectangle.

Peu importe la tâche qu'effectuent les élèves, l'enseignant peut leur poser des questions sur leurs stratégies et sur la mesure des angles intérieurs et extérieurs.

Tâche 1 :
Deux des droites ci-contre sont parallèles. La mesure d'un angle est fournie. Détermine toutes les autres mesures d'angle sans te servir d'un rapporteur d'angles.

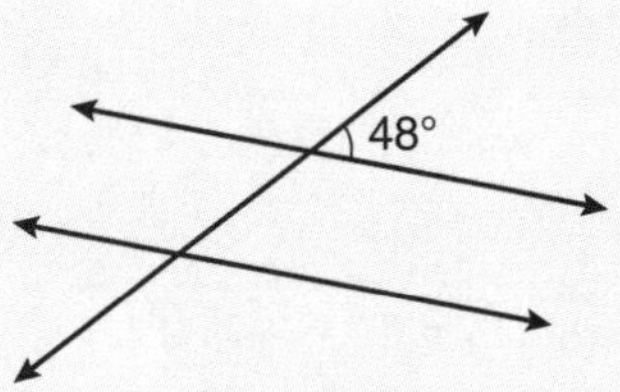

Tâche 2:
Deux des droites ci-contre sont presque parallèles. La mesure d'un angle est fournie. Estime toutes les autres mesures d'angle sans te servir d'un rapporteur d'angles.

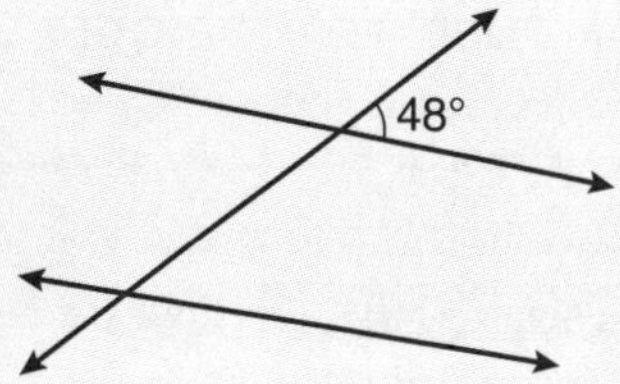

Les élèves explorent la mesure des angles formés quand une droite sécante coupe deux droites parallèles; cependant, la plupart d'entre eux ne savent pas pourquoi. Dans une telle situation, les relations entre les angles permettent entre autres de déterminer si deux droites sont parallèles. Les élèves qui comprennent ces relations devraient réussir la ***tâche 1***. Quant à la ***tâche 2***, elle est intéressante en ce sens que les élèves doivent pousser plus loin leur raisonnement pour trouver des mesures d'angle sensées.

Voici quelques questions qu'on peut poser aux deux groupes d'élèves:

- Quelle mesure d'angle avez-vous déterminée en premier? Pourquoi?
- Quels angles doivent avoir la même mesure? Quels angles ne peuvent pas avoir la même mesure?
- Pouvez-vous déterminer toutes les mesures d'angle avec certitude? Pourquoi?

Tâche 1: Tu veux prouver que deux triangles sont semblables. Tu connais les mesures d'angle et les longueurs de côté du premier triangle. Quel est le nombre minimal de mesures du deuxième triangle dont tu as besoin? Comment le sais-tu?

Tâche 2: Tu veux prouver que deux rectangles sont semblables. Tu connais les mesures d'angle et les longueurs de côté du premier rectangle. Quel est le nombre minimal de mesures du deuxième rectangle dont tu as besoin? Comment le sais-tu?

Cette question met en évidence la notion suivante: il suffit de connaître deux mesures d'angle pour déterminer si deux triangles sont semblables, mais il faut connaître les longueurs de côté, et non les mesures d'angle, pour déterminer si deux rectangles sont semblables. On peut bien sûr se servir des longueurs de côté dans le cas des triangles, mais elles ne sont pas essentielles.

Indépendamment de la tâche choisie, l'enseignant peut poser les questions suivantes:

- Combien de mesures sont associées à votre deuxième figure?
- Y a-t-il des mesures que vous connaissez automatiquement si vous connaissez d'autres mesures? Lesquelles?
- Pourquoi faut-il connaître des mesures des deux figures?
- Quelles mesures devez-vous absolument connaître? Pourquoi?

ASTUCE PÉDAGOGIQUE. Lorsque les élèves choisissent eux-mêmes la tâche à effectuer, ils tendent à persévérer davantage que lorsque celle-ci leur est imposée.

GRANDE IDÉE. Il existe toujours de nombreuses représentations d'une figure donnée.

Tâche 1: Construis un triangle dont deux côtés mesurent respectivement 4 cm et 6 cm, et qui possède un angle mesurant 60°.

Tâche 2: Construis un triangle qui possède un angle mesurant 40° et un angle mesurant 60°. Le côté entre ces deux angles mesure 4 cm.

La différence entre ces tâches réside dans le fait que, dans la ***tâche 1***, on peut construire plus d'un triangle selon qu'on place ou non l'angle mesurant 60° entre les côtés de 4 cm et de 6 cm, tandis que, dans la ***tâche 2***, on ne peut construire qu'un seul triangle.

Peu importe la tâche qu'ils effectuent, les élèves s'exercent à dessiner des triangles en respectant certaines conditions; cependant, l'une des tâches suscite davantage l'exploration. La discussion peut faire ressortir la façon dont certaines conditions produisent obligatoirement un triangle donné, et d'autres non.

L'enseignant peut poser des questions comme les suivantes:

- Quelles parties de la description avez-vous appliquées en premier? Pourquoi?
- Quelles étaient les autres mesures de votre triangle?
- Selon vous, auriez-vous pu dessiner un autre triangle? Pourquoi?

Tâche 1: L'aire d'un développement constitué de 2 triangles et de 3 rectangles se situe entre 100 cm^2 et 200 cm^2. Dessine le développement et indiques-en les dimensions. Prouve que son aire se situe dans le bon intervalle de valeurs.

Tâche 2: L'aire d'un développement constitué de 4 triangles et de 1 rectangle se situe entre 100 cm^2 et 200 cm^2. Dessine le développement et indiques-en les dimensions. Prouve que son aire se situe dans le bon intervalle de valeurs.

Se servir de développements constitue une démarche efficace pour déterminer l'aire totale; les élèves s'assurent ainsi de considérer toutes les faces. Les élèves qui effectuent la ***tâche 1*** doivent comprendre que la figure peut être un prisme à base triangulaire; dans ce cas, tous les triangles devraient avoir les mêmes dimensions, mais pas tous les rectangles. La figure de la ***tâche 2*** pourrait être une pyramide à base rectangulaire comportant des paires de faces triangulaires congruentes. Les élèves se trouvent aussi à appliquer leurs connaissances sur le calcul de l'aire des triangles.

Dans son suivi, l'enseignant peut inviter les élèves à parler de la façon dont ils ont su à quoi ressemblait la figure à trois dimensions. Il pourrait aussi leur demander si certaines faces devaient à leur avis avoir les mêmes dimensions, ainsi que quelles mesures ils ont déterminées en premier et pourquoi.

✷ GRANDE IDÉE. Les figures peuvent être localisées dans l'espace et déplacées à l'aide de procédures mathématiques.

Tâche 1: Déplace la figure A sur la figure B à l'aide de trois transformations.

Tâche 2: Déplace la figure A sur la figure B à l'aide de transformations.

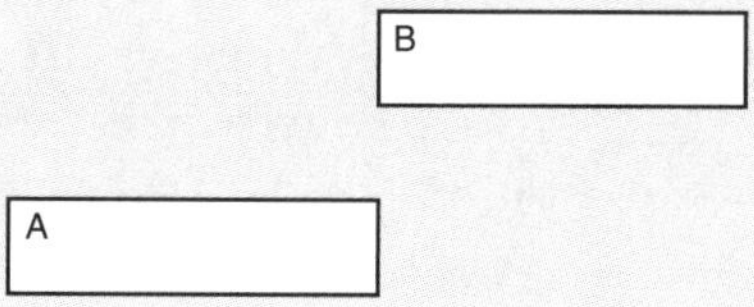

Dans les deux cas, les élèves doivent effectuer des transformations. La ***tâche 1*** est plus complexe, car elle précise le nombre de transformations à effectuer. Pour y répondre, on peut effectuer trois réflexions : la première déplace un point de la figure initiale sur l'image B, et les deux autres produisent le déplacement voulu.

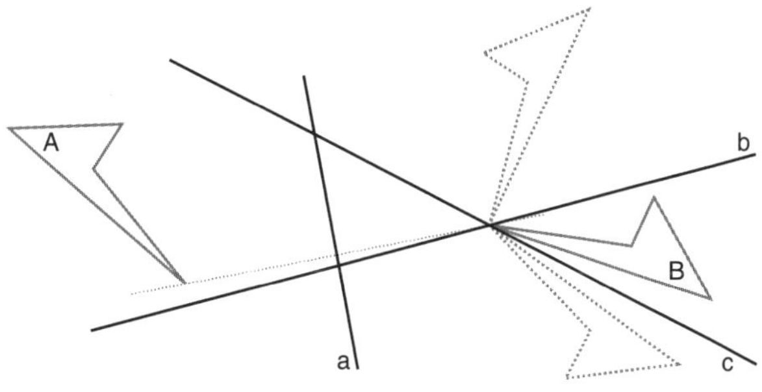

Peu importe la tâche qu'ont choisie les élèves, la discussion de suivi pourrait porter sur la façon dont ils ont déterminé les transformations à effectuer et dont ils ont vérifié leurs prédictions. L'enseignant peut aller plus loin en les invitant à décrire leurs transformations à l'aide du vocabulaire mathématique approprié.

RÉCAPITULATION

MES QUESTIONS ET MES TÂCHES

Objectif de la leçon : **Année d'études :** _____

Notions à l'étude :

Grande idée sous-jacente :

Question ouverte :

Tâches parallèles :

Tâche 1 :

Tâche 2 :

Principes fondamentaux :

- Toute question ouverte doit admettre de bonnes réponses correspondant à divers stades de développement.
- Les variantes que comportent les tâches parallèles doivent favoriser la réussite des élèves qui éprouvent des difficultés et stimuler les élèves compétents.
- La façon dont les questions et les tâches sont élaborées doit permettre à tous les élèves de participer aux discussions de suivi.

Le présent chapitre explore les 4 grandes idées qui sous-tendent le domaine de la géométrie au moyen de 57 exemples de questions ouvertes et de tâches parallèles – et de leurs variantes. Par leur conception, les exemples pédagogiques fournis soutiennent l'enseignement différencié destiné à des élèves de différents stades de développement, dans trois tranches distinctes d'années d'études : du préscolaire à la 2e année, de la 3e année à la 5e année et de la 6e année à la 8e année.

Un élève qui éprouve des difficultés dans le domaine du sens des nombres et des opérations pourrait bien réussir en géométrie, et inversement. Plutôt que de supposer qu'un élève dont le rendement est faible dans le domaine du sens des nombres et des opérations aura aussi besoin d'aide en géométrie, les enseignants peuvent se servir des questions et des tâches différenciées proposées ici afin que chaque élève travaille au niveau de difficulté qui lui convient.

Les questions et les tâches présentées dans ce chapitre ne constituent que quelques exemples qui peuvent servir à différencier l'enseignement dans le domaine de la géométrie. Il est facile de concevoir de nouvelles questions et de nouvelles tâches en modifiant le nombre de figures différentes requises pour construire une autre figure, en modifiant les transformations demandées ou en posant de nouvelles conditions pour la construction de figures. Le modèle pratique que constitue le formulaire présenté ici peut servir à la conception de questions ouvertes et de tâches parallèles personnalisées. L'appendice du présent ouvrage contient un formulaire vierge, de pleine dimension, ainsi que des conseils sur la façon d'utiliser celui-ci pour concevoir du matériel pédagogique personnalisé.

4

Mesure

LES ACTIVITÉS D'APPRENTISSAGE DIFFÉRENCIÉ liées à la mesure découlent de l'application des processus mathématiques – tels que décrits par le NCTM – en ce qui concerne la résolution de problèmes, le raisonnement, la communication, l'établissement de liens et la visualisation, et ce, aux objectifs relatifs à la mesure que prône cet organisme, notamment :

- comprendre les attributs mesurables d'objets ainsi que les unités, les systèmes et les procédures de mesure ;
- déterminer des mesures à l'aide de techniques, de formules et d'outils appropriés.

THÈMES

Si les élèves étudient généralement la longueur avant les autres types de mesures, l'enseignement de presque tous les types de mesures doit toutefois progresser de façon semblable : après les comparaisons fondées sur un attribut donné, on passe à l'utilisation d'**unités** d'abord **non conventionnelles**, puis conventionnelles ; enfin, on aboutit souvent à l'emploi de formules – tenant lieu de « raccourcis » – pour le calcul de mesures. On trouve de bonnes indications sur les attributs relatifs à la mesure qui sont habituellement abordés au cours de chaque année d'études dans les programmes d'études de mathématiques de chaque province ou région canadienne. Ces lignes directrices peuvent sensibiliser les enseignants au stade d'apprentissage de leurs élèves quant aux connaissances ordinairement acquises précédemment et à venir dans le domaine de la mesure.

Du préscolaire à la 2e année

Dans cette tranche d'années d'études, les élèves se concentrent sur la mesure de la longueur. Ils comparent d'abord des longueurs, directement ou indirectement, puis utilisent des unités non conventionnelles, non métriques et métriques pour mesurer la longueur. Ils commencent à comprendre que l'utilisation d'une grande unité de mesure engendre une mesure dont la valeur numérique est petite. Ils commencent également à comparer et à ordonner des objets selon d'autres attributs.

De la 3e année à la 5e année

Dans cette tranche d'années d'études, les élèves mesurent le périmètre et commencent à utiliser des fractions d'unités pour mesurer la longueur. Ils apprennent ce qu'est l'aire et commencent à mesurer des surfaces. Ils commencent à élaborer et à utiliser des formules pour calculer l'aire de figures simples, comme des rectangles, et se servent d'unités conventionnelles pour mesurer et décrire des surfaces.

Les élèves étudient aussi le volume d'objets à trois dimensions et apprennent à calculer et à estimer le volume d'objets simples.

De la 6e année à la 8e année

Dans cette tranche d'années d'études, les élèves continuent de résoudre des problèmes relatifs à la longueur, à l'aire et au volume. Ils élaborent et utilisent des formules pour calculer l'aire totale et le volume de prismes, de cylindres, de cônes et de sphères ainsi que la **circonférence** de cercles et l'aire de disques.

Les élèves de cette tranche d'années d'études commencent à comprendre les relations qui existent entre les mesures de figures semblables. En outre, ils se servent du théorème de Pythagore pour simplifier la mesure des longueurs de côté de triangles rectangles.

LES GRANDES IDÉES QUI SOUS-TENDENT LA MESURE

Voici les grandes idées autour desquelles on peut structurer les programmes d'études cohérents qui correspondent aux normes de contenu et aux processus mathématiques du NCTM (National Council of Teachers of Mathematics, 2000) et qui soutiennent l'enseignement différencié.

- Une mesure est une comparaison entre la grandeur d'un objet et celle d'un autre objet.
- On peut décrire le même objet à l'aide de mesures différentes.
- La valeur numérique d'une mesure varie en fonction de l'unité de mesure utilisée.
- Le choix d'un type d'instrument de mesure et de la grandeur d'une unité de mesure influe sur le degré de précision de la mesure.
- L'utilisation d'unités de mesure conventionnelles simplifie la communication de la grandeur d'objets.
- La connaissance de la grandeur des **repères** facilite la mesure.
- Les formules permettant de déterminer une mesure s'appuient sur des mesures faciles à obtenir afin de faciliter le calcul de mesures plus complexes.

Les tâches présentées et les questions posées au cours de l'enseignement de la mesure devraient consolider ces grandes idées. Les pages suivantes présentent plusieurs exemples d'utilisation des questions ouvertes et des tâches parallèles lors de l'enseignement différencié de ces grandes idées, d'une tranche d'années d'études à l'autre.

TABLE DES MATIÈRES DU CHAPITRE

QUESTIONS OUVERTES – DU PRÉSCOLAIRE À LA 2e ANNÉE

Les **QUESTIONS OUVERTES** possèdent une large portée et suscitent des réponses sensées chez des élèves de plusieurs stades de développement.

✷ **GRANDE IDÉE. Une mesure est une comparaison entre la grandeur d'un objet et celle d'un autre objet.**

Dans la classe, quels objets sont environ de la même longueur que ton bras ?

Cette question permet à l'enseignant de découvrir ce que les élèves savent de la comparaison de longueurs. Par l'observation de la façon dont les élèves comparent leur bras à d'autres objets, l'enseignant détermine s'ils comprennent qu'il est nécessaire d'utiliser un **repère d'alignement** pour comparer des mesures. Grâce à l'utilisation du terme « environ », même les élèves qui éprouvent des difficultés ont suffisamment de latitude pour répondre avec succès.

ASTUCE PÉDAGOGIQUE. Lorsque les élèves comparent des longueurs, il est utile de mettre à leur disposition des bobines de ficelle ou de fil coloré.

Variantes. On peut adapter cette tâche en demandant aux élèves de chercher des objets qui sont « plus courts » ou « plus longs » qu'un autre objet plutôt qu'« environ de la même longueur ». On peut aussi choisir un autre objet comme base de comparaison.

Une longueur semble plus courte qu'une autre, mais ne l'est pas vraiment. Comment est-ce possible ?

Pour comparer des longueurs, il faut comprendre que les deux éléments à comparer doivent d'abord être « redressés ». Par exemple, une corde très longue, mais enroulée, peut paraître plus courte qu'une corde moins longue, mais déroulée.

Plutôt que d'utiliser une corde enroulée et une corde déroulée afin que les élèves les comparent, on peut leur poser une question ouverte telle que celle qui est proposée ici afin de les laisser imaginer toutes sortes de scénarios ; la question deviendra accessible à un plus grand nombre d'entre eux. Par exemple, un élève ayant de la difficulté à comprendre que la corde enroulée soit plus courte pourrait plutôt imaginer un objet qui fait un coude et dont seule une partie est visible.

> Pense à certains objets vraiment longs qui se trouvent dans ta maison. Explique quelle est leur longueur selon toi et pourquoi tu penses avoir raison.

En général, utiliser l'expression « vraiment longs » incite les élèves à réfléchir profondément à leurs comparaisons de longueurs. Le fait qu'ils pensent à des objets qui leur appartiennent suscite leur intérêt. Pour décrire la longueur des objets choisis, les élèves peuvent se servir de vocabulaire relatif à la comparaison, d'unités de mesure non conventionnelles ou d'unités de mesure conventionnelles. C'est surtout de cette façon que la question devient ouverte à une gamme étendue d'élèves.

Les élèves choisiront peut-être un boyau d'arrosage, un divan, un lit, une entrée, etc.

Variantes. À la place des objets vraiment longs, l'enseignant pourrait demander aux élèves de trouver des objets qui ont une grande capacité, qui couvrent un grand espace ou qui sont très courts.

ASTUCE PÉDAGOGIQUE. Utiliser une expression ambiguë telle que « vraiment longs » – plutôt qu'une valeur précise – peut souvent rendre une question mathématique moins intimidante pour les élèves.

> Tu veux décrire la longueur de ton crayon. Tu ne peux pas le montrer et tu dois utiliser des mots. Comment pourrais-tu aider quelqu'un à comprendre la grandeur de ton crayon ?

Cette question est censée aider les élèves à comprendre que la description d'une mesure dépend toujours d'une autre mesure. Par exemple, si un élève exprime en centimètres la longueur de son crayon, il compare celui-ci avec un centimètre. S'il dit que le crayon est à peu près long comme une main, il le compare avec une main. En fait, la seule façon de décrire une mesure de façon sensée est de faire une comparaison.

La question est ouverte, car il appartient totalement à l'élève de choisir la façon de décrire la longueur du crayon.

Pour attirer l'attention des élèves sur la comparaison, l'enseignant pourrait leur demander explicitement : « Quelles mesures compares-tu lorsque tu dis cela ? »

✸ **GRANDE IDÉE. On peut décrire le même objet à l'aide de mesures différentes.**

Comment peux-tu mesurer une citrouille ?

Un élève peut trouver de nombreuses façons de mesurer une citrouille : sa largeur, sa hauteur, sa masse, le temps qu'elle a mis à grossir ou la quantité de chair qu'elle contient. Laisser la question ouverte permet à chaque élève de choisir une mesure sur laquelle fixer son attention.

En discutant en classe des divers types de mesures qu'ils ont utilisés, les élèves pourront comprendre qu'il y a habituellement plusieurs façons de mesurer un objet.

Variantes. Plutôt qu'une citrouille, on peut demander aux élèves de mesurer d'autres objets intéressants, par exemple un sac de maïs soufflé, une auto ou un contenant.

ASTUCE PÉDAGOGIQUE. On peut choisir les objets à mesurer en fonction de thèmes étudiés dans d'autres matières, d'occasions spéciales ou de fêtes.

Un objet est gros d'une certaine façon, mais petit d'une autre façon. À quoi pourrait ressembler cet objet ?

Cette tâche permet aux élèves d'examiner des figures à deux ou à trois dimensions et leur offre la possibilité de faire divers types de comparaisons.

Certains élèves pourraient comprendre que l'objet est gros lorsqu'il est comparé à un autre objet, mais petit par rapport à un troisième objet. Par exemple, un crayon est gros lorsqu'on le compare à un moucheron, mais petit par rapport à la longueur d'un corridor. D'autres élèves pourraient examiner différents attributs du même objet. Par exemple, un cylindre très long mais très mince pourrait être considéré comme gros sur le plan de la longueur, mais petit en ce qui a trait à la largeur. D'autres élèves encore pourraient se pencher sur deux types de mesures. Par exemple, un objet pourrait être très lourd (c'est-à-dire avoir une « grosse » masse), mais très petit en ce qui concerne la largeur, la longueur ou la hauteur.

Lors de la discussion en classe, l'enseignant devrait avoir l'occasion d'expliquer clairement aux élèves que, lorsqu'on décrit la grandeur d'un objet, il faut préciser l'attribut qu'on en examine.

✷ GRANDE IDÉE. La valeur numérique d'une mesure varie en fonction de l'unité de mesure utilisée.

> Combien de pas de bébé y a-t-il dans un pas de géant ?

Au cours de leurs premières années d'études, c'est en travaillant avec des unités non conventionnelles que les élèves commencent à comprendre la façon d'utiliser des unités pour décrire des mesures. En ce sens, il est valable d'utiliser une unité correspondant à un pas de bébé pour mesurer un pas de géant. Cet accent mis sur les unités non conventionnelles génère une variété de bonnes réponses ; les élèves pourront par la suite accorder de l'importance à l'utilisation d'unités conventionnelles.

À court terme, tout élève peut facilement répondre à cette question. Elle laisse les élèves libres d'interpréter les pas de bébé et les pas de géant à leur guise.

Variantes. On peut élaborer plusieurs variantes de cette question à l'aide d'autres mesures familières de deux grandeurs, par exemple : « Combien de tasses de bébé dois-tu verser dans un grand verre d'eau pour le remplir ? »

✷ GRANDE IDÉE. La connaissance de la grandeur des repères facilite la mesure.

> Décris trois objets moins lourds qu'une chaussure. Explique comment tu sais qu'ils sont moins lourds qu'une chaussure.

Demander aux élèves de trouver des objets moins lourds qu'une chaussure leur laisse une grande latitude ; ils n'ont qu'à penser à des objets très légers. Certains élèves penseront à des aliments, à du matériel de classe, à des vêtements ou à d'autres objets comme des jouets.

Quand on demande aux élèves d'expliquer comment ils savent qu'un objet est moins lourd qu'une chaussure, l'objet choisi n'a pas d'importance. Les élèves montreront qu'ils comprennent – ou non – la façon d'utiliser une **balance à plateaux** ou un pèse-personne pour comparer des masses.

Variantes. On peut concevoir plusieurs variantes de cette question en remplaçant la chaussure par un autre objet ou en demandant aux élèves de trouver des objets plus lourds plutôt que plus légers.

> Les deux aiguilles d'une horloge sont vraiment proches l'une de l'autre, mais pas l'une sur l'autre. Quelle heure pourrait-il être ?

Dans cette tranche d'années d'études, les élèves apprennent à lire l'heure sur des horloges analogiques, à divers degrés de précision. Leur poser la question de cette façon les incitera probablement à penser à plusieurs heures possibles ; ils s'exerceront longtemps à lire l'heure. L'expression « pas l'une sur l'autre » évite de favoriser les idées fausses relatives à la position de l'aiguille des heures (par exemple, penser que l'aiguille des heures est précisément sur le 6 lorsqu'il est 6 h 30). Répondre « 6 h 30 » serait juste ; l'enseignant pourrait souligner à quel point les aiguilles sont proches l'une de l'autre, mais pas l'une sur l'autre. Il est tout aussi probable qu'un élève réponde « 6 h 35 » ; cette réponse serait également juste. Puisqu'il existe de nombreuses réponses sensées, plusieurs élèves peuvent réussir à répondre à cette question.

Quelles longueurs peux-tu obtenir en combinant ces bandes de différentes façons ?

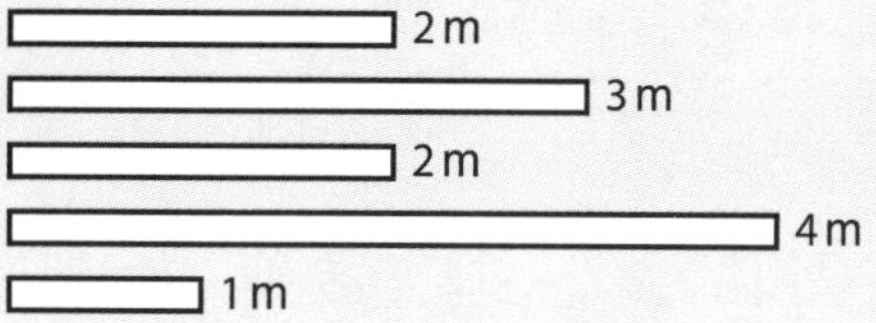

Cette question ouverte constitue un lien évident au domaine du sens des nombres et des opérations. Le fait de laisser la question ouverte et de ne préciser ni le nombre requis de combinaisons ni la quantité de longueurs à combiner permet aux élèves de répondre en fonction de leur compréhension. Alors que certains pourraient choisir une combinaison très simple de deux longueurs (par exemple, 2 + 3 ou 2 + 2), d'autres pourraient tenter d'en trouver beaucoup plus. Certains élèves pourraient même combiner les bandes en zigzag – plutôt que bout à bout – et mesurer l'espace vertical qu'elles occupent plutôt que leur longueur totale, comme le montre l'exemple ci-contre.

QUESTIONS OUVERTES – DE LA 3e ANNÉE À LA 5e ANNÉE

✱ GRANDE IDÉE. Une mesure est une comparaison entre la grandeur d'un objet et celle d'un autre objet.

Tu dessines une lettre E dont l'aire est d'environ 4 unités carrées. Dessine une autre lettre et estimes-en l'aire.

Les élèves pourraient trouver diverses réponses. Un élève pourrait choisir une lettre beaucoup plus petite ou beaucoup plus grande, ou essayer de dessiner une lettre d'une grandeur semblable à celle du E. Un autre pourrait même tourner le E sur le côté et dire qu'il s'agit d'un W.

Parce qu'il choisit la deuxième lettre et sa grandeur, l'élève risque moins de se tromper. Pourtant, il met tout de même en application sa compréhension de l'aire.

ASTUCE PÉDAGOGIQUE. L'enseignement différencié passe par l'offre de choix à l'élève. Dans cette tâche, celui-ci peut choisir la lettre avec laquelle comparer la lettre E.

> Regarde une page de journal qui contient à la fois des annonces publicitaires et des nouvelles. Quelle aire est la plus grande: l'aire couverte par les annonces publicitaires ou celle qui est couverte par les nouvelles?

Dans cette tranche d'années d'études, la notion d'aire prend de l'importance. Comme pour les autres types de mesures, l'étude de l'aire commence logiquement par la comparaison directe ou indirecte de mesures plutôt que par l'utilisation d'unités. Dans cette question ouverte, les élèves peuvent comparer les mesures comme ils le souhaitent. Certains pourraient découper la page et en placer les parties les unes sur les autres. D'autres pourraient avoir d'eux-mêmes l'idée d'utiliser une sorte d'unité de mesure.

Lors de la discussion de suivi effectuée avec tous les élèves, chacun d'entre eux apprendra comment les autres ont abordé le problème. De cette façon, il est probable que tous les élèves approfondiront leur compréhension du concept d'aire.

Variantes. On peut demander aux élèves de comparer d'autres aires potentiellement intéressantes pour eux – par exemple, les parties de couleurs différentes d'un plateau de jeu – plutôt que des parties d'une page de journal.

> Tu construis deux structures à l'aide de cubes emboîtables. Leurs volumes sont presque les mêmes, mais pas exactement. L'une des structures est beaucoup plus large que l'autre. À quoi pourraient ressembler ces figures? Quel pourrait être le volume de chacune d'entre elles?

Les élèves apprennent d'abord qu'on décrit le volume d'un objet à l'aide du nombre de cubes d'unité nécessaire à sa construction. Une question comme celle-ci met l'accent sur cette idée.

Les élèves sont libres de choisir le volume qu'ils veulent, grand ou petit. Ils peuvent décider jusqu'à quel point les deux volumes sont presque les mêmes. C'est aussi à eux de déterminer ce que signifie «beaucoup plus large». Ils peuvent construire uniquement des prismes à base rectangulaire. Ils peuvent aussi se servir d'une formule (de façon plus ou moins structurée) pour déterminer les volumes ou décider de n'utiliser aucune formule.

L'une des solutions possibles serait d'utiliser deux structures dont le volume serait respectivement de 10 unités cubiques et de 11 unités cubiques. La première structure pourrait être petite et large et la deuxième, haute et étroite.

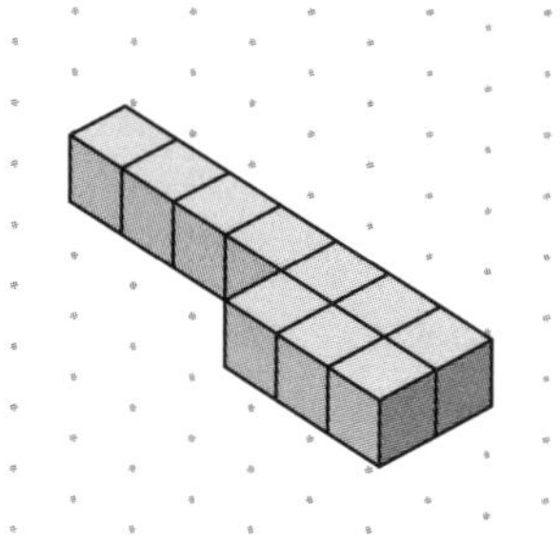

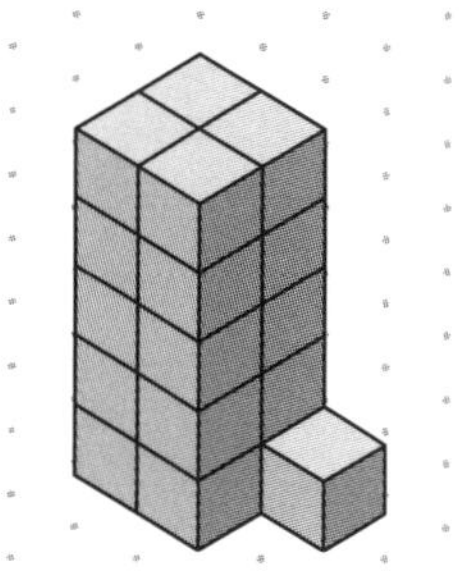

Toutefois, un autre élève pourrait concevoir un prisme d'une hauteur de 1 cube et d'une base de 20 cubes sur 2 cubes, puis un deuxième prisme d'une hauteur de 13 cubes et d'une base de 1 cube sur 3 cubes, en s'appuyant sur la multiplication pour choisir ces grandeurs.

Variantes. On peut modifier les consignes de ce problème. Par exemple, le volume de l'une des structures pourrait être exactement le double de celui de l'autre.

✸ GRANDE IDÉE. On peut décrire le même objet à l'aide de mesures différentes.

> Tu veux mesurer le tapis que tu souhaites installer sous la cage de ton hamster. Que dois-tu mesurer et comment pourrais-tu le mesurer ?

La plupart des élèves peuvent facilement se reconnaître dans le contexte de ce problème, lequel suscite une variété de réponses. Alors que certains élèves penseront à la surface (ou à l'aire) qu'occupe la cage, d'autres se pencheront sur les mesures de longueur, par exemple la longueur ou la largeur de la cage.

Les élèves ont une certaine liberté car ils peuvent imaginer une cage de la grandeur ou de la forme qu'ils veulent. Ils peuvent prévoir un tapis parfaitement ajusté à la cage ou beaucoup plus long ou plus large que celle-ci. Peu importe leur décision, les élèves constateront que la mesure peut servir à décrire la grandeur de la cage.

> Deux figures possèdent des aires presque identiques, mais des périmètres très différents. De quelles figures pourrait-il s'agir ?

Il n'est pas rare que les élèves comparent les aires de deux rectangles ayant le même périmètre ou les périmètres de deux rectangles ayant la même aire. Ici, ils sont libres de travailler avec les figures de leur choix puisque la question n'impose pas de figures précises et n'exige pas qu'elles soient identiques. On leur accorde une liberté supplémentaire en suggérant que les aires sont presque identiques, plutôt qu'identiques.

En construisant les figures demandées, les élèves s'exerceront à calculer des périmètres et des aires. Voici un exemple de solution :

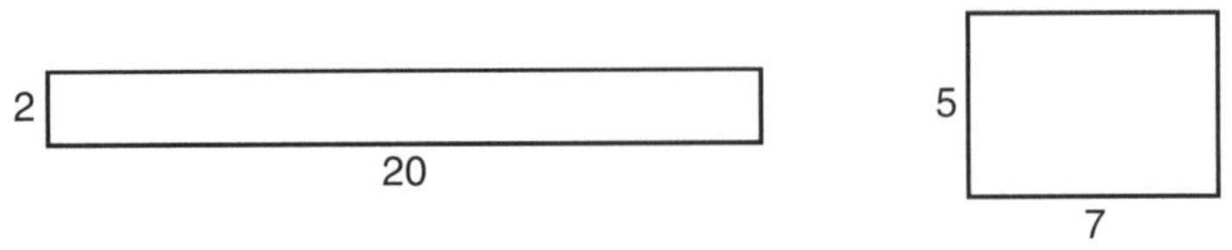

> L'aire d'une figure est de 200 cm^2. Quelles pourraient être sa longueur et sa largeur ?

Le fait de ne pas dire de quelle figure on parle ici rend la question très ouverte. Certains élèves décideront d'utiliser un carré. Ils pourraient éprouver quelques difficultés (parce que 200 n'est pas un carré parfait), mais tout de même comprendre que la longueur et la largeur du carré seraient d'environ 14 cm. D'autres élèves choisiront une stratégie plus simple, utilisant un rectangle d'une longueur de 20 cm et d'une largeur de 10 cm. D'autres élèves encore choisiront une figure ayant plus de côtés, en particulier s'ils ont à leur disposition du papier quadrillé pour faire des essais. L'enseignant devrait inciter les élèves à trouver plus d'une réponse, de sorte qu'ils utilisent une variété de formules ou des méthodes différentes pour construire des figures.

Variantes. On peut modifier cette question en changeant l'aire ou en indiquant des restrictions sur les types de figures permis. Par exemple, on peut préciser que la figure doit posséder au moins quatre côtés ou qu'au moins deux de ses côtés doivent être congruents. On pourrait aussi fournir une mesure de volume plutôt qu'une mesure d'aire.

ASTUCE PÉDAGOGIQUE. Les élèves sont libres d'utiliser les formules de calcul de l'aire qui leur sont familières, puisque seule l'aire de la figure leur est transmise. Au cours de la discussion de suivi, ils pourraient découvrir des formules avec lesquelles ils sont moins à l'aise.

✷ GRANDE IDÉE. La valeur numérique d'une mesure varie en fonction de l'unité de mesure utilisée.

Choisis des blocs mosaïques de la même couleur.

- Comment peux-tu les disposer autour d'un seul point de sorte qu'il n'y ait pas d'espace vide ?
- Qu'est-ce que cela t'apprend à propos des angles que tu places ensemble ?

L'enseignement relatif aux angles commence souvent par la présentation d'unités de mesure conventionnelles. Toutefois, il y a des avantages à introduire le concept de la mesure d'angles à l'aide d'unités non conventionnelles; cela permet d'éviter la complication supplémentaire qui consiste à faire comprendre aux élèves ce qu'est un degré. En plaçant côte à côte plusieurs copies du même angle, tel que le suggère cette tâche, les élèves peuvent considérer un angle comme une unité non conventionnelle.

Parce qu'ils ont le choix de la figure dont ils se serviront, les élèves ont la chance d'opter pour un angle simple (comme l'angle droit d'un carré) ou plus complexe (par exemple, l'un des angles d'un trapèze). Il est aussi possible d'établir un lien avec les degrés. Les élèves remarqueront qu'ils peuvent assembler 3 hexagones (l'angle mesure donc $360 \div 3 = 120°$) ; 6 triangles (l'angle mesure donc $360 \div 6 = 60°$) ; 4 carrés (l'angle mesure donc $360 \div 4 = 90°$) ; 3 ou 6 losanges, selon les angles utilisés ; et 12 cerfs-volants, en assemblant les petits angles (l'angle mesure donc $360 \div 12 = 30°$).

✷ GRANDE IDÉE. La connaissance de la grandeur des repères facilite la mesure.

Un récipient contient environ 4 litres. Trouve d'autres façons de décrire la grandeur de ce récipient.

Certains élèves répondront à la question en établissant une relation entre les 4 litres et d'autres contenants qui leur sont familiers. Par exemple, si un élève utilise à la maison un pichet de 1 litre, il peut imaginer un récipient qui en contient 4 fois autant. D'autres élèves répondront à la question en suggérant des mesures de profondeur, de largeur ou de hauteur qui peuvent convenir à un contenant de cette grandeur.

En discutant des diverses façons d'aborder ce problème, les élèves comprendront mieux en quoi le fait de connaître la grandeur d'un objet peut les aider à déterminer la grandeur d'autres objets.

GRANDE IDÉE. Les formules permettant de déterminer une mesure s'appuient sur des mesures faciles à obtenir afin de faciliter le calcul de mesures plus complexes.

> La valeur du périmètre d'une figure correspond à un peu plus de trois fois la longueur de l'un de ses côtés. Quelle pourrait être cette figure ? Dessine-la et indiques-en les dimensions.

Différentes stratégies peuvent servir de point de départ aux élèves pour répondre à cette question. Certains commenceront par une figure – un rectangle, un triangle ou une autre figure – et tenteront de respecter les consignes. D'autres choisiront simplement une longueur de côté, la multiplieront par trois, puis tenteront de faire en sorte que le périmètre corresponde au nombre triplé.

Par exemple, un élève pourrait choisir d'utiliser un triangle. Un triangle dont deux côtés sont égaux et dont le troisième côté est un peu plus long que les autres respectera les consignes. Un autre élève pourrait quant à lui utiliser un rectangle et s'assurer que sa largeur corresponde à un peu plus de la moitié de sa longueur (par exemple, si $L = 10$ et $l = 6$, le périmètre est de 32, soit un peu plus de 3×10).

En revanche, un élève pourrait décider que la longueur d'un côté d'un hexagone est de 10 et que le périmètre est de presque 31, et construire la figure suivante :

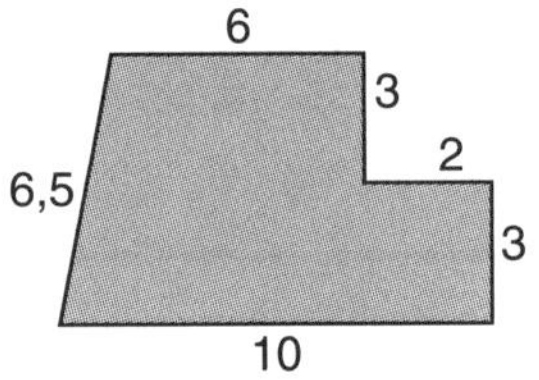

C'est surtout le fait que la figure peut être simple ou complexe qui rend la question ouverte.

Variantes. On peut modifier ce problème en changeant les consignes relatives au périmètre. Par exemple, la valeur du périmètre pourrait correspondre à un peu moins de quatre fois la longueur d'un côté.

> Construis une figure qui est inhabituelle, mais dont tu peux déterminer l'aire en la découpant en rectangles.

Les élèves aiment construire des figures inhabituelles. La figure peut être relativement simple, comme celle qui est présentée en haut à gauche de la page suivante, ou plus complexe, comme celle qui se trouve à sa droite.

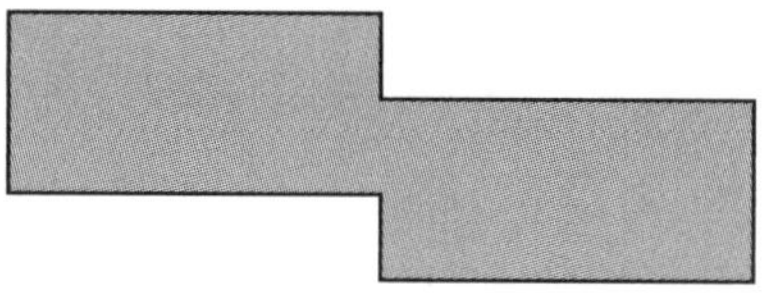

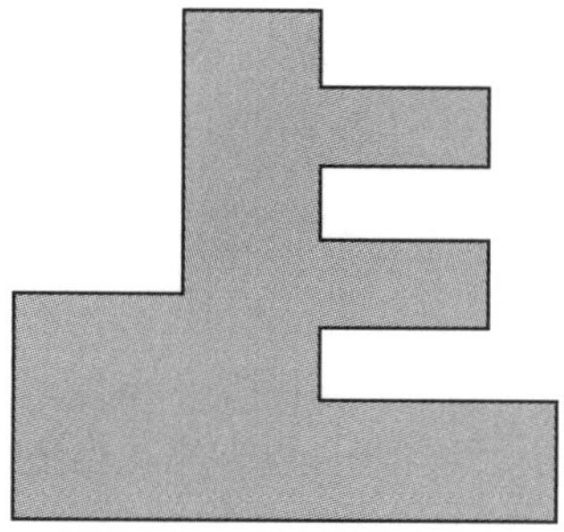

Pour déterminer l'aire de la figure, les élèves peuvent se servir de leurs connaissances relatives à la formule de calcul de l'aire d'un rectangle ou placer une grille transparente sur la figure afin de déterminer l'aire de chacune de ses parties, pour ensuite effectuer une addition.

Ce problème est intéressant puisque l'élève doit justifier son calcul des aires et vérifier que celui-ci ne comporte ni chevauchement ni espacement.

QUESTIONS OUVERTES – DE LA 6e ANNÉE À LA 8e ANNÉE

✷ GRANDE IDÉE. On peut décrire le même objet à l'aide de mesures différentes.

Tu construis le développement d'une figure à trois dimensions et tu en calcules l'aire. Ensuite, tu plies le développement pour former une figure à trois dimensions et tu en calcules le volume.

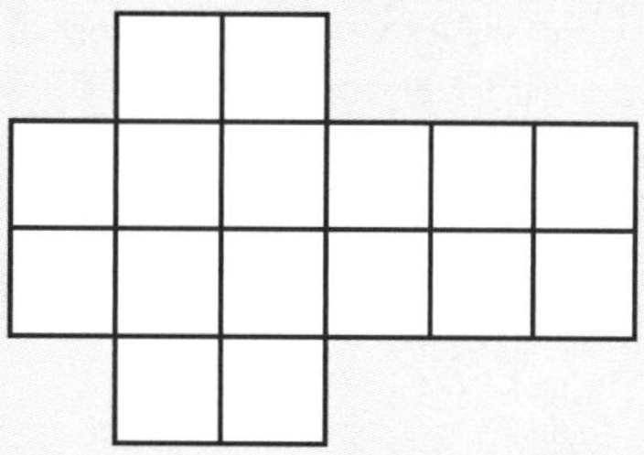

Par exemple, ce développement possède une aire de 16 unités carrées et un volume de 4 unités cubes.

- Quel nombre est habituellement le plus grand: celui qui correspond à l'aire ou celui qui correspond au volume? (Dans ce cas-ci, le nombre qui correspond à l'aire est le plus grand.)
- Pourquoi cela a-t-il du sens?

Cette question ouverte oblige les élèves à émettre une conjecture. Pour résoudre le problème, certains élèves feront un essai avec une seule autre figure; d'autres comprendront l'utilité de faire des essais avec plusieurs autres figures; quelques-uns pourraient même avoir recours à la pensée algébrique. Lorsqu'ils réfléchissent au sens de leur réponse, les élèves doivent soit visualiser une variété de situations, soit utiliser des formules qui faciliteront leur compréhension.

Les élèves pourraient apprendre que, si l'une des dimensions d'un prisme est de 1 unité, le nombre qui correspond à l'aire totale est toujours le plus grand. Autrement, l'une ou l'autre des valeurs peut être la plus grande. Par exemple, le volume d'un prisme de $10 \times 10 \times 20$ est de 2000 unités cubes, mais son aire totale est de 1000 unités carrées seulement. En revanche, le volume d'un prisme de $3 \times 4 \times 5$ est de 60 unités cubes, alors que son aire totale est de 94 unités carrées.

✱ GRANDE IDÉE. La connaissance de la grandeur des repères facilite la mesure.

> Le volume d'un objet est de 1 m^3. De quel objet pourrait-il s'agir ?

En incitant les élèves à prêter attention à certaines mesures de volume courantes, l'enseignant leur rend plus facile l'estimation du volume d'autres objets. Par exemple, s'il sait que 1 m^3 peut correspondre au volume de la boîte d'une imprimante, l'élève sera plus apte à estimer un volume comme celui d'une pièce.

Cette question est ouverte parce que les élèves sont libres de choisir n'importe quel objet. Certains penseront à un tas de feuilles mortes ou à l'espace intérieur d'une auto ou d'un camion ; d'autres pourraient utiliser une règle et mesurer un espace dans la salle de classe.

> Selon toi, environ combien de personnes notre école peut-elle contenir ?

Il s'agit ici d'une question très ouverte. Les élèves peuvent déterminer la proximité entre les personnes, la façon d'estimer la grandeur de l'école, la présence de meubles dont il faut – ou non – tenir compte et la corpulence des personnes. Toute cette liberté rend la discussion de suivi très intéressante.

Les élèves se serviront probablement d'un petit espace de leur salle de classe comme repère, puis devront déterminer la façon d'employer cette information pour se pencher sur le grand espace que constitue l'école entière. Alors que certains élèves procéderont de façon systématique – comptant le nombre de salles de classe tout en tenant compte des autres types de pièces, comme le gymnase et les corridors –, d'autres réfléchiront de façon moins globale. Puisqu'on ne demande ici qu'une estimation, il existe une gamme étendue de réponses possibles.

✱ GRANDE IDÉE. Les formules permettant de déterminer une mesure s'appuient sur des mesures faciles à obtenir afin de faciliter le calcul de mesures plus complexes.

> Une figure a la même aire que la figure ci-dessous. Quelles pourraient être ses dimensions ?
>
> 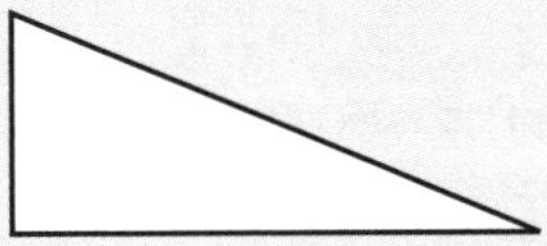

Les élèves peuvent calculer l'aire du triangle de diverses façons. Certains peuvent en mesurer la base et la hauteur, puis utiliser la formule de calcul de l'aire ; d'autres peuvent placer le triangle sur du papier quadrillé et s'en servir pour calculer l'aire.

Certains élèves comprendront qu'ils n'ont besoin de prendre aucune mesure. Ils traceront tout simplement le contour du triangle et le couperont en deux pour ensuite construire une nouvelle figure à l'aide des morceaux.

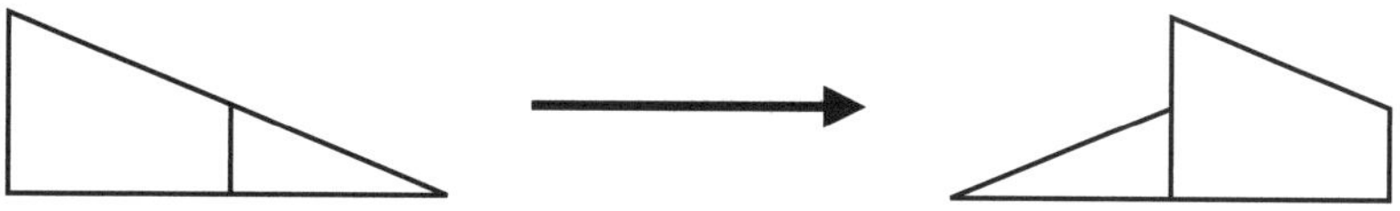

D'autres élèves penseront plutôt de façon algébrique et comprendront eux aussi qu'ils n'ont besoin de prendre aucune mesure. Ils examineront la formule $A = bh \div 2$ et se rendront compte qu'ils peuvent simplement doubler la base du triangle et diminuer sa hauteur de moitié pour obtenir une nouvelle figure possédant la même aire.

Lors de la discussion sur l'utilisation de la formule, l'enseignant peut souligner à quel point il est plus facile, pour déterminer l'aire d'un triangle, d'en mesurer la longueur de la base ou la hauteur que de se servir de papier quadrillé. Cette insistance contribue à bien faire comprendre aux élèves l'importance des formules permettant de déterminer une mesure.

> Tu as un parallélogramme. Tu en augmentes la hauteur de la même quantité que tu en diminues la longueur de la base. En quoi cela modifie-t-il l'aire du parallélogramme ?

Certains élèves répondront à cette question à l'aide d'une formule. Par exemple, un élève qui comprend que $A = bh$ pourrait remplacer b et h par diverses combinaisons de nombres pour voir ce qui se produit. Le tableau ci-contre montre que l'aire semble diminuer à mesure que la différence entre b et h augmente ; toutefois, il est probable que les élèves essaieront d'autres combinaisons.

b	4	3	2	1
h	3	4	5	6
A	12	12	10	6

D'autres élèves dessineront simplement des parallélogrammes sur du papier quadrillé et détermineront comment l'aire se modifie.

Certains élèves augmenteront la hauteur et diminueront la base d'une quantité fixe, soit 1 unité ou quelque autre quantité, tandis que d'autres élèves varieront les quantités. Des élèves commenceront par des parallélogrammes dont les dimensions – la base et la hauteur – seront presque pareilles, tandis que d'autres choisiront une base beaucoup plus grande que la hauteur ou une hauteur beaucoup plus grande que la base. Peu importe le nombre d'exemples qu'ils mettront à l'essai ou la méthode qu'ils utiliseront, tous les élèves s'exerceront à calculer l'aire et auront l'occasion d'apprendre que les résultats seront différents selon la valeur de $b - h$.

Un disque est placé à l'intérieur d'un carré de sorte qu'il en touche les quatre côtés. Environ quelle surface du carré le disque occupe-t-il?

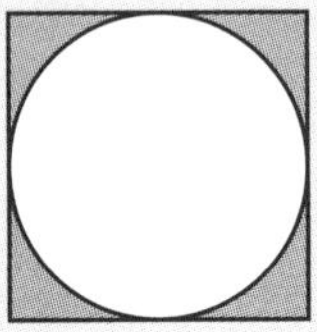

Cette question est ouverte car elle admet diverses démarches. Certains élèves pourraient utiliser les formules de calcul de l'aire d'un disque et d'un carré. Ils comprendront alors qu'ils comparent πr^2 avec $(2r)^2$ et que le rapport est donc $\frac{\pi}{4}$ ou environ $\frac{3}{4}$. D'autres élèves pourraient découper une figure comme celle illustrée dans le problème, la reporter sur du papier quadrillé et compter les carreaux. D'autres encore pourraient estimer que les espaces se trouvant dans les coins du carré semblent constituer environ le quart de l'aire du carré et estimer que, par conséquent, le disque occupe les $\frac{3}{4}$ de l'aire du carré.

Les élèves pourraient noter le rapport sous la forme d'une fraction, d'un nombre décimal ou d'un pourcentage. Ils pourraient faire des essais avec plusieurs disques et carrés ou présumer que ce qui est vrai dans un cas l'est de manière générale.

ASTUCE PÉDAGOGIQUE. Les questions qui exigent de comparer des mesures sont souvent plus utiles aux élèves que les questions qui ne comportent qu'une seule mesure. Ces questions permettent aux élèves de s'exercer deux fois plus et renforcent la notion selon laquelle la mesure est une comparaison.

TÂCHES PARALLÈLES – DU PRÉSCOLAIRE À LA 2e ANNÉE

Les **TÂCHES PARALLÈLES** sont des ensembles d'au moins deux tâches connexes qui explorent la même grande idée, mais qui sont conçues pour répondre aux besoins d'élèves de différents stades de développement. Le contexte des tâches est suffisamment semblable pour que tous les élèves participent pleinement à la même discussion de suivi.

GRANDE IDÉE. Une mesure est une comparaison entre la grandeur d'un objet et celle d'un autre objet.

Qu'est-ce qui est le plus long?

Tâche 1: La distance entre ton épaule et ton poignet ou le tour de ta tête.

Tâche 2: La distance entre ton coude et ton poignet ou la longueur de ton pied.

Ces tâches diffèrent l'une de l'autre car, dans la ***tâche 2***, les élèves peuvent littéralement amener leur pied jusqu'à leur bras pour comparer les longueurs, alors que, dans la ***tâche 1***, ils doivent recourir à une méthode indirecte pour comparer les mesures (par exemple, utiliser une ficelle).

Peu importe le choix des élèves, l'enseignant pourrait leur demander :

- Est-ce que la seule observation vous permet de déterminer ce qui est le plus long ?
- Que devez-vous faire pour vérifier ?
- Quelles autres longueurs seraient faciles à comparer ?
- Quelles longueurs seraient plus difficiles à comparer ?

ASTUCE PÉDAGOGIQUE. En présence de possibilités numérotées, l'option « la plus simple » devrait parfois constituer la ***tâche 1***, et parfois la ***tâche 2***. Si la tâche la plus simple n'est pas nécessairement la première, les élèves devront envisager les deux possibilités avant de faire leur choix.

✷ GRANDE IDÉE. On peut décrire le même objet à l'aide de mesures différentes.

Tâche 1 : Explique quelques façons de décrire la grandeur de la figure ci-contre.

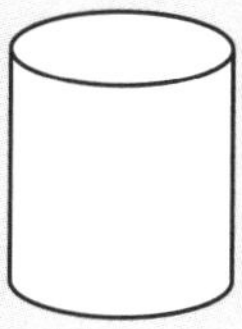

Tâche 2 : Explique quelques façons de décrire la grandeur de la figure ci-contre.

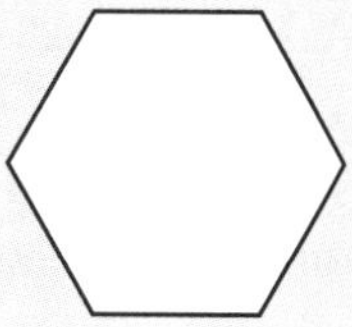

Certains élèves se sentiront plus à l'aise de décrire la grandeur d'une figure à deux dimensions, tandis que d'autres préféreront travailler avec une figure à trois dimensions. Dans le cas de l'hexagone, les élèves pourraient examiner la largeur, la hauteur, la longueur des diagonales, la surface qu'occupe la figure ou la longueur de chacun de ses côtés. Dans le cas du cylindre, ils pourraient se pencher sur la hauteur, la largeur, le tour du cylindre ou même son épaisseur, s'ils le considèrent comme vide.

Peu importe le choix des élèves, il serait sensé de leur demander :

- À votre avis, est-ce que cette figure est grande, petite ou ni grande ni petite ?
- Comment pourriez-vous comparer la grandeur de cette figure avec celle d'autres figures que vous connaissez ?
- Comment pourriez-vous déterminer si la figure est plus grande ou plus petite qu'une autre ?

Variantes. On peut poser cette question à nouveau en utilisant d'autres paires de figures : une figure à trois dimensions et une figure à deux dimensions, ou peut-être deux figures à deux dimensions, mais dont l'une serait plus complexe que l'autre.

Tâche 1:	Décris un objet qui est petit, mais qui pourrait être très lourd.
Tâche 2:	Décris un objet qui est très grand, mais pas très large.

Ces deux tâches démontrent aux élèves que l'on peut mesurer un même objet de plus d'une façon. La ***tâche 2*** porte uniquement sur des mesures de longueur, tandis que la ***tâche 1*** porte à la fois sur la masse et sur une autre mesure (par exemple, la longueur).

Grâce au choix, un élève éprouvant de la difficulté à visualiser un objet lourd ou léger peut se concentrer sur la longueur.

Dans les deux cas, les élèves peuvent se servir de leur expérience quotidienne pour répondre à la question. Dans la ***tâche 1***, les élèves pourraient nommer une balle de métal lourde ou une petite pierre. Dans la ***tâche 2***, ils pourraient mentionner une longue corde ou un long ruban, ou encore la fente entre les deux panneaux d'une porte pliante.

Peu importe leur choix, l'enseignant pourrait demander aux élèves:

- Quel objet avez-vous choisi? En quoi est-ce qu'il répond à la consigne sur la grandeur?
- Pourquoi n'est-ce probablement pas une bonne idée de dire à quelqu'un « Je pense à quelque chose de petit » et de supposer qu'il sait ce que vous voulez dire?

ASTUCE PÉDAGOGIQUE. Les élèves accorderont davantage d'importance à la compréhension des idées mathématiques s'ils répondent à des questions qui exploitent leur expérience personnelle.

✸ GRANDE IDÉE. La valeur numérique d'une mesure varie en fonction de l'unité de mesure utilisée.

Tâche 1:	Dans la pièce, trouve 5 objets qui mesurent entre 10 cm et 25 cm.
Tâche 2:	Dans la pièce, trouve 5 objets qui sont plus courts que ton crayon.

Certains élèves seront à l'aise avec les unités de mesure conventionnelles, tandis que d'autres en seront encore au stade où la comparaison est plus significative que l'utilisation d'unités. Les deux tâches offertes permettent à chaque groupe d'élèves d'aborder un problème adapté à leur stade de développement.

On peut fournir des règles aux élèves qui effectuent la ***tâche 1***; cependant, ceux-ci pourraient d'abord faire des estimations sans se servir d'une règle, puis les vérifier. De même, les élèves pourraient prendre un crayon en abordant la ***tâche 2***, ou plutôt faire des estimations puis les vérifier une fois qu'ils auront choisi leurs objets.

Voici quelques questions à poser aux deux groupes :

- Quels objets avez-vous trouvés ?
- Comment savez-vous que vos objets répondent à la consigne ?

> Quelles combinaisons de pièces de monnaie peux-tu faire pour obtenir ce montant ?
>
> ***Tâche 1:*** 12 ¢ ***Tâche 2:*** 60 ¢

En classe de mathématiques, on assigne souvent une seule tâche à tous les élèves. Par exemple, l'enseignant pourrait demander à tous les élèves de représenter 32 ¢ à l'aide de pièces de monnaie. Offrir un choix comportant différents degrés de complexité permet à un plus grand nombre d'élèves de réussir. L'élève qui n'est à l'aise qu'avec des pièces de 10 cents et de 1 cent peut aussi bien réussir la tâche qu'un autre élève qui peut travailler avec une gamme plus étendue de pièces de monnaie et de combinaisons.

Il n'existe que 4 combinaisons pour en arriver à 12 ¢ (12 pièces de 1 cent ; 7 pièces de 1 cent et 1 pièce de 5 cents ; 2 pièces de 1 cent et 1 pièce de 10 cents ; ou 2 pièces de 1 cent et 2 pièces de 5 cents), tandis qu'il existe beaucoup plus de combinaisons pour obtenir 60 ¢ (par exemple, 6 pièces de 10 cents ; 5 pièces de 10 cents et 10 pièces de 1 cent ; 5 pièces de 10 cents, 1 pièce de 5 cents et 5 pièces de 1 cent ; 2 pièces de 25 cents et 10 pièces de 1 cent ; etc.).

Voici quelques questions à poser à tous les élèves, peu importe la tâche choisie :

- Avez-vous utilisé des pièces de 10 cents ?
- Avez-vous eu besoin d'utiliser des pièces de 1 cent ?
- Quelles pièces de monnaie avez-vous utilisées ?
- Est-ce qu'il y a d'autres combinaisons possibles ?

> ***Tâche 1:*** Tu peux acheter l'un des objets ci-contre avec 6 pièces de monnaie. De quel objet s'agit-il ?
>
> ***Tâche 2:*** Choisis l'un des objets ci-contre. Indique 4 combinaisons de pièces de monnaie pour l'acheter.

Les élèves qui choisissent la ***tâche 1*** sont capables de résoudre un problème dans lequel des nombres sont représentés de différentes façons. Par exemple, ils doivent comprendre que, si on peut représenter 45 ¢ à l'aide de 9 pièces de monnaie (4 pièces de 10 cents et 5 pièces de 1 cent), on peut aussi représenter ce montant à l'aide de 6 pièces de monnaie (3 pièces de 10 cents et 3 pièces de 5 cents). Les élèves doivent tenir compte de toutes les combinaisons possibles pour représenter chaque montant.

Les élèves qui choisissent la ***tâche 2*** n'ont besoin de savoir représenter qu'un seul nombre de différentes façons; puisqu'il est libre de choisir ce nombre, chaque élève a de grandes chances de réussir. Par exemple, un élève pourrait choisir l'ourson à 75 ¢ et indiquer qu'il peut l'acheter à l'aide de 75 pièces de monnaie (toutes des pièces de 1 cent), de 3 pièces de monnaie (3 pièces de 25 cents), de 12 pièces de monnaie (7 pièces de 10 cents et 5 pièces de 1 cent) ou de 5 pièces de monnaie (2 pièces de 25 cents, 2 pièces de 10 cents et 1 pièce de 5 cents).

Voici quelques questions à poser à tous les élèves, peu importe la tâche qu'ils ont choisie:

- Quel objet avez-vous choisi? Pourquoi avez-vous choisi cet objet?
- Auriez-vous pu utiliser 2 pièces de 25 cents?
- Combien de pièces de monnaie avez-vous utilisées?
- Comment avez-vous choisi les pièces de monnaie à utiliser?

✷ GRANDE IDÉE. La connaissance de la grandeur des repères facilite la mesure.

La longueur d'une table est de 5 crayons.

Tâche 1: Quelle est sa longueur en trombones?

Tâche 2: Quelle est sa longueur en centimètres?

Le crayon est un objet familier aux élèves; il constitue un repère significatif. Pour certains élèves, il sera facile de comparer ce repère avec une autre unité non conventionnelle, comme un trombone; par contre, d'autres élèves se sentiront à l'aise de comparer cette longueur avec une unité conventionnelle, comme un centimètre. Par conséquent, les deux tâches répondent aux besoins d'une vaste gamme d'élèves.

Voici quelques questions à poser aux élèves, peu importe la tâche choisie:

- Est-ce que la table est longue ou courte? Comment le savez-vous?
- Comment avez-vous déterminé la longueur de la table à l'aide d'une unité de mesure différente?
- Est-ce que le nombre était plus grand ou plus petit que 5? Pourquoi?

TÂCHES PARALLÈLES – DE LA 3e ANNÉE À LA 5e ANNÉE

✷ GRANDE IDÉE. Une mesure est une comparaison entre la grandeur d'un objet et celle d'un autre objet.

Utilise la grille de points ci-contre.

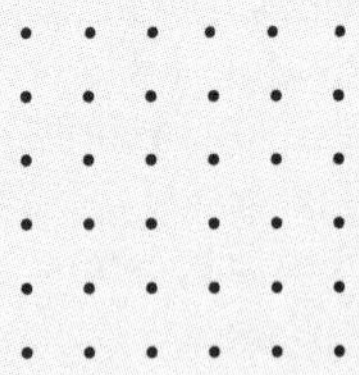

Tâche 1:	Sur la grille, dessine le plus grand nombre possible de figures ayant une aire de 12 unités carrées. Les coins des figures doivent être des points sur la grille.
Tâche 2:	Sur la grille, dessine le plus grand nombre possible de rectangles ayant une aire de 12 unités carrées. Les coins des rectangles doivent être des points sur la grille.

Dans ces deux tâches, les élèves doivent tenir compte de l'aire. Ils ont une certaine latitude parce qu'ils peuvent construire le plus de figures possible, plutôt qu'un nombre donné. De cette façon, un élève qui ne dessine qu'une ou deux figures sentira quand même qu'il a réussi.

Certains élèves pourraient décider de ne pas utiliser de figures congruentes. Par exemple, s'ils dessinent un rectangle de 4 unités sur 3 unités à un endroit donné, il est peu probable qu'ils en dessinent un autre semblable à un autre endroit. Encouragez-les à le faire pour les aider à approfondir leurs habiletés spatiales.

Certains élèves pourraient trouver la ***tâche 1*** plus facile parce qu'elle leur permet de choisir les figures à leur guise. Ils peuvent simplement relier 12 carrés d'une certaine façon pour former une figure. Cependant, il leur sera difficile de s'organiser afin de concevoir le plus de figures possible. D'autres élèves s'apercevront que des rectangles de 4 unités sur 3 unités sont requis dans la ***tâche 2*** et vérifieront qu'ils en ont envisagé toutes les positions possibles.

Voici quelques questions à poser aux élèves:

- Comment avez-vous trouvé votre première figure?
- De quelle façon avez-vous utilisé cette première figure pour trouver les autres figures?
- Comment savez-vous que l'aire de votre figure est de 12 unités carrées?
- Y a-t-il d'autres figures qui possèdent une aire de 12 unités carrées? Comment le savez-vous?

✷ GRANDE IDÉE. On peut décrire le même objet à l'aide de mesures différentes.

Tâche 1:	Le périmètre d'un rectangle est de 44 cm. Chacun de ses côtés mesure un nombre naturel de centimètres. Dessine 5 figures possibles.
Tâche 2:	Le périmètre d'un polygone est de 44 cm. Dessine 5 figures possibles.

Il est clair que la ***tâche 2*** offre plus de possibilités que la ***tâche 1***. Certains élèves saisiront cette chance, car ils se rendront compte qu'ils n'ont qu'à utiliser un bout de ficelle mesurant 44 cm et à le disposer afin de former une variété de polygones. D'autres élèves se sentiront plus à l'aise de travailler uniquement avec des rectangles. Quand ils auront compris que, dans un périmètre donné, la longueur et la largeur sont répétées deux fois et que, par conséquent, la somme de la longueur et de la largeur doit être de 22, les élèves pourront tout simplement utiliser leurs habiletés arithmétiques pour construire leurs rectangles.

On peut poser les questions suivantes à tous les élèves:

- Le périmètre d'une figure est de 44 unités; qu'est-ce que cela signifie?
- Comment avez-vous choisi votre première figure?
- Comment savez-vous que votre périmètre est de 44 cm?
- De quelle façon avez-vous utilisé votre première figure pour trouver d'autres figures possibles?

Chaque casse-tête ci-dessous comporte des blancs. La liste des nombres manquants servant à remplir les blancs se trouve sous chaque casse-tête. Place chaque nombre au bon endroit.

Tâche 1: Une boîte de céréales mesure ___ cm de hauteur, ___ mm de profondeur et ___ cm de largeur. Elle contient environ ___ morceaux de céréales.

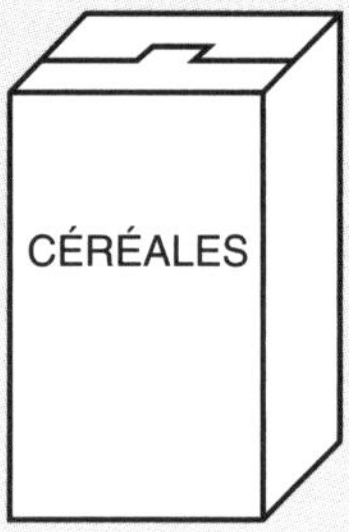

19 30 73 950

Tâche 2: Un avion peut voler à ___ km/h. Cela représente ___ fois la distance qu'une auto parcourt sur l'autoroute dans le même temps. L'avion peut voler à une hauteur d'environ ___ km. Cela représente environ ___ fois la hauteur de la tour du CN à Toronto.

9 11 20 885

Dans ces deux tâches, les élèves doivent raisonner de façon proportionnelle. Comme la ***tâche 1*** est la plus concrète, plusieurs élèves la trouveront probablement plus facile; ils peuvent aisément se servir de leur expérience quotidienne pour imaginer la grandeur de la boîte de céréales et disposent en plus d'un soutien visuel. Par contre, les élèves devront convertir des mesures – dans ce cas, convertir des centimètres en millimètres. Toutefois, les élèves pourraient trouver que la ***tâche 2*** est plus intéressante, parce qu'elle fournit de nouvelles informations.

Voici (dans l'ordre) la solution de la ***tâche 1***: 30, 73, 19 et 950; et voici la solution de la ***tâche 2***: 885, 9, 11 et 20.

Voici quelques questions à poser aux deux groupes d'élèves:

- De quel nombre étiez-vous certains en premier? Pourquoi?
- Quel nombre a été le plus difficile à placer? Pourquoi?
- Comment pouviez-vous vous assurer que vos nombres étaient bien placés?

Variantes. On peut facilement trouver d'autres objets familiers aux élèves et possédant de nombreuses mesures, puis élaborer une nouvelle question à compléter portant sur ces mesures.

✷ **GRANDE IDÉE. Le choix d'un type d'instrument de mesure et de la grandeur d'une unité de mesure influe sur le degré de précision de la mesure.**

Estime la grandeur de chaque empreinte de pas ci-dessous.

Tâche 1: Compte le nombre de carrés que l'empreinte de pas recouvre entièrement. Compte le nombre de carrés que l'empreinte de pas recouvre partiellement ou entièrement. Choisis le nombre à mi-chemin entre les deux nombres.

Tâche 2: Compte le nombre de carrés qui sont plus qu'à demi recouverts par l'empreinte de pas.

Tâche 3: Recouvre l'empreinte de pas avec du gravier d'aquarium. Forme un rectangle avec le gravier pour estimer l'aire de l'empreinte de pas.

Peu importe leur choix, les élèves devront réfléchir au sens de l'estimation de l'aire. La ***tâche 3*** demande le plus de travail, mais c'est probablement celle avec laquelle les élèves seront le plus à l'aise ; elle établit une relation entre l'aire d'une figure irrégulière et un rectangle, figure bien connue des élèves. Les élèves qui opteront pour les ***tâches 1*** et ***2*** devront tout simplement compter des carrés. Les élèves préférant la ***tâche 2*** devront estimer si chaque carré est plus qu'à demi recouvert ; plusieurs ne se sentiront pas à l'aise de prendre cette décision à répétition. La ***tâche 1*** est un peu plus simple, mais la raison pour laquelle les élèves doivent choisir un nombre à mi-chemin entre les deux autres nombres pourrait leur sembler mystérieuse.

Voici quelques questions à poser aux trois groupes d'élèves :

- Peut-on facilement déterminer laquelle des empreintes est la plus grande juste en regardant la grille ?
- Est-ce que vos estimations vous ont aidés à déterminer laquelle était la plus grande ?
- Quelle est votre estimation de la grandeur de chaque empreinte de pas ?
- Pourquoi ces valeurs vous semblent-elles plausibles ?

ASTUCE PÉDAGOGIQUE. Les élèves doivent souvent s'exercer à mesurer des figures irrégulières, plutôt qu'uniquement des figures régulières. Dans la vraie vie, ils verront une foule de ces deux types de figures.

GRANDE IDÉE. L'utilisation d'unités de mesure conventionnelles simplifie la communication de la grandeur d'objets.

Tâche 1 :	Quelle est la valeur approximative d'une rangée de pièces de 1 cent longue de 1 km ?
Tâche 2 :	Quelle est la valeur approximative d'une rangée de pièces de 1 cent longue de 1 m ?

Les élèves peuvent aligner de vraies pièces de 1 cent le long d'une règle pour avoir une idée de la valeur d'une rangée de pièces de 1 cent longue de 10 cm. Ils pourront alors répondre à l'une des questions en faisant des calculs. De toute évidence, la ***tâche 2*** est la plus facile parce que les élèves n'auront qu'à multiplier un nombre relativement petit par 10 plutôt que par 100.

Peu importe leur choix, les élèves pourraient répondre à des questions telles que :

- Quelle est la largeur approximative d'une pièce de 1 cent ?
- Cette information est-elle utile ? En quoi l'est-elle ?
- Quelle serait la longueur approximative d'une rangée de 1000 pièces de 1 cent ?
- Comment le savez-vous ?
- Comment pourriez-vous vérifier vos résultats sans faire une vraie rangée de pièces de 1 cent ?

Tâche 1 :	Jeanne est âgée de 5000 jours. Décris son âge d'une façon plus compréhensible.
Tâche 2 :	Léa est âgée de 5 000 000 de minutes. Décris son âge d'une façon plus compréhensible.

Dans les deux cas, les élèves doivent se servir de relations relatives au temps, que ce soit le nombre de jours dans une année ou le nombre de minutes dans une journée, une semaine, un mois ou une année. Bien que l'une des tâches soit relativement plus simple que l'autre, les deux problèmes aident les élèves à comprendre que, si nous utilisons différentes unités de mesure, c'est pour exprimer la mesure de façon significative. Ici, on fournit des âges précis ; toutefois, il est très difficile de s'en faire une idée du premier coup d'œil à cause des unités choisies.

On peut fournir des calculatrices aux élèves pendant la résolution de ce problème.

Voici quelques questions à poser aux élèves qui effectuent l'une ou l'autre tâche :

- Pourquoi est-il difficile de déterminer immédiatement l'âge de la fille ?
- Selon vous, est-elle un bébé ? Expliquez votre réponse.
- Pensez-vous que la fille est plus âgée ou plus jeune que vous ?
- De quelle unité vous servirez-vous pour décrire son âge ? Pourquoi ?
- Comment avez-vous fait pour adapter la description à la nouvelle unité ?

> ***Tâche 1:*** La distance entre New York et Los Angeles est de 4476 km. À combien de mètres est-ce que cela correspond?
>
> ***Tâche 2:*** La distance entre Boston et Miami est de 2 422 063 m. À combien de kilomètres est-ce que cela correspond?

L'enseignant peut amorcer une discussion sur ces problèmes en soulignant que, selon l'unité de mesure utilisée, une grosse chose peut sembler petite ou une petite chose peut sembler grosse. Par exemple, si quelqu'un dit qu'une distance de 2 km sépare deux endroits, ce n'est pas très impressionnant; pourtant, s'il dit qu'une distance de 200 000 cm sépare ces deux endroits, cela semble beaucoup plus, même si la distance est la même.

La différence entre ces deux questions réside dans le fait que, dans l'un des cas, l'élève doit convertir une mesure en remplaçant une grande unité par une plus petite, tandis que, dans l'autre cas, il doit plutôt remplacer une petite unité de mesure par une plus grande – ce qui est souvent plus difficile pour les élèves.

Voici quelques questions à poser à tous les élèves:

- Est-ce que votre nombre sera plus grand ou plus petit que le nombre initial? Pourquoi?
- Est-ce qu'il deviendra 100 fois plus grand ou 100 fois plus petit? Expliquez votre réponse. Plus de 1000 fois plus grand ou plus de 1000 fois plus petit? Expliquez votre réponse.
- Comment pourriez-vous estimer la distance?
- Comment ferez-vous vos calculs?

TÂCHES PARALLÈLES – DE LA 6e ANNÉE À LA 8e ANNÉE

✷ GRANDE IDÉE. On peut décrire le même objet à l'aide de mesures différentes.

> Les mesures de chaque prisme sont exprimées en nombres naturels d'unités.
>
> ***Tâche 1:*** L'aire totale d'un prisme est de 126 unités carrées, et son volume est de 90 unités cubes. Quelles pourraient être les dimensions du prisme?
>
> ***Tâche 2:*** Le volume d'un prisme est de 48 unités cubes, et sa largeur mesure 4 unités. Quelles pourraient être les dimensions du prisme?

Pour de nombreux élèves, la ***tâche 2*** sera plus facile que la ***tâche 1*** parce qu'elle fournit l'une des trois dimensions. Les élèves qui opteront pour la ***tâche 2*** s'apercevront que le produit de la longueur et de la hauteur doit être de 12 unités carrées; ils pourront simplement dresser la liste de quelques possibilités. La difficulté de la ***tâche 1*** réside dans le fait que les élèves devront appliquer simultanément les formules de calcul de l'aire totale et du volume.

Peu importe le choix des élèves, on peut leur poser des questions comme les suivantes :

- Quelle est la relation entre les dimensions et le volume ?
- Qu'est-ce que le volume vous apprend à propos de la figure ?
- Pourquoi y aurait-il eu plus de possibilités si on avait donné uniquement le volume ?
- Pouvez-vous être certains qu'il n'y a pas d'autres dimensions possibles ?

Tâche 1: Un disque possède une aire plus grande que celle d'un autre disque. Est-ce que sa circonférence doit aussi être plus grande ?

Tâche 2: Un rectangle possède une aire plus grande que celle d'un autre rectangle. Est-ce que son périmètre doit aussi être plus grand ?

Les élèves qui commencent à peine à employer les formules de calcul de la circonférence et de l'aire d'un disque seront probablement attirés par la ***tâche 2***, qui porte sur les rectangles. Cependant, la réponse de la ***tâche 1*** est plus claire que celle de la ***tâche 2***. Un disque dont l'aire est plus grande que celle d'un autre disque possède un plus long rayon ; par conséquent, sa circonférence est plus grande. Par contre, le rectangle dont l'aire est la plus grande peut parfois posséder le plus grand périmètre, mais pas toujours. Par exemple, un rectangle de 6 unités sur 10 unités possède une plus grande aire, mais un plus petit périmètre qu'un rectangle de 1 unité sur 30 unités ; par contre, un rectangle de 4 unités sur 5 unités possède une plus grande aire et un plus grand périmètre qu'un rectangle de 1 unité sur 2 unités.

Voici quelques questions à poser à tous les élèves :

- Combien de combinaisons avez-vous faites ?
- Est-ce que ce nombre d'essais vous permet d'être certains du résultat ?
- En quoi une image pourrait-elle aider quelqu'un à comprendre votre raisonnement ?
- Comment auriez-vous pu prédire vos découvertes ?

Voici deux triangles rectangles. Résous le problème sans te servir d'une règle.

Tâche 1:
Quelle est l'aire du triangle ci-dessous ?

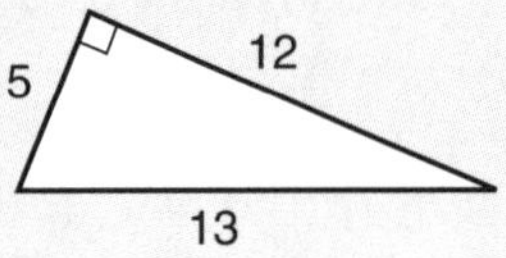

Tâche 2:
Quel est le périmètre du triangle ci-dessous ?

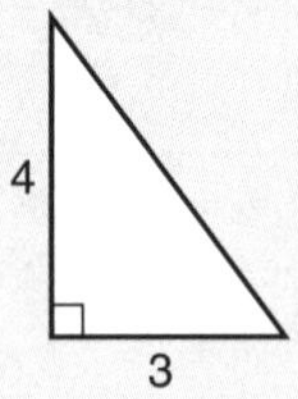

La ***tâche 1*** présente toutes les informations dont les élèves ont besoin, pourvu qu'ils comprennent que l'orientation du triangle n'influe pas sur la description de sa base et de sa hauteur. Ici, on pourrait considérer que la base est le côté d'une longueur de 5 unités et la hauteur, celui dont la longueur est de 12 unités; par conséquent, l'aire serait de 30 unités carrées. Pour résoudre la ***tâche 2***, il faut appliquer le théorème de Pythagore.

Une fois les tâches effectuées, l'enseignant pourrait demander aux élèves:

- Vous avez calculé une mesure de la figure. Comment avez-vous effectué ce calcul?
- Pourquoi cette méthode est-elle sensée?
- Et si on vous avait demandé de calculer une autre mesure? Cela aurait-il été aussi facile?

GRANDE IDÉE. Les formules permettant de déterminer une mesure s'appuient sur des mesures faciles à obtenir afin de faciliter le calcul de mesures plus complexes.

Les cibles sont souvent constituées de disques de couleurs alternantes.

Tâche 1: Quelle peut être la largeur de chaque anneau si l'anneau noir occupe $\frac{1}{4}$ de l'aire de toute la cible?

Tâche 2: Le disque intérieur blanc, l'anneau extérieur blanc et l'anneau intérieur noir ont tous la même aire. Quelle est la largeur de l'anneau extérieur blanc et quelle est celle de l'anneau noir, si le disque intérieur a un rayon de 10 cm?

Dans les deux cas, les élèves doivent utiliser la formule de calcul de l'aire d'un disque. Il y a beaucoup plus de réponses possibles pour la ***tâche 1*** que pour la ***tâche 2***, d'une part parce qu'on n'y fournit aucune grandeur précise, et d'autre part parce que la relation entre les deux sections blanches n'y est pas définie. Comme elle suscite plus de réponses potentielles, la ***tâche 1*** pourrait être plus accessible aux élèves. Toutefois, certains élèves pourraient préférer la précision de la ***tâche 2***.

Peu importe leur choix, l'enseignant pourrait demander aux élèves:

- En quoi l'aire de l'anneau noir pourrait-elle être considérée comme la différence entre les aires de deux disques?
- En quoi l'aire de l'anneau blanc pourrait-elle être considérée comme la différence entre les aires de deux disques?
- L'aire du disque blanc pourrait-elle constituer la moitié de l'aire de la cible complète?
- Quelles largeurs avez-vous attribuées aux anneaux?

Quelle fraction de l'aire du rectangle ci-dessous est noire?

Tâche 1:

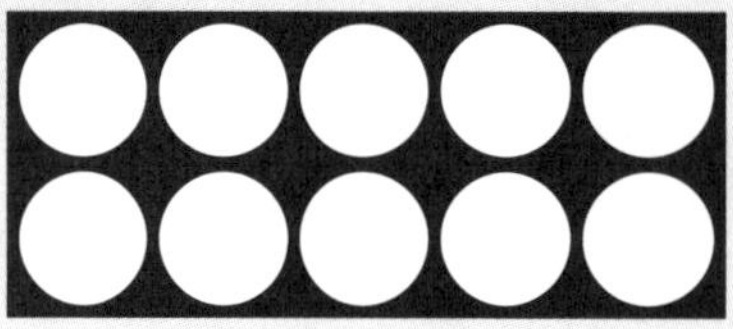

Tâche 2:

Pour effectuer la ***tâche 1***, les élèves doivent savoir comment calculer l'aire d'un disque (la fraction noire occupe en fait environ $\frac{1}{4}$ du rectangle); mais pour compléter la ***tâche 2***, ils ont seulement besoin de savoir calculer l'aire d'un triangle et d'un carré (la fraction noire occupe en fait $\frac{1}{2}$ du rectangle). Dans les deux cas, les élèves mettent en application leurs connaissances des formules de calcul de l'aire; la différence découle du choix des formules sur lesquelles ils se concentrent.

Peu importe la tâche choisie, l'enseignant pourrait poser les questions suivantes:

- Est-ce que l'aire de la partie noire correspond à plus ou moins de la moitié de l'aire du rectangle? Qu'est-ce qui vous fait croire cela?
- Quelles formules avez-vous utilisées pour vous aider?
- À votre avis, quelle portion du rectangle est noire?

Le volume d'un prisme est d'environ 200 cm^3.

Tâche 1: Décris les dimensions d'un prisme différent, mais qui possède à peu près le même volume que le prisme initial.

Tâche 2: Décris les dimensions d'un cylindre qui possède à peu près le même volume que le prisme.

Dans ces deux tâches, les élèves doivent comprendre la formule de calcul du volume d'un prisme; cependant, pour la ***tâche 2***, ils doivent également comprendre – de façon plus ou moins claire – la formule de calcul du volume d'un cylindre. Un élève qui opterait pour la ***tâche 1*** pourrait chercher des groupes de 3 nombres dont le produit est 200, par exemple $10 \times 20 \times 1$ ou $4 \times 10 \times 5$. Un élève qui opterait pour la ***tâche 2*** pourrait se rendre compte qu'un prisme dont la base possède une aire de 20 cm^2 et dont la hauteur mesure 10 cm aurait le bon volume. Il pourrait alors choisir un cylindre ayant une base légèrement plus large et une hauteur semblable, sachant que le cylindre doit être un peu plus large afin de compenser le fait qu'un disque occupe moins d'espace qu'un carré de même largeur.

Voici quelques questions à poser aux deux groupes d'élèves:

- Pouvez-vous être certains des dimensions du prisme original? Pourquoi pas?
- Existe-t-il une hauteur maximale pour le prisme? Une hauteur minimale? Pourquoi pas?
- Est-ce que le fait de connaître des formules de calcul du volume facilite la résolution de ce problème? En quoi?

Quels sont le volume et l'aire totale du prisme ci-dessous ?

Tâche 1:

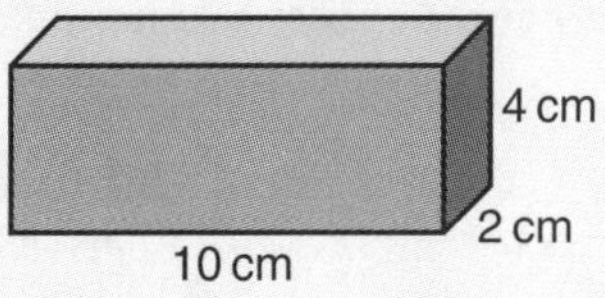

Tâche 2:

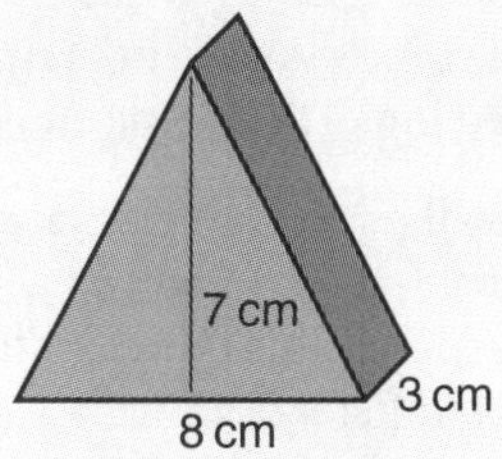

Pour effectuer la ***tâche 2***, non seulement les élèves doivent connaître le volume et l'aire totale ainsi que la façon de les calculer, mais ils doivent également savoir utiliser le théorème de Pythagore pour déterminer les longueurs de côté des rectangles latéraux. Dans le cas de la ***tâche 1***, ils ont uniquement besoin de savoir calculer l'aire totale et le volume de figures rectangulaires. Le volume de la figure de la ***tâche 1*** est de 80 cm^3, et son aire totale est de 136 cm^2 ; le volume de la figure de la ***tâche 2*** est de 84 cm^3, et son aire totale est de 128,4 cm^2.

Peu importe la tâche, l'enseignant peut poser les questions suivantes aux élèves :

- Quelle face a la plus grande aire ?
- Comment le savez-vous ?
- Pourquoi est-il difficile de dire quel prisme a le plus grand volume juste en regardant les images ?
- La figure la plus haute possède-t-elle toujours le plus grand volume ? La plus grande aire totale ?
- Comment avez-vous calculé le volume ? L'aire totale ?

Compare l'aire totale et le volume des deux figures ci-dessous.

Tâche 1:

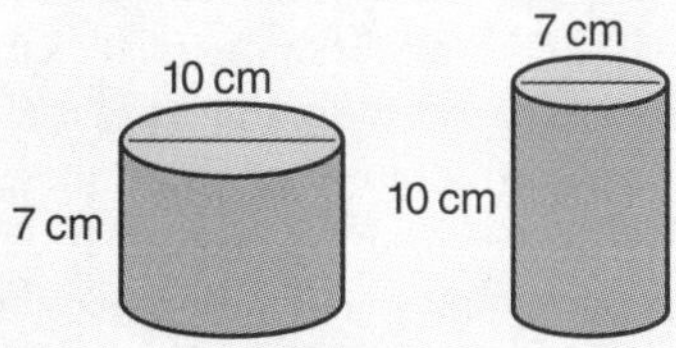

Tâche 2:

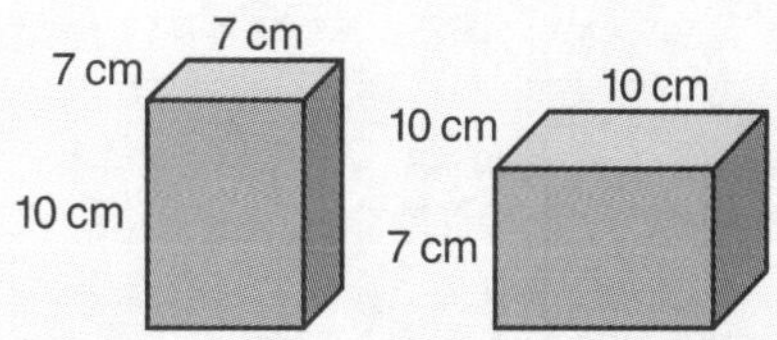

Dans les deux cas, les élèves doivent savoir comment calculer l'aire totale et le volume. Toutefois, dans l'un des cas, ils doivent être capables de travailler avec des cylindres ; et dans l'autre cas, ils n'ont à travailler qu'avec des prismes à base rectangulaire. De nombreux élèves supposeront que les deux figures de la ***tâche 1*** ont le même volume parce qu'elles possèdent des mesures de 7 cm et de 10 cm, mais cela n'est pas le cas. Ils seront probablement moins à l'aise de comparer les aires totales.

En fait, dans la ***tâche 1***, le volume du cylindre petit et large est de 175 π cm^3, et celui du cylindre haut et étroit est de 122,5 π cm^3. L'aire totale des deux cylindres est de 120 π cm^2 et de 94,5 π cm^2, respectivement. Dans la ***tâche 2***, le volume du prisme haut et étroit est de 490 cm^3, et celui du prisme petit et large est de 700 cm^3 ; l'aire totale des deux prismes est de 378 cm^2 et de 480 cm^2, respectivement.

Peu importe la tâche choisie, l'enseignant pourrait poser les questions suivantes :

- Est-il possible que le volume des deux figures soit le même, mais que leur aire totale soit différente ?
- Est-il possible que l'aire totale des deux figures soit la même, mais que leur volume soit différent ?
- Dans votre paire de figures, est-ce que l'une des mesures est identique à l'autre ?
- Comment avez-vous calculé les volumes ?
- Comment avez-vous calculé les aires totales ?

RÉCAPITULATION

MES QUESTIONS ET MES TÂCHES

Objectif de la leçon : **Année d'études :** _____

Notions à l'étude :

Grande idée sous-jacente :

Question ouverte :

Tâches parallèles :

Tâche 1 :

Tâche 2 :

Principes fondamentaux :

- Toute question ouverte doit admettre de bonnes réponses correspondant à divers stades de développement.
- Les variantes que comportent les tâches parallèles doivent favoriser la réussite des élèves qui éprouvent des difficultés et stimuler les élèves compétents.
- La façon dont les questions et les tâches sont élaborées doit permettre à tous les élèves de participer aux discussions de suivi.

Le présent chapitre explore les 7 grandes idées qui sous-tendent le domaine de la mesure au moyen de près de 50 exemples de questions ouvertes et de tâches parallèles – et de leurs variantes. Par leur conception, les exemples pédagogiques fournis soutiennent l'enseignement différencié destiné à des élèves de différents stades de développement, dans trois tranches distinctes d'années d'études : du préscolaire à la 2e année, de la 3e année à la 5e année et de la 6e année à la 8e année.

Le domaine de la mesure permet d'établir un lien entre le domaine de la géométrie et celui du sens des nombres et des opérations. Les élèves ayant des faiblesses dans l'un ou l'autre de ces derniers domaines pourraient éprouver des difficultés dans le domaine de la mesure. La mesure est très utile en mathématiques ; il importe de maximiser le succès des élèves dans ce domaine en s'adaptant à leur progression à l'aide de l'enseignement différencié.

Les questions et les tâches présentées dans ce chapitre ne constituent que quelques exemples qui peuvent servir à différencier l'enseignement dans le domaine de la mesure. On peut concevoir d'autres tâches et d'autres questions, par exemple en modifiant le type de mesure, en changeant l'objet auquel la mesure est comparée ou en proposant d'autres unités. Le modèle pratique que constitue le formulaire présenté ici peut servir à la conception de questions ouvertes et de tâches parallèles personnalisées. L'appendice du présent ouvrage contient un formulaire vierge, de pleine dimension, ainsi que des conseils sur la façon d'utiliser celui-ci pour concevoir du matériel pédagogique personnalisé.

5

Régularités et algèbre

LES ACTIVITÉS D'APPRENTISSAGE DIFFÉRENCIÉ liées aux régularités et à l'algèbre découlent de l'application des processus mathématiques – tels que décrits par le NCTM – en ce qui concerne la résolution de problèmes, le raisonnement, la communication, l'établissement de liens et la visualisation, et ce, aux objectifs relatifs aux régularités et à l'algèbre que prône cet organisme, notamment :

- comprendre les régularités, les suites, les relations et les fonctions ;
- représenter et analyser des situations et des structures mathématiques à l'aide de symboles algébriques ;
- utiliser des modèles mathématiques pour représenter et comprendre des relations quantitatives ;
- analyser le changement dans des contextes variés.

THÈMES

Un enseignant conscient de la façon dont ses élèves approfondissent leur compréhension des régularités et de l'algèbre, d'une tranche d'années d'études à l'autre, aura plus de facilité à différencier son enseignement de ce domaine mathématique. Cela est particulièrement important en ce qui concerne les régularités et l'algèbre, parce que la conception de la pensée algébrique s'est élargie au cours des dernières années.

Puisqu'elle représente les relations et le changement en général, la notion d'algèbre est utile aux élèves dès leurs premières années d'études, alors qu'ils établissent des relations additives entre les nombres et qu'ils résolvent des équations simples d'addition et de soustraction, puis plus tard alors qu'ils établissent des relations multiplicatives entre les nombres et résolvent des équations simples de multiplication et de division, et même encore plus tard alors qu'ils décrivent symboliquement les relations entre des nombres et résolvent des équations plus complexes.

Du préscolaire à la 2e année

Dans cette tranche d'années d'études, les élèves reconnaissent, décrivent et prolongent des suites simples de nombres et de figures. Ils se servent de stratégies comportant des régularités pour mémoriser plus facilement les opérations d'addition et de soustraction, et ils comptent par intervalles en guise de préparation au travail à venir sur les relations multiplicatives.

De la 3e année à la 5e année

Dans cette tranche d'années d'études, les élèves continuent de reconnaître, de décrire et de prolonger des suites numériques. Ils commencent aussi à réfléchir plus clairement aux **règles** qui sous-tendent les suites, à construire des diagrammes représentant des régularités et à établir des relations entre les régularités.

De la 6e année à la 8e année

Dans cette tranche d'années d'études, les élèves abordent l'algèbre traditionnelle. Ils utilisent des expressions, des équations et des formules qui correspondent tant à des situations numériques qu'à des situations authentiques. Ils évaluent des expressions contenant des variables et se servent de celles-ci plus régulièrement, parce qu'ils prennent conscience de la possibilité que deux expressions différentes soient équivalentes. Ils résolvent des équations simples et se servent de **tables de valeurs** pour mettre en relief des relations et résoudre des problèmes. De plus, ils analysent et résolvent des **systèmes d'équations**, mettent des **équations linéaires** en relation avec des types de situations problèmes et commencent à étudier la notion de fonction d'une manière plus structurée.

LES GRANDES IDÉES QUI SOUS-TENDENT LES RÉGULARITÉS ET L'ALGÈBRE

Voici les grandes idées autour desquelles on peut structurer les programmes d'études cohérents qui correspondent aux normes de contenu et aux processus mathématiques du NCTM (National Council of Teachers of Mathematics, 2000) et qui soutiennent l'enseignement différencié.

- Un groupe d'éléments ne forme une suite que s'il comporte une répétition, ou régularité, qu'on peut décrire à l'aide d'une règle.
- Toute régularité, **expression algébrique**, relation ou équation peut être représentée d'une variété de manières.
- Les régularités sous-tendent de nombreuses notions relatives au nombre, à la géométrie et à la mesure.
- Une égalité est un énoncé d'équivalence, car ses deux membres sont censés représenter la même valeur.
- On peut utiliser des variables pour décrire des relations ou des inconnues.
- La comparaison de régularités ou de relations peut permettre de mieux comprendre d'autres régularités ou relations semblables.
- Une même expression ou équation algébrique peut être mise en relation avec diverses situations authentiques, et inversement.
- Parfois, mais pas toujours, posséder des renseignements limités sur une relation mathématique permet de prédire d'autres renseignements à propos de cette relation.

Les tâches présentées et les questions posées au cours de l'enseignement des régularités et de l'algèbre devraient consolider ces grandes idées. Les pages suivantes présentent plusieurs exemples d'utilisation des questions ouvertes et des tâches parallèles lors de l'enseignement différencié de ces grandes idées, d'une tranche d'années d'études à l'autre.

TABLE DES MATIÈRES DU CHAPITRE

QUESTIONS OUVERTES – DU PRÉSCOLAIRE À LA 2e ANNÉE

Les **QUESTIONS OUVERTES** possèdent une large portée et suscitent des réponses sensées chez des élèves de plusieurs stades de développement.

✱ GRANDE IDÉE. **Une égalité est un énoncé d'équivalence, car ses deux membres sont censés représenter la même valeur.**

Écris trois égalités qui sont vraies et qui comportent l'addition, et trois égalités qui ne sont pas vraies et qui comportent l'addition.

Les élèves sont libres d'utiliser toutes les combinaisons d'additions avec lesquelles ils sont à l'aise. Peu importe leur choix, l'enseignant découvrira s'ils comprennent qu'une égalité représente une équivalence.

Certains élèves utiliseront des égalités simples et vraies comme $5 + 1 = 6$; cependant, l'enseignant devrait encourager les élèves à utiliser des égalités comme $4 + 2 = 5 + 1$ ou $4 + 2 = 7 - 1$, s'ils sont prêts à le faire.

Les élèves devraient expliquer comment ils savent si l'égalité est vraie ou non, idéalement à l'aide d'un type quelconque de représentation.

Variantes. On peut modifier cette question en suggérant aux élèves de se servir d'énoncés de soustraction plutôt que d'addition.

Utilise une balance à plateaux. Place deux groupes de blocs sur chaque plateau de sorte que la balance soit en équilibre. Écris une égalité qui décrit ce que tu as fait.

La balance à plateaux constitue un excellent modèle pour représenter le concept d'égalité. Grâce à elle, les élèves peuvent voir plus facilement que les deux côtés (soit les deux membres de l'égalité) doivent être égaux.

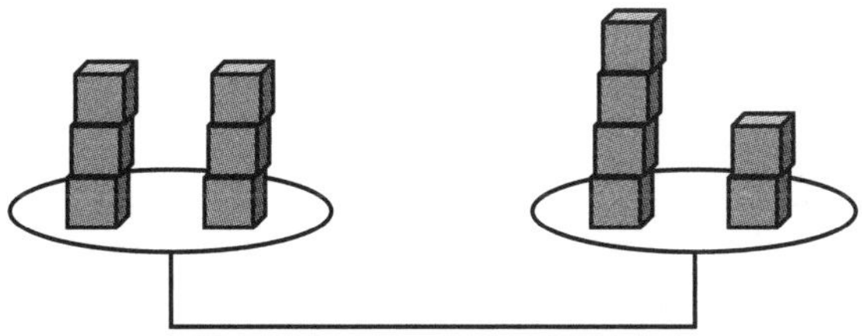

Puisqu'ils peuvent choisir le nombre de blocs à placer sur chaque plateau de la balance, les élèves fourniront une gamme étendue de réponses; la discussion de classe s'en trouvera plus fructueuse. Si les élèves qui désirent utiliser de grands nombres ont la possibilité de le faire, ceux qui ne sont encore à l'aise qu'avec des nombres plus simples peuvent aussi réussir.

Si possible, l'enseignant devrait noter toutes les réponses de façon à encourager les généralisations. Par exemple, les élèves pourraient avoir écrit les égalités suivantes:

- $6 + 3 = 7 + 2$
- $8 + 3 = 9 + 2$
- $4 + 2 = 5 + 1$

L'enseignant pourrait attirer l'attention des élèves sur le fait que, chaque fois que le premier nombre est plus grand de 1, le deuxième est plus petit de 1, puis en expliquer la raison.

GRANDE IDÉE. La comparaison de régularités ou de relations peut permettre de mieux comprendre d'autres régularités ou relations semblables.

> Tu cherches la valeur du nombre inconnu dans deux équations de soustraction différentes. Tu utilises une stratégie différente chaque fois. Quelles pourraient être les équations?

Certains élèves se servant toujours de la même stratégie de retranchement ou procédant peut-être par essais et erreurs pourraient dire qu'ils n'utiliseraient jamais d'autre stratégie. Mais, quand on leur demande d'examiner cette question, ils prennent tout de même conscience de ce qu'ils font réellement.

D'autres élèves auront recours à des stratégies différentes selon les nombres utilisés. Par exemple, un élève pourrait résoudre $9 - 1 = ?$ en comptant à rebours à partir de 9, mais il pourrait résoudre $9 - 8 = ?$ en comptant dans l'ordre habituel à partir de 8. Les élèves pourraient approfondir la discussion à propos de la variété de leurs stratégies et des raisons pour lesquelles ils utilisent différentes démarches selon les situations.

Variantes. On pourrait modifier ce problème en abordant des équations d'addition plutôt que de soustraction. Sinon, les élèves pourraient suggérer des équations qu'ils croient résoudre de façon semblable, mais qui comportent des opérations différentes.

GRANDE IDÉE. Une même expression ou équation algébrique peut être mise en relation avec diverses situations authentiques, et inversement.

> Conçois deux histoires différentes que l'équation $5 + \square = 9$ pourrait décrire.

Au bout du compte, la véritable signification des mathématiques consiste à extraire des situations de leur contexte pour en voir la structure sous-jacente. L'équation $5 + \square = 9$ peut décrire des bonbons, des cartes de baseball, des personnes, de l'argent, etc. Mais toutes ces situations ont quelque chose en commun: il y avait d'abord 5 éléments, puis il y en a eu 9. La question est de savoir combien d'éléments ont été additionnés.

En demandant aux élèves de concevoir diverses histoires à partir d'une même équation, on met l'accent sur la structure sous-jacente qu'on veut leur révéler.

De plus, puisqu'ils peuvent concevoir leurs propres histoires, les élèves s'approprient le problème et le rendent ainsi significatif, à l'aide de contextes qui ont du sens pour eux.

Variantes. On peut mettre en évidence la même grande idée à l'aide d'équations comportant des nombres différents ou comportant la soustraction plutôt que l'addition.

GRANDE IDÉE. Parfois, mais pas toujours, posséder des renseignements limités sur une relation mathématique permet de prédire d'autres renseignements à propos de cette relation.

> Tu sais que $4 + 3 = \square$. Quelles autres équations sont nécessairement vraies si celle-ci est vraie ?

Certains élèves inverseront simplement l'équation et diront qu'ils savent que $\square = 4 + 3$. D'autres se fonderont sur la commutativité pour dire que $3 + 4 = \square$. D'autres encore iront plus loin et suggéreront que $4 + 4$ doit équivaloir à $\square + 1$ ou que $4 + 2$ doit correspondre à $\square - 1$.

De nombreux élèves s'en tiendront au premier niveau et se serviront simplement d'une représentation comme celle que l'on voit ci-dessous pour dire que le nombre inconnu doit être 7.

Bien que ces élèves n'aient pas répondu précisément à la demande d'examiner d'autres équations, leur réponse est acceptable puisqu'elle démontre leur compréhension de ce que signifie l'équation.

ASTUCE PÉDAGOGIQUE. Les élèves doivent réfléchir au fait qu'en mathématiques la connaissance implicite de quelque chose peut souvent nous en apprendre beaucoup plus sur autre chose. D'une certaine façon, c'est là le cœur des mathématiques.

QUESTIONS OUVERTES – DE LA 3e ANNÉE À LA 5e ANNÉE

GRANDE IDÉE. Un groupe d'éléments ne forme une suite que s'il comporte une répétition, ou régularité, qu'on peut décrire à l'aide d'une règle.

> Une suite commence par 4. Choisis une quantité à additionner à chaque terme afin d'obtenir le suivant. Indique ce que tu as remarqué à propos de ta suite et explique pourquoi cela se produit.

La question est ouverte puisque les élèves peuvent choisir n'importe quel nombre à additionner aux termes de la suite. Le plus intéressant est cependant ce qu'ils remarquent à propos de la suite.

Par exemple, un élève pourrait choisir d'additionner 4 à chaque terme de la suite, puis remarquer qu'il obtient la table de 4. Sinon, il pourrait décider d'additionner 1 à chaque terme et se rendre compte que c'est la même chose que de compter à partir de 4. Un autre pourrait choisir d'additionner 6 à chaque terme et remarquer que tous les nombres de la suite sont pairs. Un autre élève encore pourrait décider d'additionner 10 à chaque terme et remarquer que le chiffre des unités de chacun d'entre eux est 4. Ce sont les explications que donnent les élèves à propos de leur suite qui ont ici une importance mathématique.

> Une suite comprend le nombre 5. Quelle pourrait être cette suite?

Cette question très ouverte permet aux élèves de concevoir une suite aussi simple ou aussi complexe qu'ils le souhaitent. Un bon nombre d'élèves concevront simplement une suite répétitive, telle que 2, 5, 2, 5, 2, 5, ...; d'autres pourraient concevoir une suite dont la **partie répétitive** comporte trois termes, par exemple, 2, 4, 5, 2, 4, 5, 2, 4, 5, ... D'autres encore pourraient concevoir une **suite croissante**, comme 2, 3, 4, 5, ...

Peu importe la suite qu'ils ont conçue, les élèves doivent pouvoir répondre à des questions telles que:

- Qu'est-ce qui fait que votre réponse est une suite?
- Si vous changiez l'un des nombres, est-ce que ce serait encore une suite?
- Comment pourriez-vous faire cela?

> Une suite commence ainsi: 2, 6, ... Comment pourrait-elle se prolonger?

Les élèves pourraient trouver de nombreuses réponses. En voici quelques exemples.

2, 6, 10, 14, 18, ...	2, 6, 11, 17, 24, ...
2, 6, 3, 7, 4, 8, ...	2, 6, 18, 54, ...

Variantes. On peut facilement modifier cette question en changeant les deux premiers nombres de la suite.

ASTUCE PÉDAGOGIQUE. Les façons de prolonger une suite varient tout autant quand on en donne les trois premiers termes que quand on en donne les deux premiers termes; toutefois, il semble que les élèves soient moins portés à reconnaître cette variabilité lorsqu'on leur donne les trois premiers termes d'une suite. Par exemple, si on leur donne 1, 3, 5, la plupart des élèves prolongeront la suite en additionnant 2 à chaque terme, pour obtenir 7, 9, 11, ... Si on leur donne plutôt 1, 3, ils trouveront probablement plus de possibilités.

GRANDE IDÉE. Toute régularité, expression algébrique, relation ou équation peut être représentée d'une variété de manières.

Fais des dessins pour aider quelqu'un à prédire les quatre prochains termes de la suite 1, 4, 9, 16, ...

De nombreux élèves dessineront une représentation de la suite, mais certaines représentations seront plus utiles que d'autres pour en prédire les termes suivants. Voici deux démarches visuelles appropriées à la suite:

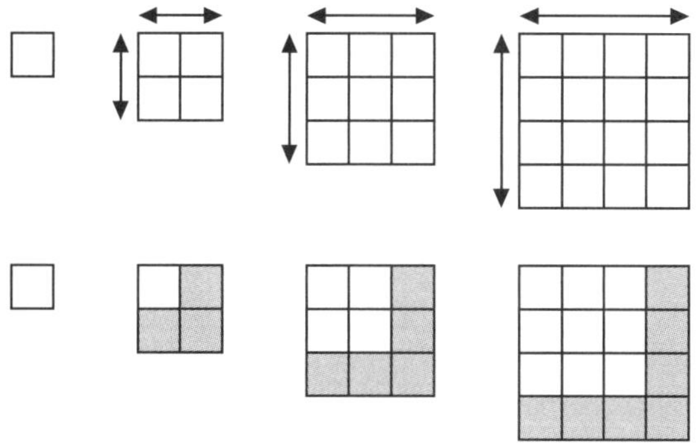

Le premier ensemble de dessins souligne que les termes sont des produits de valeurs égales, tandis que le second montre que la valeur des termes augmente chaque fois d'un nombre impair croissant. Il est utile aux élèves de voir la façon dont différentes représentations d'une même suite en soulignent différents aspects.

Variantes. Pour atteindre le même objectif, on peut utiliser la suite 1, 3, 6, 10, ... On peut aussi employer une suite croissante simple, comme 2, 5, 8, ... Dans le dernier cas, un élève pourrait représenter chaque terme sous la forme d'un ensemble de groupes de 3 éléments, mais en retirant un élément du dernier groupe de chaque ensemble. D'autres élèves pourraient représenter la suite en mettant l'accent sur son terme de départ, 2, et sur la régularité constituée par l'addition de 3 à chaque terme.

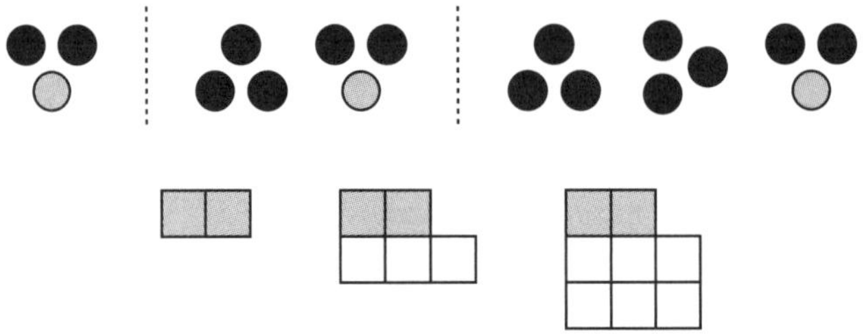

✱ GRANDE IDÉE. Les régularités sous-tendent de nombreuses notions relatives au nombre, à la géométrie et à la mesure.

Indique deux régularités que tu vois dans la table d'addition ci-dessous.

+	0	1	2	3	4	5	6	7	8	9
0	0	1	2	3	4	5	6	7	8	9
1	1	2	3	4	5	6	7	8	9	10
2	2	3	4	5	6	7	8	9	10	11
3	3	4	5	6	7	8	9	10	11	12
4	4	5	6	7	8	9	10	11	12	13
5	5	6	7	8	9	10	11	12	13	14
6	6	7	8	9	10	11	12	13	14	15
7	7	8	9	10	11	12	13	14	15	16
8	8	9	10	11	12	13	14	15	16	17
9	9	10	11	12	13	14	15	16	17	18

Cette question ouverte offre toute liberté aux élèves de déterminer les régularités de leur choix. Ils peuvent choisir des régularités très simples (par exemple, que les nombres de chaque rangée ou colonne augmentent de 1) ou plus complexes (par exemple, que les diagonales sud-ouest–nord-est sont toutes constituées du même nombre). Certains élèves pourraient même remarquer qu'il y a autant de 0 que de 18, de 1 que de 17, de 2 que de 16, et ainsi de suite. Puisque les élèves n'ont que deux régularités à trouver, ceux qui éprouvent des difficultés ne subissent pas trop de pression. Bien sûr, la discussion de classe permettra probablement d'aborder plus de deux régularités.

L'enseignant expliquera les mathématiques sous-jacentes à chaque régularité en fonction des connaissances préalables et de la progression de ses élèves.

Indique deux régularités que tu vois dans la table de multiplication ci-dessous.

×	0	1	2	3	4	5	6	7	8	9
0	0	0	0	0	0	0	0	0	0	0
1	0	1	2	3	4	5	6	7	8	9
2	0	2	4	6	8	10	12	14	16	18
3	0	3	6	9	12	15	18	21	24	27
4	0	4	8	12	16	20	24	28	32	36
5	0	5	10	15	20	25	30	35	40	45
6	0	6	12	18	24	30	36	42	48	54
7	0	7	14	21	28	35	42	49	56	63
8	0	8	16	24	32	40	48	56	64	72
9	0	9	18	27	36	45	54	63	72	81

Cet exemple présente une table de multiplication comportant une rangée 0 (et une colonne 0). De nombreux enseignants l'utilisent à la place de celle qui commence à 1.

Cette question ouverte permet aux élèves d'opter pour les régularités de leur choix. Ils peuvent choisir des régularités très simples (par exemple, que les nombres de chaque rangée ou colonne augmentent du nombre indiqué dans l'en-tête correspondant) ou plus complexes (par exemple, que chaque rangée est constituée soit entièrement de nombres pairs, soit de nombres pairs et impairs, moitié-moitié).

ASTUCE PÉDAGOGIQUE. On peut expliquer mathématiquement bon nombre de régularités présentes dans des tables et des tableaux. Il est très utile de laisser les élèves tenter de trouver eux-mêmes certaines explications.

GRANDE IDÉE. La comparaison de régularités ou de relations peut permettre de mieux comprendre d'autres régularités ou relations semblables.

Dresse la liste des 5 premiers nombres d'une suite de ton choix et indiques-en la règle. Ensuite, conçois une autre suite différente de la première, mais qui lui ressemble beaucoup. Peux-tu prédire le 30e nombre de l'une des suites à partir du 30e nombre de l'autre suite ?

En demandant aux élèves de comparer des suites, l'enseignant obtient un aperçu précieux de leur compréhension des propriétés de celles-ci. Les élèves pourraient commencer par une suite comme 4, 6, 8, 10, 12, …, dont la règle est « Commencer par 4 et additionner 2 à chaque terme ». On peut concevoir une suite semblable en modifiant le terme de départ de la première suite, mais pas sa croissance, ou en modifiant la croissance de la première suite, mais pas son terme de départ.

Dans certains cas, il sera plus facile de prédire le 30e terme d'une suite à partir du 30e terme d'une autre suite. Par exemple, si les suites étaient:

- 4, 8, 12, 16, … et 5, 9, 13, 17, …, les élèves pourraient simplement additionner 1 à chaque terme de la première suite pour obtenir le terme correspondant de la deuxième suite;
- 2, 4, 6, 8, … et 4, 8, 12, 16, …, les élèves pourraient simplement doubler chaque terme de la première suite pour obtenir le terme correspondant de la deuxième suite.

Certains élèves pourraient se lancer un plus grand défi. Par exemple, si les suites étaient:

- 4, 8, 12, 16, … et 6, 12, 18, 24, …, les élèves pourraient noter que multiplier chaque terme de la première suite par $\frac{3}{2}$ permet d'obtenir le terme correspondant de la deuxième suite;
- 4, 8, 12, 16, … et 4, 7, 10, 13, …, certains élèves pourraient remarquer qu'on peut multiplier chaque terme de la première suite par $\frac{3}{4}$ et y additionner 1 pour obtenir le terme correspondant de la deuxième suite.

> Chaque terme d'une suite vaut toujours 1 de plus que le double du terme correspondant d'une autre suite. Quelles pourraient être ces deux suites? Quelles seraient les ressemblances et les différences entre leurs graphiques?

Les élèves qui répondent à cette question peuvent choisir la grandeur des nombres qu'ils utilisent. Ils peuvent employer des suites simples, telles que 1, 2, 3, 4, 5, … et 3, 5, 7, 9, 11, …, ou des suites comportant de plus grands nombres ou même des nombres décimaux, par exemple, 4,5; 5; 5,5; 6; 6,5; … et 10, 11, 12, 13, 14, …

Peu importe les valeurs choisies, la comparaison des graphiques montrera que la pente de la deuxième droite est plus inclinée que celle de la première, dans la mesure où la première suite constitue une progression arithmétique croissant de façon constante. Les élèves pourraient aussi remarquer que la deuxième suite croît toujours deux fois plus vite que la première suite.

Voici quelques questions à poser aux élèves:

- Quelle suite pourrait comporter des nombres pairs? Pourquoi seulement celle-là?
- Quelle suite croît le plus vite? Comment le savez-vous?

QUESTIONS OUVERTES – DE LA 6e ANNÉE À LA 8e ANNÉE

GRANDE IDÉE. Toute régularité, expression algébrique, relation ou équation peut être représentée d'une variété de manières.

On peut décrire une suite numérique à l'aide d'une table de valeurs. Le premier nombre indique le rang qu'occupe le terme dans la suite et le deuxième, sa valeur. Par exemple, cette table de valeurs décrit la suite 2, 4, 6, 8, …

1	2	3	4	5	6
2	4	6	8	10	12

On peut tracer le graphique de cette table de valeurs ; l'abscisse correspond au rang du terme dans la suite et l'ordonnée, à sa valeur. Si le graphique d'une suite passe par le point (2, 3), quelle pourrait être la suite ?

Cette question renforce le concept selon lequel on peut décrire une régularité sous forme de liste, de table de valeurs ou de graphique. Elle suscite aussi de nombreuses réponses. Voici quelques exemples de suites trouvées par des élèves : 3, 3, 3, 3, … ; 1, 3, 5, … ; 5, 3, 1, −1, …

ASTUCE PÉDAGOGIQUE. Il faut familiariser les élèves avec les suites décroissantes. Souvent, l'enseignement met principalement l'accent sur les suites croissantes.

GRANDE IDÉE. Les régularités sous-tendent de nombreuses notions relatives au nombre, à la géométrie et à la mesure.

Tu colories des cases d'une grille de 100 pour former une lettre majuscule. Si tu additionnes les nombres que tu as coloriés, tu obtiens une somme entre 200 et 240. Quelle pourrait être la lettre ? Où pourrait-elle être située ?

1	2	3	4	5	6	7	8	9	10
11	12	13	14	15	16	17	18	19	20
21	22	23	24	25	26	27	28	29	30
31	32	33	34	35	36	37	38	39	40
41	42	43	44	45	46	47	48	49	50
51	52	53	54	55	56	57	58	59	60
61	62	63	64	65	66	67	68	69	70
71	72	73	74	75	76	77	78	79	80
81	82	83	84	85	86	87	88	89	90
91	92	93	94	95	96	97	98	99	100

Les élèves pourraient utiliser une lettre simple, comme un I, ou plus complexe, comme un T. Certains élèves répondront à la question de façon algébrique : par exemple, les valeurs que contient un I de 4 cases de haut sont n, $n + 10$, $n + 20$ et $n + 30$. D'autres élèves utiliseront plutôt une stratégie comportant surtout des nombres.

Pendant la discussion, les élèves qui n'ont pas utilisé de variables auront l'occasion d'apprendre de ceux qui en décriront l'utilisation.

GRANDE IDÉE. On peut utiliser des variables pour décrire des relations ou des inconnues.

On place sur une grille des copies de trois figures différentes. Chaque figure a une valeur différente. Ci-contre, on fournit la valeur totale de l'une des rangées et de l'une des colonnes. Quelle pourrait être la valeur de chacune des figures ?

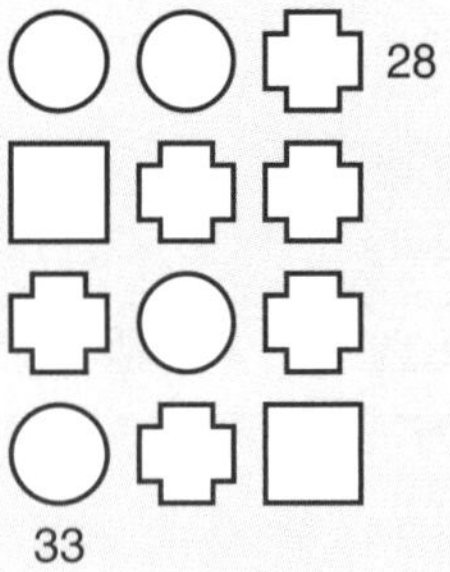

Si la pensée algébrique les aidera à comprendre pourquoi le carré doit valoir 5, les élèves auront plus de latitude pour déterminer la valeur des autres figures. Par exemple, le cercle peut valoir 10 et la croix, 8 ; ou le cercle peut valoir 6 et la croix, 16.

Donner la valeur de toutes les rangées et de toutes les colonnes ne susciterait qu'une seule solution ; la question s'en trouverait moins ouverte. Les quelques contraintes et la latitude que comporte cette question, dans son état actuel, la rendent accessible à un grand nombre d'élèves.

> La valeur d'une expression comportant la variable k est de 10 lorsque $k = 4$. Quelle pourrait être l'expression ?

Cette question très ouverte suscite de nombreuses réponses, des plus simples aux plus complexes. Voici quelques expressions possibles : $k + 6$, $2k + 2$, $14 - k$, $10k \div 4$, $2k^2 - 5k - 2$, et ainsi de suite. Il pourrait être utile aux élèves de distinguer les expressions qui sont toujours équivalentes (par exemple, $k + 6$ et $2 + k + 4$) de celles qui ne le sont que parfois (par exemple, $k + 6$ et $14 - k$).

Variantes. On peut facilement adapter cette question en modifiant la valeur de départ, la valeur d'arrivée ou les deux valeurs.

ASTUCE PÉDAGOGIQUE. On demande souvent aux élèves d'évaluer une expression selon la valeur donnée d'une variable. Les questions où on leur demande de concevoir une expression selon une combinaison donnée de valeurs de départ et de valeurs d'arrivée conviennent davantage à l'enseignement différencié.

> Si $s = 4$ et $t = 5$, ces énoncés sont vrais :
>
> $3(s + t) = 27$ $2s + 3t = 23$ $2t - 2s = 2$
>
> Choisis les valeurs de p et de q. Écris trois énoncés vrais à l'aide de ces variables. Demande à un ou une camarade de déterminer tes valeurs.

Puisque les élèves peuvent choisir les valeurs de p et de q et concevoir les équations, même ceux qui éprouvent des difficultés pourront participer. Par exemple, l'un de ces élèves pourrait choisir des valeurs comme $p = 1$ et $q = 2$, puis concevoir des équations comme $p + q = 3$, $q - p = 1$ et $p - 1 = 0$.

L'élève qui doit déterminer la valeur des variables à partir d'un ensemble d'énoncés conçu par un camarade de classe doit d'abord choisir l'énoncé par lequel il vaut mieux commencer. Dans l'exemple du paragraphe précédent (l'ensemble d'énoncés conçu par un élève éprouvant des difficultés), il est plus facile de commencer par la dernière équation parce qu'elle ne comprend qu'une seule variable.

Conçois deux équations qui comportent des variables et qui sont toujours vraies. Ensuite, conçois deux autres équations qui comportent des variables et qui ne sont vraies que dans certains cas.

Les élèves doivent apprendre les différentes façons d'utiliser les équations. Parfois, les équations décrivent une relation très précise: par exemple, $n + 5 = 10$ seulement lorsque $n = 5$. D'autres fois, elles décrivent des relations plus larges; par exemple, l'équation $n + 5 = 5 + n$ est vraie pour toutes les valeurs de n et décrit une propriété de base des nombres.

On peut aborder cette tâche ouverte de multiples manières. En guise d'équation qui est toujours vraie, un élève pourrait écrire une équation très simple, comme $n = n$ ou $2 \times n = n + n$, ou plus complexe, par exemple $(2 \times n) + (3 \times n) = 5 \times n$.

GRANDE IDÉE. La comparaison de régularités ou de relations peut permettre de mieux comprendre d'autres régularités ou relations semblables.

Une fonction est presque linéaire, mais pas tout à fait. Conçois une table de valeurs qui montre ce que pourrait être cette fonction.

Cette question veut susciter une discussion variée sur ce qui fait qu'une fonction est linéaire. Certains élèves traceront une droite, la « déplaceront » un peu, puis se serviront de leur graphique pour remplir leur table de valeurs. D'autres sauront que, dans une fonction linéaire, les valeurs de y (ordonnées) croissent ou décroissent de façon constante selon une variation fixe des valeurs de x (abscisses) ; ces élèves pourraient concevoir la table de valeurs d'une fonction linéaire puis ajuster quelques-unes de ces valeurs.

Certains élèves pourraient croire qu'une fonction dont les valeurs de y (ordonnées) ne sont pas des nombres entiers n'est pas linéaire. Bien sûr, ce n'est pas le cas; toutefois, cette question permet d'aborder cette idée fausse.

✷ GRANDE IDÉE. Parfois, mais pas toujours, posséder des renseignements limités sur une relation mathématique permet de prédire d'autres renseignements à propos de cette relation.

> Deux nombres inconnus, x et y, sont positifs. La seule chose que tu sais de ces nombres est que $2x + y = 9$.
>
> À propos de ces nombres,
>
> - dis une chose dont tu sais qu'elle est vraie;
> - dis une chose dont tu sais qu'elle est fausse;
> - dis une chose dont tu n'es pas certain ou certaine.

Cette tâche permet de présenter de façon non contraignante l'utilisation des systèmes d'équations linéaires. Les élèves comprendront qu'on peut tirer des conclusions d'une relation entre deux variables – comme celle donnée ici –, même si la valeur des variables n'est pas encore établie.

Par exemple, un élève sait que $2x + y$ n'égale pas 10 ou que $2x + y + 1 = 10$. Il sait aussi que, si y est un nombre naturel, la valeur de l'expression doit être impaire. L'élève ne peut être certain ni de la valeur précise de x et de y ni de la variable dont la valeur est la plus grande.

On peut inciter les élèves à tracer le graphique de la relation pour les aider à déterminer ce qu'ils savent et ce qu'ils ignorent.

> Une droite passe par l'origine. Les points (4, 5) et (8, 10) se situent tous deux sur cette droite. Le point (x, y) se trouve aussi sur cette droite. Que sais-tu de la valeur de x et de y?

Les élèves pourraient répondre à cette question de différentes façons. Certains élèves pourraient constater que, puisque la droite passe par l'origine et possède une pente de $\frac{5}{4}$, la valeur de x (l'abscisse) correspond toujours à $\frac{4}{5}$ de la valeur de y (l'ordonnée); d'autres pourraient remarquer que la valeur de x (l'abscisse) croît de 4 et que la valeur de y (l'ordonnée) croît de 5, et prolonger cette régularité. D'autres encore pourraient simplement suggérer que la valeur de x (l'abscisse) est plus petite que celle de y (l'ordonnée) – ce qui, en fait, est uniquement vrai lorsque les valeurs sont positives.

Voici quelques questions qu'on pourrait poser aux élèves:

- Selon vous, le point (16, 10) se trouve-t-il sur la droite? Pourquoi?
- Selon vous, quelle est la valeur de y (l'ordonnée) quand $x = 3$? Pourquoi?
- Si la valeur de x (l'abscisse) croît de 20, de combien la valeur de y (l'ordonnée) augmentera-t-elle, à votre avis? Pourquoi?

TÂCHES PARALLÈLES – DU PRÉSCOLAIRE À LA 2e ANNÉE

Les **TÂCHES PARALLÈLES** sont des ensembles d'au moins deux tâches connexes qui explorent la même grande idée, mais qui sont conçues pour répondre aux besoins d'élèves de différents stades de développement. Le contexte des tâches est suffisamment semblable pour que tous les élèves participent pleinement à la même discussion de suivi.

GRANDE IDÉE. La comparaison de régularités ou de relations peut permettre de mieux comprendre d'autres régularités ou relations semblables.

Tâche 1: Laquelle de ces équations n'est pas à sa place ?

5 + □ = 10 14 = 9 + □ 8 + □ = 14

Tâche 2: Laquelle de ces équations n'est pas à sa place ?

36 + □ = 55 48 = 29 + □ 28 + □ = 48

Demander aux élèves quelle équation n'est pas à sa place constitue un moyen de les inciter à examiner différents aspects des équations. Le fait que les élèves peuvent choisir des réponses différentes pour diverses raisons rend cette tâche particulièrement intéressante.

Dans chaque cas, un élève pourrait affirmer que la première équation n'est pas à sa place parce que les deux autres ont au moins une valeur en commun. Un autre élève pourrait indiquer que la dernière équation n'est pas à sa place parce que la résolution des deux premières donne la même valeur inconnue. Un autre élève encore pourrait dire que l'équation du centre n'est pas à sa place parce qu'elle est la seule dont le membre de gauche ne comporte qu'un seul nombre, plutôt que deux.

La grandeur des nombres utilisés est ce qui distingue ces deux questions. Dans chaque cas, l'enseignant devrait bien sûr demander aux élèves de justifier leur réponse et les inciter à vérifier s'ils auraient pu répondre autre chose.

GRANDE IDÉE. Une même expression ou équation algébrique peut être mise en relation avec diverses situations authentiques, et inversement.

Tâche 1: Décris deux situations que l'équation 10 – 2 = □ pourrait représenter.

Tâche 2: Décris deux situations que l'équation 75 – 25 = □ pourrait représenter.

Chacune de ces tâches amène les élèves à comprendre qu'on peut décrire différentes situations authentiques à l'aide de la même équation. L'une d'elles convient mieux aux élèves qui sont capables de travailler avec des nombres plus grands que 20, alors que l'autre convient mieux aux élèves qui s'adaptent encore aux relations simples d'addition et de soustraction.

Si un élève souhaite réfléchir à l'usage de la monnaie, les nombres choisis lui permettent de le faire. La soustraction possède plusieurs sens ; en conséquence, un même contexte pourrait illustrer des sens différents. Par exemple, 10 – 2 pourrait illustrer le retranchement (manger 2 biscuits sur 10 et déterminer combien il en reste) ou la comparaison (comparer combien une personne possédant 10 biscuits en a de plus que celle qui en possède 2).

Voici quelques questions qui conviennent aux élèves qui ont effectué l'une ou l'autre tâche :

- Qu'est-ce qui fait que les situations conviennent à votre équation ?
- Pourriez-vous parler de la monnaie dans l'une de vos situations ? Quel type d'histoire ce serait ?
- Quelles sont les ressemblances entre vos situations ? Quelles sont les différences ?

GRANDE IDÉE. Parfois, mais pas toujours, posséder des renseignements limités sur une relation mathématique permet de prédire d'autres renseignements à propos de cette relation.

Tâche 1: Quelles autres équations disent la même chose que la suivante ?

32 + ☐ = 51

Tâche 2: Quelles autres équations disent la même chose que la suivante ?

8 + ☐ = 11

Ces deux tâches amènent les élèves à réfléchir à la signification d'une équation et à la façon de déterminer la valeur de son inconnue. Là encore, l'une des tâches convient mieux aux élèves qui sont capables de travailler avec des nombres plus grands que 20, alors que l'autre convient mieux aux élèves qui s'adaptent encore aux relations simples d'addition et de soustraction.

Les élèves pourraient répondre de plusieurs façons. Ils pourraient écrire l'addition sous forme de soustraction. Ils pourraient représenter l'équation à l'aide d'un plus grand nombre de parties, par exemple en écrivant l'équation 8 + ☐ = 11 sous la forme 5 + 3 + ☐ = 11. Ils pourraient aussi additionner la même quantité aux deux membres de l'équation, en écrivant par exemple 9 + ☐ = 12 dans le cas de la ***tâche 2***.

Voici quelques questions que l'enseignant pourrait poser à tous les élèves :

- Que signifie votre équation initiale ?
- Est-ce que le nombre manquant représente une grande ou une petite quantité ?
- Comment modifieriez-vous l'équation si le premier nombre valait 1 de moins ?

ASTUCE PÉDAGOGIQUE. En présence de possibilités numérotées, l'option « la plus simple » devrait parfois constituer la ***tâche 1***, et parfois la ***tâche 2***. Si la tâche la plus simple n'est pas nécessairement la première, les élèves devront envisager les deux possibilités avant d'en choisir une.

TÂCHES PARALLÈLES – DE LA 3e ANNÉE À LA 5e ANNÉE

✸ GRANDE IDÉE. Un groupe d'éléments ne forme une suite que s'il comporte une répétition, ou régularité, qu'on peut décrire à l'aide d'une règle.

Tâche 1:	Conçois trois suites différentes dans lesquelles le nombre 40 est le 4e, le 5e ou le 6e terme.
Tâche 2:	Conçois trois suites croissantes différentes dans lesquelles le nombre 40 est le 4e, le 5e ou le 6e terme.

Pour rendre une tâche complexe accessible à un plus grand nombre d'élèves, on en supprime une condition. Les élèves qui optent pour la ***tâche 1*** pourraient se servir d'une combinaison de suites répétitives et croissantes ou décroissantes, ou même uniquement de suites répétitives.

La ***tâche 2***, pourtant plus complexe, est elle aussi relativement ouverte. Un élève pourrait se servir d'une suite comme 10, 20, 30, 40, ... pour commencer sa recherche d'autres suites dont 40 serait le 5e ou le 6e terme. Les suites 8, 16, 24, 32, 40, ... et 10, 16, 22, 28, 34, 40, ... constituent des possibilités.

Pour considérer 40 comme le 4e terme d'une suite, l'élève peut simplement diviser 40 par 4, obtenir 10 et se rendre compte que la suite 10, 20, 30, 40, ... fonctionne. Pour considérer 40 comme le 5e terme d'une suite, l'élève peut utiliser une démarche semblable en divisant 40 par 5, ce qui donnerait 8, 16, 24, 32, 40, ... Toutefois, la division de 40 par 6 donne un reste. L'élève devrait donc comprendre que, plutôt qu'écrire 6, 12, 18, 24, 30, 36, ..., il doit additionner le reste (4) à chaque terme, ce qui lui donnera 10, 16, 22, 28, 34, 40, ...

Fait intéressant, l'aptitude à effectuer des multiplications ou des divisions est très utile ici, même si on ne fait aucune mention de ces opérations.

L'enseignant pourrait poser les questions suivantes à tous les élèves:

- Par quoi commence votre suite?
- Comment se prolonge-t-elle?
- Quelle est la règle de votre suite?
- Comment vous y êtes-vous pris pour placer 40 au 4e rang de votre suite?

Variantes. On peut adapter ces tâches en modifiant la valeur du nombre à placer dans les suites, son rang ou ces deux éléments.

✸ GRANDE IDÉE. Toute régularité, expression algébrique, relation ou équation peut être représentée d'une variété de manières.

Tâche 1:	Dans un groupe, chaque personne échange une poignée de main avec chaque autre personne une seule fois. Combien de poignées de main seront échangées s'il y a 3 personnes? 4 personnes? 11 personnes?

> ***Tâche 2:*** On représente les nombres triangulaires en disposant des points pour former une suite de triangles. Combien y aura-t-il de points dans la 10e image?
>
> 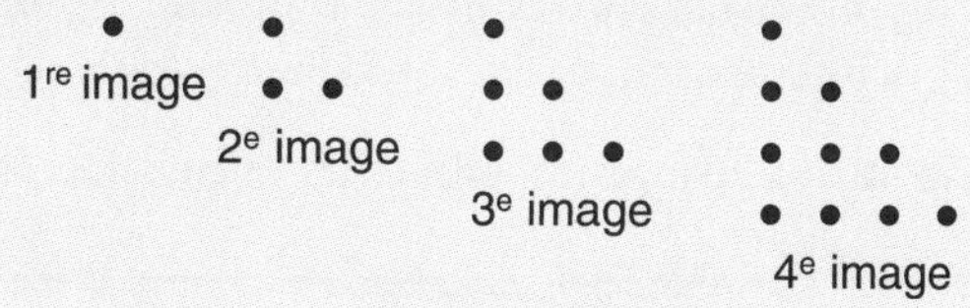
>

Certains élèves auront davantage de plaisir à reproduire par le jeu le problème des poignées de main qu'à dessiner les points. D'autres préféreront probablement dessiner les points de façon autonome ou dénombrer les poignées de main mathématiquement.

Il s'avère que les suites explorées dans ces deux tâches sont identiques (c'est-à-dire 1, 3, 6, 10, 15, …) et que le nombre des poignées de main que s'échangent 11 personnes est le même que celui des points dans la 10e image.

La discussion de groupe portant sur les problèmes révélera aux élèves la façon dont la même suite régit des situations très différentes.

L'enseignant peut poser les questions suivantes aux deux groupes d'élèves:

- Comment avez-vous déterminé votre nombre?
- Avez-vous remarqué une régularité? Quelle était cette régularité?
- Quel était le 4e terme de votre suite? Comment l'avez-vous trouvé?
- Quel était le 6e terme de votre suite?
- Pourquoi les nombres de la suite augmentent-ils toujours de quantités différentes?

✷ GRANDE IDÉE. Les régularités sous-tendent de nombreuses notions relatives au nombre, à la géométrie et à la mesure.

> Rébecca et Étienne auront-ils le même nombre d'autocollants à un moment ou à un autre? Combien d'autocollants auraient-ils alors?
>
> ***Tâche 1:*** Étienne a 30 autocollants, et Rébecca en a 12. Étienne donne 3 autocollants à la fois à Rébecca.
>
> ***Tâche 2:*** Étienne a 50 autocollants, et Rébecca en a 10. Étienne donne 5 autocollants à la fois à Rébecca.

Les deux tâches proposées sont semblables; chacune nécessite de compter dans l'ordre habituel et à rebours. Les élèves optant pour la ***tâche 2*** auront probablement plus de facilité à compter les autocollants. Dans les deux cas, les élèves peuvent concevoir une suite pour résoudre le problème. Dans le cas de la ***tâche 2***, par exemple, cette suite décrit le nombre d'autocollants d'Étienne: 50, 45, 40, 35, …; et la suivante décrit celui de Rébecca: 10, 15, 20, 25, … Pour résoudre le problème, il faut déterminer le moment où deux termes, un dans chaque suite, auront la même valeur.

Peu importe la tâche choisie, l'enseignant peut poser les questions suivantes :

- Combien d'autocollants chacun des enfants avait-il après le premier échange ? Après le deuxième échange ?
- Comment saviez-vous que le nombre d'autocollants d'Étienne continuerait de diminuer et que celui de Rébecca continuerait d'augmenter ? De combien ?

Variantes. On peut modifier les valeurs que proposent les deux tâches.

ASTUCE PÉDAGOGIQUE. Si un problème semblable au précédent convient parfaitement aux élèves de la 3e année à la 5e année, il pourrait aussi convenir aux élèves plus âgés ; ceux-ci pourraient utiliser l'équation $50 - 5x = 10 + 5x$ pour résoudre la ***tâche 2***.

Choisis un animal et une grandeur de grille carrée. Écris chaque lettre du nom de l'animal dans une case de la grille, de gauche à droite et de haut en bas. Remplis la grille, comme dans l'exemple ci-contre.

C	H	E	V
A	L	C	H
E	V	A	L
C	H	E	V

Tâche 1 : Prédis quelle lettre tu écriras en dernier si tu as une grille de 6 sur 6. Vérifie ta prédiction. Explique la façon dont tu peux faire cette prédiction.

Tâche 2 : De quelle grandeur de grille as-tu besoin pour t'assurer que la première lettre du nom de l'animal sera dans la dernière case de la grille ?

Il n'est pas nécessairement évident que ces deux tâches portent sur la divisibilité. Si la lettre V du mot CHEVAL se retrouve dans la dernière case de la grille de 4 sur 4, c'est que celle-ci comporte 16 cases et que le mot CHEVAL a 6 lettres. Puisqu'il reste 4 lorsqu'on divise 16 par 6, la 4e lettre du mot CHEVAL apparaît la dernière dans la grille. Pour résoudre la ***tâche 2***, les élèves devront généraliser cette idée afin de constater qu'il faut trouver un nombre carré dont la division par le nombre de lettres que comporte le nom de l'animal donne un reste de 1. Par exemple, pour un nom d'animal de 5 lettres, on aurait besoin d'une grille de 4 sur 4 ou de 6 sur 6 ; toutes deux possèdent une case de plus qu'un multiple de 5.

On peut poser des questions comme les suivantes aux deux groupes d'élèves :

- Quel nom d'animal avez-vous utilisé ?
- Pourquoi le nombre de lettres du nom de votre animal a-t-il de l'importance ?
- Comment avez-vous prédit la bonne grandeur de grille ?
- En quoi votre réponse serait-elle différente si la grille avait une rangée de plus que son nombre de colonnes ?

✷ GRANDE IDÉE. Une même expression ou équation algébrique peut être mise en relation avec diverses situations authentiques, et inversement.

Tâche 1: L'équation 7 × ☐ = 294 décrit deux situations différentes. Quelles pourraient être ces situations ?

Tâche 2: L'équation 31 × ☐ = 744 décrit deux situations différentes. Quelles pourraient être ces situations ?

Chacune de ces tâches fait comprendre aux élèves que la même équation peut décrire différentes situations authentiques. L'une de ces tâches convient mieux aux élèves qui ne sont à l'aise d'effectuer des multiplications que si l'un des facteurs a un chiffre ; l'autre requiert l'aptitude à multiplier deux facteurs à deux chiffres. La multiplication possède plusieurs sens ; en conséquence, un même contexte pourrait illustrer des sens différents. Par exemple, 7 × ☐ = 294 pourrait illustrer des groupes équivalents (par exemple, 7 groupes comportant le même nombre d'élèves) ou une comparaison multiplicative (par exemple, la troupe de théâtre d'Alain compte 7 fois plus d'acteurs que celle de Suzanne).

Voici quelques questions appropriées aux deux tâches :

- Qu'est-ce que le signe de la multiplication vous indique à propos de la situation ?
- Est-ce que le nombre inconnu est plus grand ou plus petit que 20 ? Comment le savez-vous ?
- Dans votre situation, que représente le premier nombre de l'équation ?
- Dans votre situation, que représente le nombre du membre de droite de l'équation ?
- Est-ce que la valeur inconnue a du sens dans votre situation ?

TÂCHES PARALLÈLES – DE LA 6e ANNÉE À LA 8e ANNÉE

✷ GRANDE IDÉE. Les régularités sous-tendent de nombreuses notions relatives au nombre, à la géométrie et à la mesure.

Tâche 1: Construis des figures sur un géoplan. Chacune doit comporter le nombre de chevilles qu'indique une rangée des tableaux ci-dessous, tant sur son contour qu'à l'intérieur. Ensuite, calcule l'aire des figures. Trace le graphique de la variable qui change par rapport à l'aire. Que remarques-tu ?

Contour	Intérieur	Aire
3	0	
3	1	
3	2	
3	3	

Contour	Intérieur	Aire
3	1	
4	1	
5	1	
6	1	

*(La **tâche 2** se trouve sur la page suivante.)*

Tâche 2 : Construis des triangles sur un géoplan. Chacun doit comporter les longueurs de base et les hauteurs qu'indique une rangée des tableaux ci-dessous. Ensuite, calcule l'aire des triangles. Trace le graphique de la variable qui change par rapport à l'aire. Que remarques-tu ?

Base	Hauteur	Aire
4	1	
4	2	
4	3	
4	4	

Base	Hauteur	Aire
4	2	
5	2	
6	2	
7	2	

Certains élèves trouveront que la ***tâche 2*** est d'un abord plus facile que la ***tâche 1*** parce que la façon de construire les figures demandées est plus claire et qu'il est plus facile d'en calculer l'aire.

Si cette tâche se trouve dans ce chapitre plutôt que dans celui qui porte sur la mesure, c'est en raison de l'accent mis sur sa nature fonctionnelle. Dans chaque cas, les élèves observeront une relation linéaire puisque l'une des variables de la situation géométrique demeure constante. Dans la ***tâche 1***, la règle de correspondance qui met en relation le nombre de chevilles à l'intérieur d'une figure avec son aire est $A = I + \frac{1}{2}$; et la règle de correspondance qui met en relation le nombre de chevilles sur le contour d'une figure avec son aire est $A = \frac{C}{2}$. Dans la ***tâche 2***, la règle de correspondance qui met en relation la hauteur avec l'aire est $A = 2h$; et la règle de correspondance qui met en relation la longueur de la base avec l'aire est $A = b$. Chaque fois qu'ils tracent le graphique d'une relation, les élèves obtiennent une droite dont ils pourraient interpréter la pente.

Voici quelques questions à poser aux élèves au sujet des deux tâches :

- Quelles sont les ressemblances entre vos deux types de graphiques ? Quelles sont les différences ?
- Que vous indique la pente du graphique ?
- Pourquoi cette pente-là a-t-elle une signification pour vous ?

✷ GRANDE IDÉE. On peut utiliser des variables pour décrire des relations ou des inconnues.

Tâche 1 : Choisis une position sur la grille de 100. Décris comment te déplacer vers les nombres qui se trouvent à :

31 de moins   37 de plus   18 de plus

Tâche 2 : Tu te trouves sur une case nommée *c* sur la grille de 100. Décris les positions suivantes en fonction de *c* :

31 de moins que *c*   37 de plus que *c*   18 de plus que *c*

1	2	3	4	5	6	7	8	9	10
11	12	13	14	15	16	17	18	19	20
21	22	23	24	25	26	27	28	29	30
31	32	33	34	35	36	37	38	39	40
41	42	43	44	45	46	47	48	49	50
51	52	53	54	55	56	57	58	59	60
61	62	63	64	65	66	67	68	69	70
71	72	73	74	75	76	77	78	79	80
81	82	83	84	85	86	87	88	89	90
91	92	93	94	95	96	97	98	99	100

Si ces deux tâches font appel au même raisonnement, une seule d'entre elles requiert l'utilisation d'une variable. Lors de la discussion commune, les élèves qui peinent à utiliser des variables pourront se familiariser avec des raisonnements semblables aux leurs, mais comportant des variables.

Voici quelques questions à poser aux deux groupes d'élèves :

- En quoi est-ce que le nombre change lorsque vous vous déplacez à la position située juste au-dessus de la vôtre ? À la position située juste au-dessous de la vôtre ?
- En quoi est-ce que le nombre change lorsque vous vous déplacez d'une position vers la gauche ? D'une position vers la droite ?
- Comment peut-on se rendre au nombre qui est situé à 31 de moins ? À 37 de plus ? À 18 de plus ?

Une entreprise de lavage de fenêtres pratique un taux fixe de 5 $, plus 3 $ la fenêtre.

Tâche 1: Combien quelqu'un paierait-il de plus pour faire laver 35 fenêtres plutôt que 24 fenêtres ?

Tâche 2: Est-il possible que quelqu'un paie exactement 87 $ pour faire laver ses fenêtres ? Explique ta réponse.

Pour répondre à ces deux questions, les élèves doivent utiliser la relation présentée dans la description du problème. Dans la ***tâche 1***, ils appliquent simplement la règle pour déterminer la sortie (le prix) correspondant à une entrée donnée (le nombre de fenêtres). Cette tâche est un peu plus simple que la ***tâche 2***, dans laquelle les élèves peuvent déterminer si le prix final est sensé à l'aide du raisonnement ou de l'algèbre. Ceux qui ont un bon sens des nombres pourraient se rendre rapidement compte que, puisque 87 est un multiple de 3, ce nombre ne peut pas correspondre à 5 de plus qu'un multiple de 3 ; par conséquent, il est impossible que quelqu'un paie exactement 87 $ pour faire laver ses fenêtres.

> Ordonne ces valeurs de la plus petite à la plus grande. Est-ce que ton ordre sera le même peu importe la valeur de n ? Explique ta réponse.
>
> **Tâche 1 :** $\frac{n}{2}$ $3n$ n^2 $3n + 1$ $10 - n$
>
> **Tâche 2 :** $4n$ $3n$ $10n$ $3n + 1$ $5n + 2$ $-n$

Les élèves doivent comprendre le rôle que joue une variable dans la description d'une relation. Certains élèves tiendront uniquement compte des nombres naturels et devraient être incités à prendre en considération les nombres négatifs ou les fractions. Les élèves peuvent utiliser une variété de stratégies pour en arriver à une conclusion. Par exemple, ils pourraient ordonner leurs valeurs en se servant du raisonnement, de représentations visuelles et de la **substitution**. La ***tâche 1*** pose un plus grand défi parce qu'elle comporte une gamme plus variée de types de relations.

Les questions suivantes conviennent aux deux groupes d'élèves :

- Supposez que $n = 0$. Est-ce que votre ordre changerait ?
- Supposez que $n = -1$. Est-ce que votre ordre changerait ?
- Comment savez-vous que $3n < 3n + 1$, peu importe la valeur de n ?

RÉCAPITULATION

> **MES QUESTIONS ET MES TÂCHES**
>
> **Objectif de la leçon :** **Année d'études :** _____
>
> **Notions à l'étude :**
>
> **Grande idée sous-jacente :**
>
> **Question ouverte :**
>
> **Tâches parallèles :**
>
> **Tâche 1 :**
>
> **Tâche 2 :**
>
> **Principes fondamentaux :**
>
> - Toute question ouverte doit admettre de bonnes réponses correspondant à divers stades de développement.
> - Les variantes que comportent les tâches parallèles doivent favoriser la réussite des élèves qui éprouvent des difficultés et stimuler les élèves compétents.
> - La façon dont les questions et les tâches sont élaborées doit permettre à tous les élèves de participer aux discussions de suivi.

Le présent chapitre explore les 8 grandes idées qui sous-tendent le domaine des régularités et de l'algèbre au moyen d'environ 35 exemples de questions ouvertes et de tâches parallèles – et de leurs variantes. Par leur conception, les exemples pédagogiques fournis soutiennent l'enseignement différencié destiné à des élèves de différents stades de développement, dans trois tranches distinctes d'années d'études : du préscolaire à la 2e année, de la 3e année à la 5e année et de la 6e année à la 8e année.

Les questions et les tâches présentées dans ce chapitre ne constituent que quelques exemples qui peuvent servir à différencier l'enseignement dans le domaine des régularités et de l'algèbre. Bon nombre de nouvelles idées viennent naturellement à l'esprit. Par exemple, on pourrait demander aux élèves de chercher des régularités dans d'autres formes de tableaux ou de grilles, ou choisir d'autres termes de départ pour les suites ; les élèves pourraient aussi trouver d'autres moyens de décrire les relations. Le modèle pratique que constitue le formulaire présenté ici peut servir à la conception de questions ouvertes et de tâches parallèles personnalisées. L'appendice du présent ouvrage contient un formulaire vierge, de pleine dimension, ainsi que des conseils sur la façon d'utiliser celui-ci pour concevoir du matériel pédagogique personnalisé.

6

Gestion des données et probabilité

LES ACTIVITÉS D'APPRENTISSAGE DIFFÉRENCIÉ liées à la gestion des données et à la probabilité découlent de l'application des processus mathématiques – tels que décrits par le NCTM – en ce qui concerne la résolution de problèmes, le raisonnement, la communication, l'établissement de liens et la visualisation, et ce, aux objectifs relatifs à la gestion des données et à la probabilité que prône cet organisme, notamment :

- formuler des questions qu'on peut aborder à l'aide de données, et collecter, organiser et représenter des données pertinentes pour y répondre ;
- choisir et utiliser des méthodes statistiques appropriées pour analyser des données ;
- élaborer et évaluer des inférences et des prédictions basées sur des données ;
- comprendre et appliquer les concepts de base de la probabilité.

THÈMES

Un enseignant conscient de la façon dont ses élèves approfondissent leur compréhension de la gestion des données et de la probabilité aura plus de facilité à différencier son enseignement à l'aide de questions appropriées. En matière de gestion des données, les élèves commencent par trier et classer des données – souvent associées à la mesure – afin de les organiser en catégories. Ils utilisent d'abord de simples **diagrammes à pictogrammes**, **diagrammes à bandes** et **lignes de dénombrement** pour résoudre des problèmes qui s'y rapportent. Ils abordent ensuite les images à l'échelle, d'autres diagrammes à bandes et des lignes de dénombrement plus complexes, pour passer aux **histogrammes**, aux **diagrammes des quartiles** et aux **nuages de points**. Ils en arrivent à modéliser la **corrélation linéaire** relative à des données à deux variables à l'aide de droites. Les élèves s'intéressent aux notions de **centre**, de distribution et de forme des données ainsi qu'aux enjeux propres à l'échantillonnage. Quant à l'analyse de la probabilité, elle commence habituellement par la description qualitative de la probabilité, pour arriver à la description quantitative de la **probabilité expérimentale**, puis de la **probabilité théorique**. Les élèves travaillent d'abord avec des événements uniques, puis avec des **événements composés** ; finalement, ils conçoivent et effectuent des **simulations** pour estimer des probabilités.

Bien sûr, la compréhension qu'ont les élèves de ces concepts évolue au fil du temps et en fonction de chacun d'entre eux. On trouve de bonnes indications sur la séquence de développement typique relative à ce domaine dans les programmes d'études de mathématiques de chaque province ou région canadienne.

Du préscolaire à la 2e année

Dans cette tranche d'années d'études, les élèves appliquent une variété de **règles de tri** pour comparer des objets, des figures et des nombres. Ils dénombrent, organisent et représentent des données en fonction de catégories – jusqu'à quatre catégories –, en plus de poser des questions sur ces données et d'y répondre. Ils construisent des diagrammes simples, à bandes et à pictogrammes, à partir de leurs données. Ils représentent aussi des mesures exprimées en nombres naturels à l'aide de lignes de dénombrement. On n'aborde pas la probabilité.

De la 3e année à la 5e année

Dans cette tranche d'années d'études, les élèves posent et résolvent des problèmes à partir de diagrammes à pictogrammes – dont la correspondance est de un à plusieurs – et de diagrammes à bandes – dont l'**échelle** est graduée par **intervalles** –, et utilisent des lignes de dénombrement exprimées en unités de mesure fractionnaires. On n'aborde pas la probabilité.

De la 6e année à la 8e année

Dans cette tranche d'années d'études, on accorde beaucoup plus d'attention à la statistique et à la probabilité. Les élèves réfléchissent à la nature des questions posées en statistique. Ils étudient les enjeux relatifs à l'échantillonnage et comparent des distributions de données à une variable, souvent en utilisant des mesures de tendance centrale – comme la **moyenne** et la **médiane** – et de dispersion – comme l'**étendue interquartile**, l'**écart moyen absolu** et l'**écart type**. Ils commencent à étudier la relation entre deux variables à l'aide de mesures de corrélation et de modèles linéaires. Dans ces années d'études, on présente les données à l'aide de nouvelles représentations, dont des **diagrammes à points**, des histogrammes, des diagrammes des quartiles, des nuages de points et des **tableaux à double entrée**.

On aborde officiellement la probabilité dans cette tranche d'années d'études. Les élèves étudient d'abord la probabilité expérimentale, puis passent à la probabilité théorique comportant des événements uniques, puis composés. De plus, ils conçoivent et effectuent des simulations pour estimer des probabilités.

LES GRANDES IDÉES QUI SOUS-TENDENT LA GESTION DES DONNÉES ET LA PROBABILITÉ

Voici les grandes idées autour desquelles on peut structurer les programmes d'études cohérents qui correspondent aux normes de contenu et aux processus mathématiques du NCTM (National Council of Teachers of Mathematics, 2000) et qui soutiennent l'enseignement différencié.

- De nombreuses activités de collecte de données reposent sur le tri d'informations dans des catégories significatives.
- Pour collecter des données utiles, il est nécessaire d'en déterminer à l'avance la source ou la méthode de collecte appropriée de même que la façon efficace de s'en servir.
- On gagne parfois à décrire un grand ensemble de données à l'aide d'une **statistique sommaire**, c'est-à-dire d'un nombre unique significatif décrivant l'ensemble des données. Ce nombre peut décrire la valeur de données individuelles ou la façon dont les données sont dispersées ou distribuées.
- Les diagrammes permettent de représenter très efficacement des données parce qu'ils révèlent d'un coup d'œil une grande quantité d'informations.
- La probabilité expérimentale repose sur des événements passés alors que la probabilité théorique est fondée sur l'analyse de ce qui pourrait se produire. La probabilité expérimentale avoisine la probabilité théorique lorsqu'on emploie une quantité suffisante d'échantillons aléatoires.

- En situation de probabilité, on ne peut jamais savoir avec certitude ce qui se produira ensuite. Ce n'est pas le cas de la plupart des autres situations mathématiques.
- On peut parfois estimer une probabilité à l'aide d'une représentation appropriée et en réalisant une expérience.

Les tâches présentées et les questions posées au cours de l'enseignement de la gestion des données et de la probabilité devraient consolider ces grandes idées. Les pages suivantes présentent plusieurs exemples d'utilisation des questions ouvertes et des tâches parallèles lors de l'enseignement différencié de ces grandes idées, d'une tranche d'années d'études à l'autre.

TABLE DES MATIÈRES DU CHAPITRE

QUESTIONS OUVERTES – DU PRÉSCOLAIRE À LA 2e ANNÉE

Les **QUESTIONS OUVERTES** possèdent une large portée et suscitent des réponses sensées chez des élèves de plusieurs stades de développement.

GRANDE IDÉE. De nombreuses activités de collecte de données reposent sur le tri d'informations dans des catégories significatives.

[**NOTE À L'ENSEIGNANT :** Parmi du matériel de tri, choisir quatre objets qui sont semblables selon certains aspects, mais différents selon d'autres.]

Regarde les objets devant toi. Lequel n'appartient pas à ce groupe ? Explique ta réponse. Pense aux mêmes objets, mais d'une façon différente. En réfléchissant de cette nouvelle façon, essaie de trouver un autre objet qui n'appartient pas à ce groupe.

De nombreux élèves connaissent le jeu « Qui est l'intrus ? » Cette question est ouverte parce qu'elle suscite habituellement plus d'une bonne réponse, particulièrement si l'enseignant a choisi les objets avec soin. Dans l'exemple des figures de la page suivante, la réponse la plus évidente pourrait être que le triangle n'appartient pas au groupe : c'est la seule figure blanche. Toutefois, les élèves pourraient également suggérer que le cercle n'appartient pas au groupe – parce que c'est la seule figure ronde – ou que le deuxième carré n'appartient pas au groupe – parce que c'est la seule petite figure.

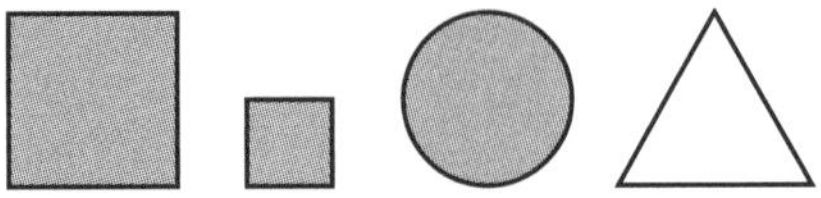

Variantes. On peut concevoir de nouvelles questions à l'aide d'autres ensembles d'objets (des dessins ou des objets concrets) et d'un autre nombre d'objets. On peut aussi permettre aux élèves de concevoir leurs propres groupes d'objets, puis demander à leurs camarades de classe de trouver l'objet qui n'appartient pas au groupe.

ASTUCE PÉDAGOGIQUE. Il est temps de différencier l'enseignement dans le domaine de la gestion des données. Ce ne sont pas les données elles-mêmes qui importent mathématiquement, mais bien les *méthodes* de collecte, de représentation et d'analyse de données. La plupart du temps, il n'y a aucune raison de ne pas laisser les élèves collecter des données qui suscitent leur intérêt.

✸ **GRANDE IDÉE. Pour collecter des données utiles, il est nécessaire d'en déterminer à l'avance la source ou la méthode de collecte appropriée de même que la façon efficace de s'en servir.**

> Comment pourrais-tu trier un groupe de jouets pour former deux ou trois groupes, puis construire un diagramme pour montrer le nombre de jouets que contient chaque groupe ?

L'enseignant aurait avantage à aider les élèves à amorcer cette activité en leur demandant de nommer leurs jouets favoris et en en dressant la liste au tableau. Ainsi, il leur sera plus facile de trouver des façons de trier leurs jouets. Les élèves pourraient trier les jouets selon qu'ils sont électroniques ou non, selon qu'il s'agit ou non de jeux de plateau, selon qu'ils conviennent à de jeunes enfants ou à des enfants plus âgés, selon le nombre de personnes qui peuvent y jouer en même temps, et ainsi de suite.

Selon la connaissance qu'ont les élèves des différents types de diagrammes, l'enseignant pourrait les inciter à construire un diagramme à pictogrammes, un diagramme à bandes ou un **diagramme concret** à l'aide de cubes ou d'autres objets. Cette tâche est accessible à de nombreux élèves puisqu'ils sont libres de trier les objets et de construire leur diagramme comme ils le veulent. Elle intéressera ceux qui n'utilisent que des règles de tri simples aussi bien que ceux dont les règles de tri sont plus complexes. En outre, elle convient tant à ceux qui ne construisent que des diagrammes concrets qu'à ceux qui sont à l'aise avec des diagrammes plus abstraits.

ASTUCE PÉDAGOGIQUE. Il est souvent sensé de demander aux jeunes élèves de collecter des données à propos d'objets de leur vie quotidienne. Cependant, il est parfois utile de mettre l'accent sur des objets mathématiques – comme des nombres ou des figures – afin de combiner différents domaines mathématiques.

> Pense à une question qui a trois réponses possibles et que tu pourrais poser à tes camarades de classe. Réalise un sondage, puis construis un diagramme concret ou un diagramme à bandes pour représenter tes résultats.

Pour collecter des données utiles, les élèves doivent apprendre à prévoir les réponses possibles. Les élèves doivent faire cette planification afin de répondre à cette question ; ils disposent pourtant d'une grande liberté. Par exemple, ils pourraient demander à leurs camarades de nommer leurs trois couleurs préférées, leurs trois émissions de télévision favorites ou les trois endroits où ils préfèrent passer leurs vacances. Ils s'apercevront rapidement qu'ils doivent prêter attention à la façon de poser leur question. Par exemple, un élève pourrait souhaiter poser la question suivante : « Quel animal de compagnie as-tu : un chien, un chat ou un oiseau ? » Il devrait s'attendre à ce que certains répondants choisissent deux ou trois animaux – ou n'en choisissent aucun – ou à ce qu'ils nomment d'autres animaux. D'autres élèves pourraient se sentir à l'aise de reformuler la question pour la rendre plus ouverte et de concevoir leurs propres stratégies pour aborder les réponses originales (par exemple, en ajoutant une catégorie « autres réponses » à leur diagramme).

La question convient à des élèves dont les aptitudes graphiques sont variées puisqu'elle leur permet de choisir un diagramme concret ou un diagramme à bandes, à leur guise. On peut aussi fournir des cubes emboîtables aux élèves qui en ont besoin pour faciliter la construction du diagramme concret.

Variantes. On peut facilement concevoir des variantes de cette tâche. Les élèves pourraient utiliser un nombre différent de catégories ou collecter des données auprès d'autres personnes que leurs camarades de classe.

✷ **GRANDE IDÉE. Les diagrammes permettent de représenter très efficacement des données parce qu'ils révèlent d'un coup d'œil une grande quantité d'informations.**

> Pense à une chanson ou à un poème que tu aimes beaucoup et qui contient peu de mots, mais dont certains mots se répètent. Par exemple, dans la chanson « Savez-vous planter les choux ? » on répète entre autres les mots « savez », « vous », « planter », « les », « choux » et « à la mode ». Trouve une façon de représenter chaque mot de la chanson ou du poème et le nombre de fois où on le répète.

Permettre aux élèves de choisir un poème ou une chanson constitue un premier pas vers l'enseignement différencié, comme l'est le fait de les laisser choisir leur propre méthode de représentation, que ce soit un **tableau de dénombrement** ou un diagramme.

Quand ils auront conçu leurs représentations, les élèves devraient avoir l'occasion d'échanger entre eux sur leur travail afin d'améliorer leurs habiletés de communication mathématique. Par exemple, un enseignant pourrait leur poser les questions présentées à la page suivante.

- Comment avez-vous choisi votre type de représentation ?
- Comment avez-vous construit votre représentation ?
- Comment savez-vous que vos données sont justes ?

Variantes. On peut tout simplement demander aux élèves de choisir une page ou un paragraphe dans un livre et d'effectuer la même tâche, plutôt que d'utiliser un poème ou une comptine. Pour que la quantité de travail demeure acceptable, on pourrait alors demander aux élèves de dénombrer un nombre restreint de mots – en ignorant les autres –, les mots les plus courants ou ceux qui comportent un nombre donné de lettres.

ASTUCE PÉDAGOGIQUE. Lorsqu'ils constatent qu'une question ouverte comporte une suggestion – par exemple « Savez-vous planter les choux ? » –, les élèves peuvent se croire obligés de l'utiliser. Si les élèves ont moins l'impression qu'ils peuvent interpréter la question à leur manière, les possibilités de différenciation diminuent. Les enseignants devraient réfléchir à la fréquence à laquelle ils fournissent ce type d'étayage, afin de s'en servir judicieusement. En effet, si elle peut être utile à certains élèves qui ont de la difficulté à s'atteler à une tâche donnée, la suggestion peut toutefois limiter l'expression d'autres élèves.

Qu'est-ce que le diagramme ci-contre pourrait représenter ? Discutes-en avec un ou une camarade.

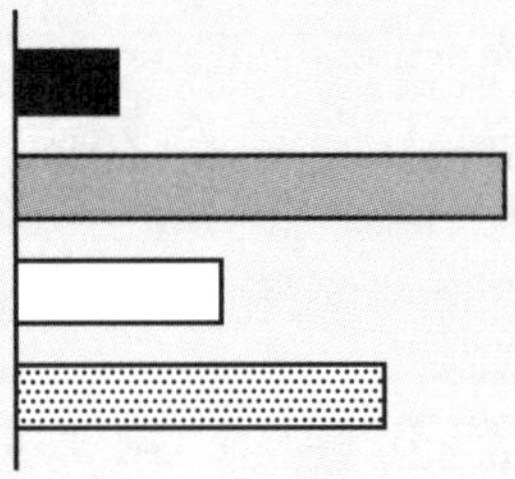

Ce diagramme est délibérément vague – il n'a ni titre ni étiquettes. Les élèves ont donc beaucoup de liberté quand vient le temps de déterminer ce qu'il pourrait représenter. Par exemple, une équipe pourrait suggérer que ce diagramme montre les sortes de pizza préférées d'un groupe de jeunes. Les élèves devraient ensuite expliquer ce que représente chaque bande (par exemple, la pizza aux olives, au pepperoni, au fromage ou végétarienne) et les raisons pour lesquelles ils croient que ces valeurs ont du sens (par exemple, la pizza au pepperoni est la préférée de la majorité des gens, très peu de jeunes aiment les olives, etc.). On peut aussi inciter les élèves à suggérer la valeur que pourrait représenter chaque bande. Bien sûr, il y a plus d'une bonne réponse ; l'enseignant devrait toutefois diriger la discussion, si nécessaire, afin de s'assurer que les valeurs suggérées par les élèves sont sensées – par exemple, que le nombre attribué à la plus longue bande est à peu près trois ou quatre fois plus grand que celui attribué à la bande la plus courte.

Lors de la discussion du suivi, l'enseignant devrait attirer l'attention des élèves sur la variété des situations que pourrait représenter ce diagramme. Le fait qu'un diagramme sans étiquettes ni titre puisse représenter de façon sensée des informations si diversifiées démontre à quel point il s'agit d'un outil efficace.

ASTUCE PÉDAGOGIQUE. En discutant avec les élèves d'un diagramme sans titre ni étiquettes, l'enseignant peut les aider à comprendre la différence entre une situation où on souhaite obtenir de nombreuses réponses (par exemple, un diagramme sans étiquettes) et une situation où on s'attend à ce que tous arrivent à la même conclusion (par exemple, un diagramme clairement étiqueté).

Quelles sont les ressemblances et les différences entre les diagrammes ci-contre?

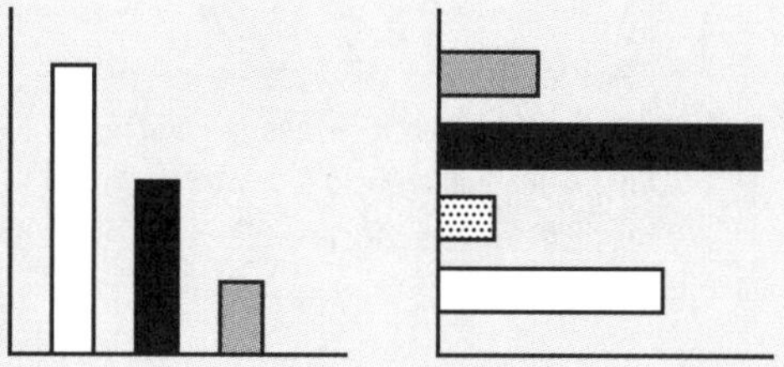

On favorise toujours la différenciation en demandant aux élèves de comparer deux éléments et d'en indiquer les ressemblances et les différences. Pour augmenter les possibilités que suscite la tâche et ainsi répondre aux besoins d'une gamme étendue d'élèves, la question ne fait délibérément aucune mention de ce que représentent les bandes. Plusieurs élèves concentreront leurs efforts sur la couleur des bandes, leur nombre ou leur orientation – verticale ou horizontale. S'il est bon de remarquer ces caractéristiques, l'enseignant devrait tout de même inciter les élèves à prêter davantage attention aux notions mathématiques sous-jacentes en leur posant des questions comme les suivantes:

- En quoi peut-on comparer la grandeur de ces catégories?
- Est-ce qu'une catégorie est environ deux fois plus grande qu'une autre, dans l'un ou l'autre diagramme?
- Pouvez-vous dire combien de fois la plus grande catégorie est plus grande que la plus petite catégorie, dans l'un ou l'autre diagramme?

Tu mesures 10 objets en centimètres. Tu construis des lignes de dénombrement et tu remarques qu'il y a quelques grandes colonnes de «x», des colonnes vides, puis un plus grand nombre de grandes colonnes de «x». Que pourrais-tu être en train de mesurer? Quelles pourraient être ces mesures?

Les élèves devraient comprendre qu'on a mesuré une certaine quantité d'objets de longueur semblable, puis une plus grande quantité d'objets – un peu plus longs que ceux du premier ensemble – dont la longueur est aussi semblable. Les élèves sont libres de décider ce que pourraient être les deux ensembles de mesures semblables, les objets mesurés et le nombre de colonnes vides entre les deux groupes. Par exemple, un élève pourrait mesurer au centimètre près la largeur de la main d'élèves de 2e année, puis celle de la main de quelques enseignants. Les élèves pourraient aussi mesurer au centimètre près la hauteur de quelques livres de poche pour enfants et de quelques manuels plus grands, celle de petites et de grandes bouteilles d'eau ou, au mètre près, celle d'un certain nombre de voitures et de camions.

QUESTIONS OUVERTES – DE LA 3e ANNÉE À LA 5e ANNÉE

GRANDE IDÉE. Les diagrammes permettent de représenter très efficacement des données parce qu'ils révèlent d'un coup d'œil une grande quantité d'informations.

Choisis un type de diagramme pour représenter les données ci-contre. Pourquoi est-ce une bonne façon de représenter ces données ?

Dinosaures préférés	
Tyrannosaure roi	25
Tricératops	3
Stégosaure	8
Brachiosaure	2

Les élèves doivent apprendre que différents types de diagrammes conviennent à différents types de situations. Permettre aux élèves de choisir eux-mêmes leur type de diagramme – plutôt que leur dire quel diagramme utiliser – les incitera probablement à réfléchir sérieusement aux raisons qui font qu'on utilise un type de diagramme plutôt qu'un autre dans une situation donnée.

En outre, ce choix donnera à tous les élèves – peu importe leurs connaissances – la chance de réussir la tâche. Par exemple, les élèves qui ne se sentent pas à l'aise avec un certain type de diagramme auraient moins de chances que les autres de réussir la tâche, si celle-ci portait sur la construction de ce type précis de diagramme. Cette approche ouverte permet aux élèves de décrire leur travail et d'apprendre à utiliser divers types de diagrammes ; même les élèves qui éprouvent des difficultés découvriront ainsi des diagrammes qu'ils auraient autrement évités.

Les données ci-dessous montrent le nombre d'heures qu'une élève a passées en ligne chaque semaine pendant 4 semaines. Comment décrirais-tu les habitudes de cette élève en ce qui concerne le temps qu'elle passe en ligne ? À quoi pourrait ressembler un autre diagramme sur le même thème, s'il était présenté différemment ?

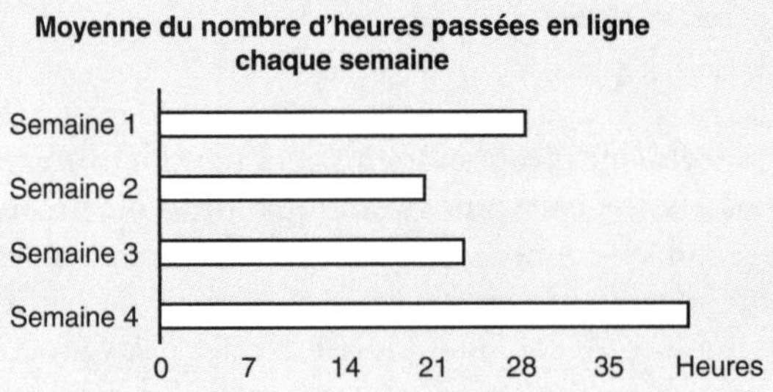

Cette question est ouverte puisqu'il revient aux élèves de choisir l'ampleur de leur description ou ce que celle-ci met en évidence. Un élève pourrait porter son attention sur l'augmentation ou la diminution des valeurs au cours des 4 semaines ; un autre pourrait s'intéresser au fait que, pendant certaines semaines, le temps passé en ligne est considérable ; un autre encore pourrait souligner que les valeurs sont toutes plus grandes ou plus petites qu'une certaine quantité.

Les élèves peuvent utiliser diverses démarches pour construire un diagramme présenté différemment. S'il est possible que certains élèves représentent simplement les mêmes données dans un autre type de diagramme, d'autres pourraient se servir d'un diagramme semblable, mais dont l'échelle ou l'orientation serait différente. D'autres encore pourraient générer des données qu'ils considèrent comme significativement différentes des données fournies, puis présenter ces nouvelles données dans un diagramme semblable à celui que comporte la question – ou qui en est différent.

Variantes. On peut proposer aux élèves des données différentes ou un autre type de diagramme. On peut aussi leur demander de construire un diagramme semblable à celui que comporte la question plutôt qu'un diagramme qui en est différent.

> Imagine une commande de pizzas pour ton école. Les élèves pouvaient choisir de la pizza végétarienne, au pepperoni, au fromage ou à la viande. Selon toi, de quoi aurait l'air le diagramme à bandes représentant cette situation ? Quelle échelle serait-il logique d'utiliser et pour quelles raisons ? Conçois et résous deux problèmes à propos de ton diagramme.

Par plusieurs de ses facettes, cette question est ouverte. Les élèves peuvent choisir le nombre total d'élèves, l'échelle du diagramme à bandes et la distribution des données. En outre, le thème intéressera de nombreux élèves ; en fait, l'enseignant pourrait leur permettre de choisir les sortes de pizzas afin de leur laisser plus de liberté.

Peu importe leurs choix, les élèves étudieront la construction de diagrammes à bandes comportant une échelle et résoudront des problèmes à propos de leur diagramme. Les problèmes conçus par les élèves peuvent consister en des comparaisons simples (par exemple, « Combien de personnes de plus ont choisi la pizza au pepperoni plutôt que la pizza végétarienne ? ») ou multiplicatives (par exemple, « Combien de fois les personnes qui ont choisi la pizza au pepperoni sont-elles plus nombreuses que celles qui ont choisi la pizza végétarienne ? »).

> Les deux symboles ci-dessous font partie d'un diagramme à pictogrammes. Donne autant de détails que possible sur ce que chaque symbole représente probablement. Explique ton raisonnement.
>
> 

Apprendre à utiliser l'échelle d'un diagramme constitue une étape importante pour les élèves de cette tranche d'années d'études. Les élèves doivent comprendre que, lorsqu'on utilise une échelle, on a souvent besoin de symboles partiels. Dans le cas présent, ils peuvent s'appuyer sur leurs habiletés visuelles pour présumer que l'échelle est un multiple de 4 ; on utilise en effet le quart et la moitié d'un symbole. Certains élèves tiendront pour acquis que l'échelle doit être de 4 ; d'autres comprendront qu'elle peut être un multiple de 4. Des élèves plus avancés pourraient s'apercevoir qu'il est impossible de déterminer l'échelle avec certitude. Par exemple, si les données représentaient des fractions plutôt que des nombres naturels, le cercle entier pourrait représenter 3, le demi-symbole, la moitié de cette quantité et le quart de symbole, le quart de cette quantité.

ASTUCE PÉDAGOGIQUE. De nombreux élèves éprouvent des difficultés avec les symboles des diagrammes à pictogrammes qui comportent des échelles. Par exemple, s'ils n'étaient pas à l'aise de représenter 4 objets à l'aide d'un symbole unique, ils pourraient se servir d'une figure séparée en 4 plutôt que d'un cercle.

> Tu construis des lignes de dénombrement représentant des mesures d'objets effectuées au centimètre près. Tu remarques que ton tracé ressemble beaucoup à une montagne abrupte. Quels objets pourrais-tu avoir mesurés et quelles pourraient être ces mesures ? Pourquoi est-il logique que tes lignes de dénombrement ressemblent à une montagne abrupte ?

Il est préférable de poser ce type de question une fois que les élèves ont vu plusieurs lignes de dénombrement de formes variées et représentant des mesures effectuées au centimètre près. Cela leur donne une idée des ressemblances et des différences que peuvent comporter ces diagrammes et du genre de mesures qu'ils peuvent représenter. La façon d'interpréter la « montagne abrupte » peut varier d'un élève à l'autre ; cependant, l'intérêt du problème réside dans les raisons pour lesquelles les élèves pensent que de nombreux objets pourraient avoir approximativement la même mesure.

Variantes. Plutôt qu'une montagne abrupte, on pourrait suggérer une autre forme aux élèves ; par exemple, une forme presque rectangulaire ou une forme très étendue.

> Des lignes de dénombrement montrent la distance, au quart de mètre près, que peuvent franchir en sautant les enfants d'un groupe. Construis des lignes de dénombrement qui te semblent appropriées. Explique pourquoi tu penses qu'elles sont sensées en décrivant les raisons pour lesquelles tu as utilisé ces données.

La façon dont cette question est formulée amène les élèves à réaliser une expérience pour voir quelles distances sont appropriées. De plus, ils peuvent s'exercer à construire des lignes de dénombrement et réfléchir au fait que les données doivent un tant soit peu varier. Ils pourraient tenir compte de facteurs comme le sexe ou la forme physique des membres du groupe (par exemple, s'agit-il d'un groupe d'athlètes ou d'un groupe d'enfants choisis au hasard?). Ce genre de raisonnement offre aux élèves un avant-goût de la notion de dispersion, laquelle sera étudiée de façon plus poussée dans la prochaine tranche d'années d'études.

> Construis des lignes de dénombrement qui pourraient représenter des longueurs de doigts au centimètre près. Formule deux questions à propos de tes lignes de dénombrement, puis réponds-y. Il faut devoir effectuer une multiplication pour répondre à l'une des questions, et une division pour répondre à l'autre question.

Plutôt que de fournir des données aux élèves, cette tâche leur donne l'occasion d'utiliser un échantillon suffisamment grand afin de générer ce qu'ils considéreront comme des données appropriées.

Un autre type de choix rend la question encore plus ouverte : les élèves doivent choisir des questions à poser à propos de leur diagramme. Puisqu'ils doivent utiliser certaines opérations, les élèves sont obligés de penser à des situations correspondant à chacune d'entre elles. Par exemple, la division peut servir à calculer une moyenne et la multiplication, à prédire ce qui se passerait si on ajoutait au diagramme une nouvelle mesure comportant la même quantité de données qu'une mesure qui y est déjà représentée.

QUESTIONS OUVERTES – DE LA 6e ANNÉE À LA 8e ANNÉE

✱ GRANDE IDÉE. **Pour collecter des données utiles, il est nécessaire d'en déterminer à l'avance la source ou la méthode de collecte appropriée de même que la façon efficace de s'en servir.**

> Pense à une situation qui t'intéresse et dans laquelle quelqu'un pourrait se servir d'informations tirées d'un sondage pour prendre une décision dont la portée dépasse les personnes sondées. Par exemple, la propriétaire d'un centre de conditionnement physique pourrait demander à quelques clients seulement les heures d'ouverture qu'ils préfèrent et supposer que les autres clients seront d'accord. Une fois que tu as choisi ta situation, discute de la façon d'obtenir un **échantillon représentatif** : combien de personnes dois-tu sonder ? Quelles personnes dois-tu sonder ?

De plus en plus, chaque citoyen doit saisir la notion d'échantillonnage pour comprendre son environnement. En raison d'Internet, la société est constamment bombardée de données – qui sont souvent tirées d'échantillons. À ce sujet, les questions essentielles sont toujours relatives à la façon dont les données ont été collectées et à la représentativité de l'échantillon.

Les élèves se concentreront davantage sur la tâche s'ils peuvent explorer un thème qui les intéresse plutôt qu'un thème choisi par l'enseignant. Peu importe le thème à l'étude, le concept au cœur de cette question est de savoir ce qui rend un échantillon représentatif.

Les élèves devront tenir compte de la taille de l'échantillon, de sa composition ou de ces deux éléments. Étant donné la variété des thèmes qu'elle permettra d'aborder, la discussion de classe sera sans doute intéressante.

> Tu collectes des données sur le temps que mettent diverses personnes de ton âge à marcher un kilomètre. Comment les données pourraient-elles être distribuées ? Pour quelles raisons pourrais-tu obtenir des données inhabituelles ? Quel effet cela aurait-il sur ton échantillon ?

La notion de **donnée aberrante** revêt ici une grande importance ; les élèves en tiendront compte lorsqu'ils examineront les données recueillies, mais ils pourraient aussi y réfléchir avant même la collecte – en se demandant s'il est préférable d'éviter les données aberrantes ou de les inclure délibérément dans leurs données. Bien qu'elle porte sur un certain type de données, cette question offre tout de même aux élèves une certaine liberté quant aux facteurs auxquels ils pourraient penser et à la façon dont ceux-ci pourraient influer sur leur échantillon.

ASTUCE PÉDAGOGIQUE. Les questions devraient être plus ou moins ouvertes. Les élèves ne répondront pas tous aux questions ouvertes avec la même aisance ; habituellement, il est judicieux de leur proposer un mélange de questions ouvertes – certaines qui sont vraiment très ouvertes et d'autres qui le sont un peu moins – pour s'adapter à ces différences.

GRANDE IDÉE. On gagne parfois à décrire un grand ensemble de données à l'aide d'une statistique sommaire, c'est-à-dire d'un nombre unique significatif décrivant l'ensemble des données. Ce nombre peut décrire la valeur de données individuelles ou la façon dont les données sont dispersées ou distribuées.

> La moyenne d'un ensemble de nombres est de 8. Quels pourraient être ces nombres ?

Cette question est très ouverte. Les élèves sont libres de choisir la quantité de même que la grandeur des nombres de leur ensemble. Ceux qui éprouvent des difficultés pourraient choisir un ensemble très simple, comme {7, 8, 9}, ou même le seul nombre 8. Cependant, d'autres pourraient choisir des ensembles de données beaucoup plus grands et comportant des valeurs plus variées.

En fournissant des ensembles de cubes emboîtables aux élèves, l'enseignant s'assure que tous peuvent réaliser cette tâche. Les élèves pourraient d'abord former un nombre quelconque de groupes de 8, puis simplement déplacer les cubes pour découvrir de nouveaux ensembles dont la moyenne répond à la consigne. Dans l'exemple suivant, les cubes de l'ensemble initial {8, 8, 8, 8} ont été disposés autrement pour former le nouvel ensemble {7, 10, 10, 5}, dont la moyenne est de 8.

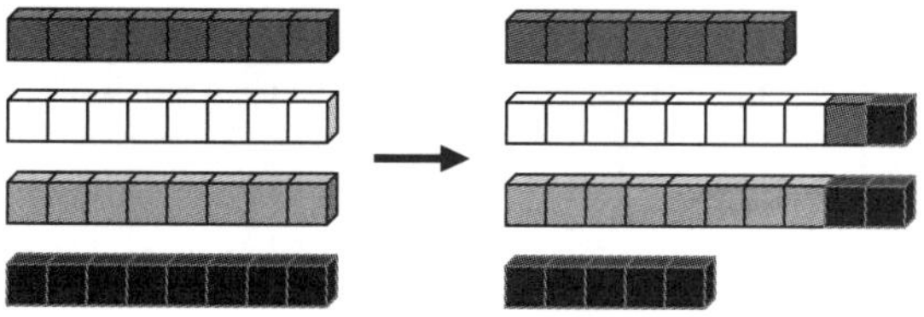

Lors de la discussion de suivi portant sur les différents ensembles de données conçus par les élèves, l'enseignant peut souligner la façon dont, dans chaque cas, la somme de la valeur des données est un multiple de 8. En fait, le multiple de 8 équivalant à la somme de la valeur des données est en relation avec le nombre de données de l'ensemble. Par exemple, la somme de {7, 8, 9} est de 24, qui correspond à 3×8 (c'est-à-dire au nombre de données de l'ensemble multiplié par la valeur moyenne de cet ensemble).

ASTUCE PÉDAGOGIQUE. L'utilisation de matériel de manipulation est bénéfique pour tous les élèves et soutient efficacement l'enseignement différencié.

> Conçois un ensemble de données dont la moyenne est plus grande que la médiane.

Les élèves sont capables d'effectuer une tâche comme celle-ci lorsqu'ils comprennent bien les concepts de moyenne et de médiane. Ils peuvent concevoir des ensembles de données simples ou complexes, selon leur aisance et leurs connaissances; c'est ce qui rend cette tâche ouverte. Cependant, tous les élèves devront comprendre les concepts suivants: la médiane est la donnée du milieu dans un ensemble ordonné de valeurs; la moyenne est la description de la valeur d'une donnée si la somme des données est distribuée également; et il est plus probable que la moyenne soit plus grande que la médiane si l'ensemble ne possède qu'une ou deux données dont la valeur est très grande.

Pour effectuer cette tâche de façon très simple, un élève pourrait former un ensemble de données dont la moyenne est égale à la médiane, comme {4, 5, 6}, puis remplacer le nombre 6 par un nombre plus grand.

> Jeanne et Mélissa ne sont pas dans la même classe. Chacune a subi un examen d'histoire. Jeanne a obtenu 83 % et Mélissa, 90 %; pourtant, on peut considérer que la note de Jeanne est meilleure que celle de Mélissa. Décris des données qui pourraient représenter les notes de chaque classe. Explique quelles caractéristiques de tes données font que cette affirmation est sensée.

Lorsqu'ils examinent un ensemble de données, les élèves doivent tenir compte de plusieurs facteurs, dont le centre et la distribution des données. Si un élève peut choisir ce que signifie une « meilleure » note, il devra tout de même décrire la distribution ou le centre des données. L'ouverture de la question ne réside pas seulement dans l'interprétation de ce qu'est une « meilleure » note, mais aussi dans la conception de l'ensemble de données.

Lorsque les élèves discutent de leur raisonnement, l'enseignant peut leur poser des questions à propos des données aberrantes, de la moyenne, de la médiane, de l'étendue interquartile ou de l'écart type.

✸ GRANDE IDÉE. Les diagrammes permettent de représenter très efficacement des données parce qu'ils révèlent d'un coup d'œil une grande quantité d'informations.

Voici un diagramme des quartiles :

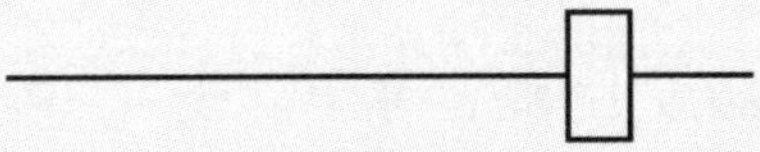

Quelles pourraient être les données ?

Poser une question ouverte est souvent la meilleure façon de déterminer si les élèves comprennent une idée de façon conceptuelle. Dans ce cas-ci, les « moustaches » de longueurs différentes et l'étroitesse de la boîte permettent de vérifier si les élèves comprennent réellement qu'un diagramme des quartiles est une image de la distribution des données.

Dans cette question, les élèves devraient comprendre que les valeurs centrales qui constituent 50 % des données occupent une étendue plutôt étroite par rapport à l'étendue de l'ensemble des données. Ils devraient aussi comprendre que les données du premier segment – soit les 25 % dont les valeurs sont les plus petites – sont distribuées de façon beaucoup plus dispersée que les données du deuxième segment – soit les 25 % restants de l'ensemble des données, dont les valeurs sont les plus grandes.

Variantes. On pourrait utiliser des diagrammes des quartiles de diverses formes ; la boîte pourrait être plus étroite ou plus large que celle-ci, les « moustaches » pourraient être d'égale longueur, ou la « moustache » de droite pourrait être beaucoup plus longue que celle de gauche.

ASTUCE PÉDAGOGIQUE. Bien souvent, une question ouverte qui ne comporte aucun nombre est un excellent outil d'évaluation de la compréhension.

Malgré la présence de quelques données aberrantes, la relation entre les deux variables d'un nuage de points semble presque linéaire. Construis deux nuages de points possibles.

Pour répondre à cette question, les élèves doivent réfléchir à ce que sont les données aberrantes et à la signification de la corrélation linéaire. De plus, puisqu'elle indique que la corrélation est « presque linéaire », la question oblige les élèves à réfléchir plus profondément à la linéarité ; ils doivent envisager tant la linéarité que la non-linéarité. Le fait de devoir construire deux nuages de points incite les élèves à réfléchir davantage à leurs possibilités.

> Construis un tableau des effectifs à double entrée qu'on pourrait interpréter de la façon suivante : les élèves qui font beaucoup de sport réussissent mieux à l'école. Ensuite, construis un autre tableau dans lequel cette relation semble moins forte.

Des élèves dont l'aisance mathématique varie pourront répondre à cette question, car elle les laisse libres de choisir la quantité et l'apparence des données à présenter. Certains pourraient utiliser un ensemble de données relativement petit, tandis que d'autres pourraient en utiliser un énorme. Il faudra peut-être donner quelques précisions au sujet de ce qu'est un tableau des effectifs à double entrée ; cependant, l'enseignant ne posera probablement pas la question ouverte proposée ici avant d'avoir présenté cette information aux élèves.

Il pourrait être intéressant de découvrir ce que les élèves considèrent comme une relation « forte » ou « moins forte » ; l'enseignant le verra plus facilement en posant cette question.

GRANDE IDÉE. La probabilité expérimentale repose sur des événements passés alors que la probabilité théorique est fondée sur l'analyse de ce qui pourrait se produire. La probabilité expérimentale avoisine la probabilité théorique lorsqu'on emploie une quantité suffisante d'échantillons aléatoires.

> Imagine qu'un nouvel ou une nouvelle élève est sur le point de se joindre à ta classe. Détermine quels énoncés sont probables, lesquels sont certains, lesquels sont peu probables et lesquels sont impossibles.
>
> - L'élève est un garçon.
> - L'élève a le même âge que de nombreux autres élèves de la classe.
> - L'élève a 20 ans.
> - L'élève a une tête.
> - L'élève vit dans la région.
> - L'élève aime l'école.
> - L'élève a très peu d'amis proches.
>
> Ajoute tes propres énoncés pour que tes camarades décident s'ils sont probables, peu probables, certains ou impossibles.

Quand ils commencent à étudier la probabilité, les élèves utilisent beaucoup plus facilement des termes qualitatifs comme « probable », « peu probable », « certain » et « impossible » que des rapports ou des fractions. Puisqu'elle repose sur l'expérience quotidienne des élèves, cette tâche convient à un grand nombre d'entre eux. Le fait que les élèves formulent leurs propres énoncés contribue à la différenciation. Ceux-ci pourraient porter sur l'âge, le sexe, les habitudes, les préférences, les relations familiales, et ainsi de suite.

Variantes. On peut modifier cette tâche en proposant des énoncés portant sur des personnalités sportives ou musicales ; il faut cependant prendre garde de ne pas faire appel à des connaissances spécialisées, ce qui empêcherait certains élèves de répondre à la question.

> Décris un événement qui correspond à chaque expression ci-dessous :
>
> impossible   certain   peu probable

Une question si générale offre aux élèves une foule de chances de réussite. Pour y répondre, les élèves peuvent faire appel à leur vie personnelle, à leurs expériences quotidiennes ou à leurs connaissances scolaires. Par exemple, un élève pourrait dire qu'il est certain qu'un nombre pair ne se termine pas par 3 ou qu'il est peu probable qu'un nombre plus petit que 100 décrive la population d'une ville.

> Une fois terminé, un **diagramme en arbre** montrant le résultat d'une expérience possède 12 branches. De quel problème ce diagramme pourrait-il représenter la solution ?

Naturellement, les élèves doivent connaître les diagrammes en arbre avant d'aborder cette question. La question est ouverte parce que chaque élève possédant cette connaissance de base peut décider de la complexité de son diagramme en arbre.

Certains élèves construiront un diagramme en arbre représentant une expérience simple, par exemple faire tourner une roulette composée de 12 secteurs, de A à L, et représenteront chacun de ces 12 résultats à l'aide d'une branche. D'autres élèves considéreront 12 comme le produit de 2 et 6, et construiront donc un diagramme en arbre représentant une expérience à 2 aspects : l'un comportant 2 possibilités et l'autre, 6 possibilités – par exemple, lancer 1 pièce de monnaie et 1 dé.

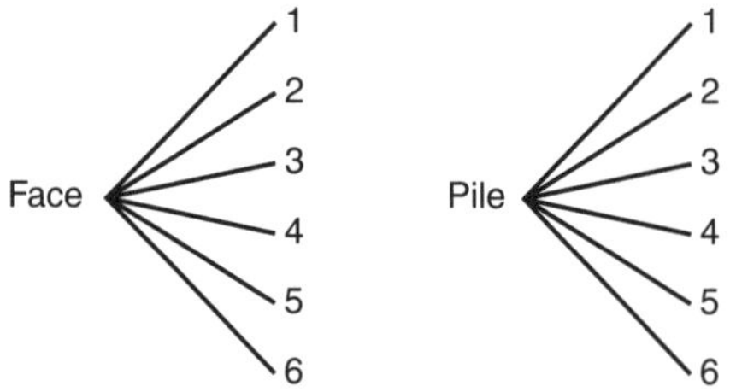

D'autres élèves encore penseront à une combinaison de 2 événements comportant 3 et 4 résultats possibles ou à une combinaison de 3 événements comportant 2, 2 et 3 résultats possibles – par exemple, lancer 2 pièces de monnaie et faire tourner 1 roulette composée de 3 secteurs égaux.

Une gamme étendue d'élèves bénéficieront de la discussion fructueuse sur les divers diagrammes en arbre et problèmes conçus par la classe.

Variantes. On peut varier le nombre de branches du diagramme en arbre, en s'assurant toutefois que ce nombre possède plusieurs facteurs.

Pour réaliser une expérience, tu dois utiliser la roulette et le dé ci-dessous. Conçois une situation dans laquelle la probabilité combinée est de $\frac{1}{2}$ ou plus.

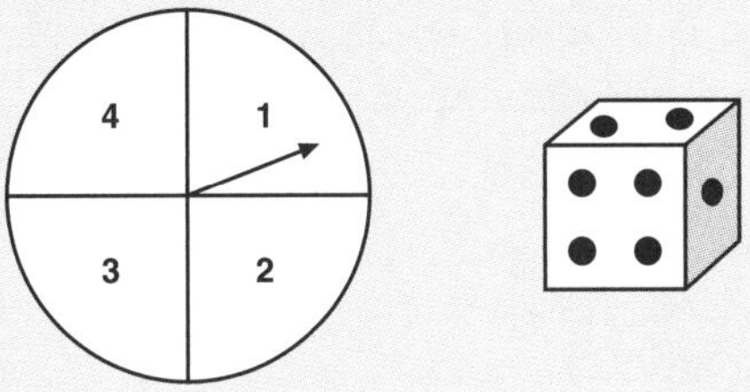

Cette question est ouverte, car les élèves disposent d'une certaine latitude en ce qui concerne le choix de la probabilité. Ils ont aussi la liberté de choisir ce que peuvent être les événements. Par exemple, un élève pourrait décider qu'on peut obtenir un 2 ou un 3 avec la roulette (probabilité de $\frac{1}{2}$) de même que n'importe quelle valeur avec le dé. La probabilité combinée serait de $\frac{1}{2}$ (c'est-à-dire $\frac{1}{2} \times 1$), ce qui résoudrait le problème. Un autre élève pourrait choisir une solution différente, soit la probabilité combinée d'obtenir un nombre plus petit que 4 avec la roulette et un nombre plus petit que 6 avec le dé (c'est-à-dire $\frac{3}{4} \times \frac{5}{6} = \frac{15}{24}$). Il est aussi possible de répondre aux conditions du problème à l'aide d'une solution très simple, c'est-à-dire obtenir n'importe quel résultat avec le dé et avec la roulette, pour une probabilité combinée de 1.

Imagine que tu piges des cubes colorés dans un sac. Si la probabilité de piger un cube vert est proche de $\frac{1}{3}$, de quelles couleurs pourraient être les cubes dans le sac et combien pourrait-il y en avoir de chaque couleur ?

Les élèves peuvent déterminer à leur guise les couleurs et le nombre des cubes dans le sac. Ils proposeront des réponses allant de la plus simple – le sac contient 3 cubes, dont 1 seul est vert – aux plus complexes – par exemple, le sac contient 100 cubes, dont 30 sont verts ; les cubes restants sont de 4 autres couleurs, réparties de façon plutôt égale.

De plus, les élèves peuvent déterminer ce que signifie « proche de » dans ce contexte. Certains d'entre eux pourraient soutenir qu'une probabilité de 1 sur 4 est suffisamment « proche » d'une probabilité de 1 sur 3, tandis que d'autres pourraient chercher une fraction qui en est plus proche. Le concept mathématique de l'estimation revêt une grande importance pour tous les élèves. La discussion de suivi portant sur cette tâche les aidera à comprendre que l'estimation n'est pas une science, mais un art.

ASTUCE PÉDAGOGIQUE. On ne discutera jamais trop de l'estimation. Il est essentiel que les élèves déterminent avec aisance les situations où l'estimation est nécessaire ainsi que l'étendue des estimations qui y sont appropriées.

GRANDE IDÉE. En situation de probabilité, on ne peut jamais savoir avec certitude ce qui se produira ensuite. Ce n'est pas le cas de la plupart des autres situations mathématiques.

Tu vas placer deux groupes identiques de billes dans deux sacs opaques. Chaque groupe comporte au moins deux billes colorées. Tu peux choisir le nombre et les couleurs des billes. Imagine que Rébecca pige une bille dans un sac et qu'Adam pige une bille dans l'autre sac.

Calcule la probabilité que Rébecca et Adam pigent une bille de la même couleur.

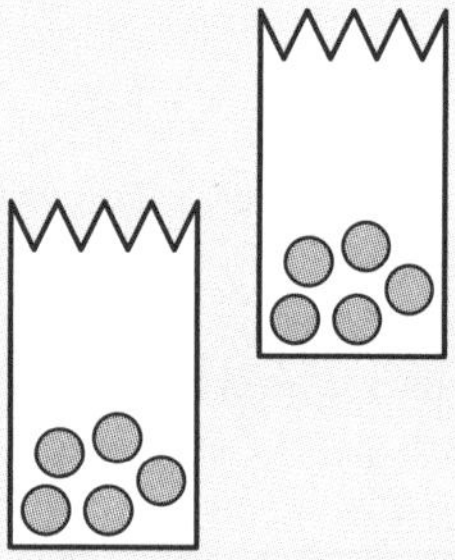

Les élèves choisissent le nombre et les couleurs des billes de chaque sac. La réponse pourrait être aussi simple que placer deux billes bleues dans chaque sac ; la probabilité que les deux élèves pigent une bille de la même couleur serait alors de 100 %. Toutefois, de nombreux élèves choisiront des billes de couleurs différentes. Par exemple, si on place deux billes vertes et trois billes bleues dans chaque sac, la probabilité de piger deux billes de la même couleur serait de $\frac{13}{25}$ (c'est-à-dire la probabilité de piger deux billes vertes, soit $\frac{2}{5} \times \frac{2}{5} = \frac{4}{25}$, additionnée à la probabilité de piger deux billes bleues, soit $\frac{3}{5} \times \frac{3}{5} = \frac{9}{25}$).

ASTUCE PÉDAGOGIQUE. La discussion sera fructueuse si la question est suffisamment ouverte ; les élèves pourront explorer différentes avenues et discuter de plusieurs résultats possibles. Inévitablement, ils en apprendront davantage sur le concept à l'étude que si une question plus fermée leur était posée.

TÂCHES PARALLÈLES – DU PRÉSCOLAIRE À LA 2e ANNÉE

Les **TÂCHES PARALLÈLES** sont des ensembles d'au moins deux tâches connexes qui explorent la même grande idée, mais qui sont conçues pour répondre aux besoins d'élèves de différents stades de développement. Le contexte des tâches est suffisamment semblable pour que tous les élèves participent pleinement à la même discussion de suivi.

GRANDE IDÉE. De nombreuses activités de collecte de données reposent sur le tri d'informations dans des catégories significatives.

[**NOTE À L'ENSEIGNANT :** Fournir aux élèves des objets qu'ils peuvent trier, comme des **blocs logiques**, des boutons, des images de couleurs variées ou diverses sortes de fleurs.]

Les objets placés devant toi possèdent plusieurs types de différences.

Tâche 1 : Trie les objets. Décris ta règle de tri.

Tâche 2 : Trie les objets afin de former deux groupes, dont l'un comporte deux objets de plus que l'autre. Décris ta règle – ou tes règles – de tri.

Ces tâches sont différentes parce que, si les élèves peuvent utiliser n'importe quelle règle de tri dans le premier cas, ils doivent dans le deuxième cas trouver une règle qui produit un certain résultat. Par exemple, s'ils disposaient de quatre blocs logiques verts et de deux blocs logiques bleus, les élèves pourraient résoudre les deux tâches en triant les blocs en fonction de leur couleur. Par contre, s'ils disposaient plutôt de quatre blocs verts et de quatre blocs bleus, les élèves ayant choisi la ***tâche 2*** devraient déterminer une règle de tri reposant sur un autre attribut que la couleur.

Peu importe la tâche choisie, l'enseignant pourrait poser les questions suivantes lors de la discussion de suivi :

- Comment avez-vous trié vos objets ?
- Pourquoi votre règle de tri convenait-elle à ces objets ?
- Où placerait-on cet objet [en montrant un objet] si l'on se servait de votre règle de tri ?
- Combien d'objets respectent votre règle – ou vos règles – de tri ?

ASTUCE PÉDAGOGIQUE. En présence de possibilités numérotées, l'option « la plus simple » devrait parfois constituer la ***tâche 1***, et parfois la ***tâche 2***. Si la tâche la plus simple n'est pas nécessairement la première, les élèves devront envisager les deux possibilités avant de faire leur choix.

✷ GRANDE IDÉE. Les diagrammes permettent de représenter très efficacement des données parce qu'ils révèlent d'un coup d'œil une grande quantité d'informations.

Tâche 1:
Combien d'élèves ont choisi chaque parfum ?

Tâche 2:
Combien d'élèves ce diagramme décrit-il ?

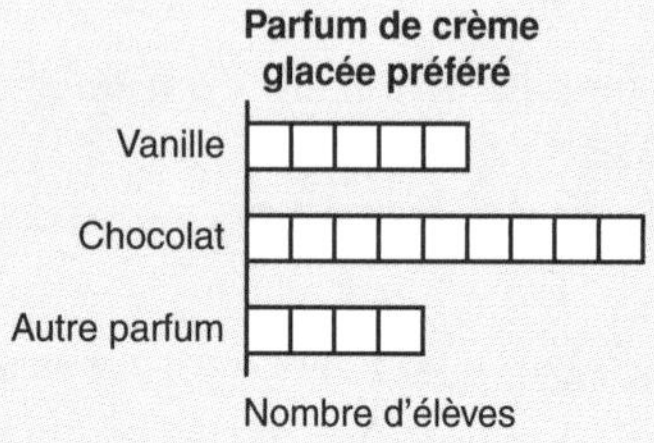

Certains élèves seront capables de lire quelques éléments d'information dans le diagramme, mais éprouveront plus de difficultés à en tirer des conclusions – ce que requiert la ***tâche 2***.

Peu importe leur choix, l'enseignant peut demander aux élèves :

- Sur quoi porte ce diagramme ?
- Comment savez-vous que les élèves qui préfèrent le chocolat sont plus nombreux que ceux qui préfèrent la vanille ?
- Comment savez-vous que plus de neuf élèves ont choisi leur parfum préféré ?
- Quelles autres informations ce diagramme vous donne-t-il ?

Variantes. On peut remplacer ce diagramme par n'importe quel autre, pourvu qu'on puisse s'en servir pour concevoir deux tâches, dont l'une exigera qu'on y lise des informations et l'autre, qu'on en infère des informations.

Sur quoi pourrait porter le diagramme ci-dessous ? Qu'est-ce qui te fait penser cela ?

Tâche 1:

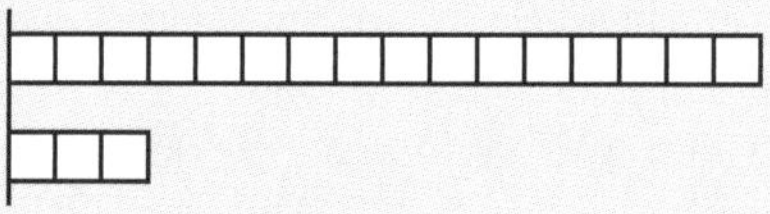

Tâche 2:

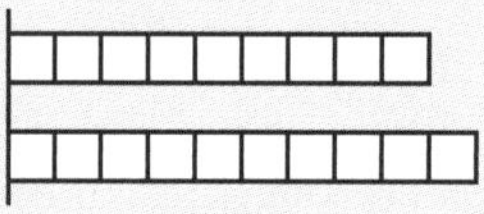

On enseigne aux élèves qu'il est important d'attribuer des étiquettes et un titre aux diagrammes ; toutefois, il peut être très utile à l'occasion de leur faire examiner un diagramme sans étiquettes ni titre. Les élèves comprendront plus facilement l'importance des étiquettes et des titres s'ils décident eux-mêmes de ce que peut représenter un diagramme – et s'ils écoutent les opinions de leurs camarades pendant la discussion de suivi.

Le diagramme que propose la ***tâche 1*** évoque une situation comportant deux groupes de taille plutôt différente. Le diagramme que propose la ***tâche 2***, quant à lui, évoque une situation comportant deux groupes de taille semblable. Les élèves se pencheront probablement – et ils devraient le faire – sur des contextes quotidiens dans lesquels de telles situations pourraient survenir.

Voici quelques questions que l'on peut poser aux deux groupes :

- Quel titre donneriez-vous à ce diagramme ? Pourquoi ?
- Quelles étiquettes devrait-on ajouter au diagramme ?
- Quelles informations ce diagramme vous donne-t-il ?
- Pourquoi pensez-vous que le titre et les étiquettes que vous avez suggérés ont du sens ?

Les lignes de dénombrement ci-contre montrent combien d'élèves d'une classe ont un nombre varié de frères et de sœurs.

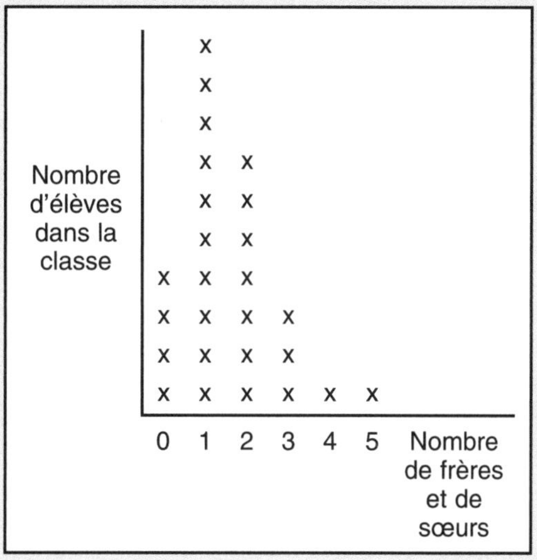

Tâche 1 : Choisis un nombre de frères et de sœurs. Combien d'élèves ont ce nombre de frères et de sœurs ?

Tâche 2 : Combien y a-t-il d'élèves dans la classe ? Combien d'entre eux ont moins de 3 frères et sœurs ?

Dans les deux cas, les élèves doivent comprendre la nature et le fonctionnement des lignes de dénombrement. Dans la **tâche 1**, les élèves doivent lire des informations directement sur les lignes de dénombrement ; dans la **tâche 2**, ils doivent inférer des informations en déterminant les catégories pertinentes et la façon de les combiner.

Voici quelques questions à poser aux élèves qui ont effectué l'une ou l'autre tâche :

- Sur quoi portent ces lignes de dénombrement ?
- Quels élèves sont les plus nombreux : ceux qui n'ont ni frère ni sœur ou ceux qui ont 1 frère ou 1 sœur ?
- Pensez-vous que vous obtiendriez les mêmes données si vous questionniez des élèves d'une autre classe ?
- Combien d'élèves ont chaque nombre de frères et de sœurs ?
- Y a-t-il des élèves qui ont 6 frères et sœurs ?
- Comment savez-vous que plus de 10 élèves ont répondu à la question ?

Les élèves qui éprouvent des difficultés à faire des inférences pourraient trouver que la dernière question de suivi est un peu plus difficile que les autres. Toutefois, même ces élèves réussiront probablement à y répondre, puisqu'elle est très simple – l'une des catégories comporte 10 élèves. Le processus par lequel ils trouveront les moyens d'en arriver à une réponse pourrait les aider à progresser et à faire des inférences plus facilement.

TÂCHES PARALLÈLES – DE LA 3e ANNÉE À LA 5e ANNÉE

GRANDE IDÉE. Les diagrammes permettent de représenter très efficacement des données parce qu'ils révèlent d'un coup d'œil une grande quantité d'informations.

Les données de l'ensemble ci-dessous décrivent l'âge des participants d'une fête de famille.

32, 30, 5, 2, 1, 62, 58, 28, 26, 25, 24, 2, 4, 39, 16

Tâche 1 : Construis des lignes de dénombrement pour représenter ces données.

Tâche 2 : Construis un diagramme à bandes pour représenter ces données.

Les deux types de diagrammes suggérés conviennent à la représentation des données fournies. Les élèves pourraient penser que la ***tâche 2*** est la plus difficile, puisque l'usage des intervalles est plus fréquent dans un diagramme à bandes que dans des lignes de dénombrement – et que les élèves choisissant cette tâche devraient donc déterminer les intervalles à employer. Par contre, il est aussi possible qu'ils la considèrent comme plus simple, puisque certains d'entre eux connaissent mieux les diagrammes à bandes que les lignes de dénombrement.

Peu importe la tâche choisie, on peut demander aux élèves :

- De quelle façon votre diagramme montre-t-il combien de participants ont moins de 20 ans ? Entre 30 et 40 ans ?
- De quelle façon votre diagramme montre-t-il l'étendue des âges des participants ?
- Pourquoi votre diagramme présente-t-il les données de façon appropriée ?

Tâche 1 : Tu as collecté les données suivantes à propos du nombre de trombones que certains élèves sont capables de joindre l'un à l'autre en 2 minutes.

16, 18, 19, 20, 21, 21, 22, 24, 24, 25, 26, 26,
28, 29, 29, 30, 31, 32, 34, 36

Construis un diagramme à 4 ou 5 bandes pour représenter les données.

Tâche 2 : Le diagramme à bandes ci-contre représente le nombre de trombones que certains élèves sont capables de joindre l'un à l'autre en 2 minutes. Quelles valeurs ce diagramme pourrait-il décrire ? Dresse la liste de 3 ensembles différents comportant chacun 20 données possibles.

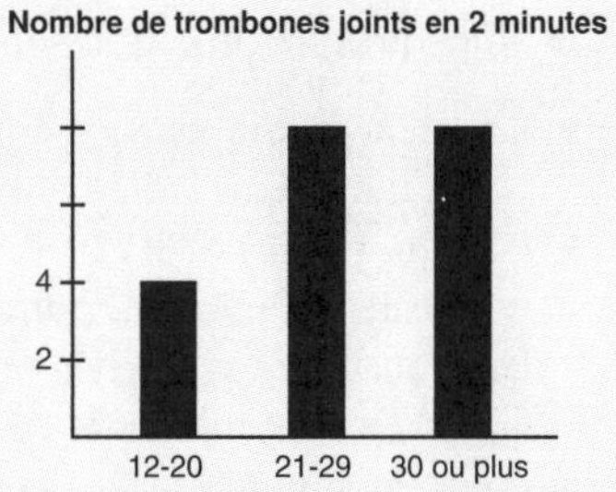

Dans ces deux tâches, les diagrammes à bandes avec lesquels les élèves devront travailler comportent des intervalles et une échelle. Dans un cas, les élèves doivent construire un diagramme à bandes ; dans l'autre, ils doivent en interpréter un. Puisqu'ils doivent trouver 4 ou 5 intervalles – plutôt que 3 –, les élèves qui effectuent la ***tâche 1*** ne peuvent pas se fier uniquement aux concepts de valeur de position pour définir leurs intervalles. La ***tâche 2*** permet aux élèves de remarquer que, une fois les données groupées par intervalles, on ne peut plus savoir quelles étaient les données de départ exactes.

L'enseignant peut poser les questions suivantes aux deux groupes d'élèves :

- À votre avis, pourquoi pourrait-on choisir d'utiliser des diagrammes avec intervalles plutôt que des diagrammes dont chaque bande représente une valeur ?
- Est-ce que les intervalles de votre diagramme sont de la même grandeur ? Pourquoi est-ce une bonne idée ?
- Quel intervalle représente le plus grand nombre de valeurs ?
- Comment votre diagramme montre-t-il cela ?
- Si vous aviez utilisé des intervalles différents, votre diagramme aurait-il eu la même apparence ?

Utilise les données ci-dessous, qui décrivent le nombre total de fois où des élèves de deux classes ont visité ces endroits :

Parlement	25	Canada's Wonderland	11
Chutes Niagara	6	Forteresse de Louisbourg	3
West Edmonton Mall	5	Rocher Percé	4

Tâche 1 : Construis un diagramme à pictogrammes dont l'échelle est de 2, c'est-à-dire qu'un symbole représente 2 personnes.

Tâche 2 : Construis un diagramme à pictogrammes et choisis son échelle. Celle-ci ne peut pas être de 2.

Lorsqu'ils construisent un diagramme à pictogrammes possédant une échelle, plusieurs élèves choisissent instinctivement une échelle de 2 parce qu'il est alors facile de compter les données et d'utiliser des symboles partiels, si nécessaire. Toutefois, cette échelle n'est pas toujours la plus avantageuse. Ces tâches parallèles permettent aux élèves qui choisissent une échelle de 2 d'avoir la chance de réussir, mais elles les incitent également à choisir une échelle de façon plus éclairée, s'ils sont prêts à prendre cette décision.

Voici quelques questions qui conviennent à tous les élèves:

- De quelle façon peut-on utiliser votre diagramme pour savoir combien de visites il y a eu de plus au Parlement qu'à Canada's Wonderland dans ces deux classes?
- Pourquoi pourrait-il être difficile de savoir avec certitude combien d'élèves de plus ont visité le Parlement plutôt que Canada's Wonderland?
- Pour quelles raisons avez-vous choisi ce symbole particulier pour votre diagramme?
- Combien de symboles avez-vous utilisés pour les visites à Canada's Wonderland? Pourquoi autant?
- Pourquoi y a-t-il quelques symboles partiels dans votre diagramme?
- Que représente chaque symbole partiel?

> Tu vas mesurer 10 objets que tu trouves à la maison – tous ces objets doivent mesurer de 25 à 50 centimètres de long – en respectant l'une des consignes ci-dessous (celle de la ***tâche 1*** ou celle de la ***tâche 2***). Note tes mesures et apporte-les à l'école. Demain, en classe, tu construiras des lignes de dénombrement à partir de tes mesures. Ensuite, tu concevras et tu résoudras deux problèmes à propos de tes lignes de dénombrement.
>
> ***Tâche 1:*** Effectue tes mesures au centimètre près.
>
> ***Tâche 2:*** Effectue tes mesures au décimètre près.

Selon certains programmes d'études, les élèves de cette tranche d'années d'études sont censés effectuer des mesures au centimètre et au décimètre près, et résoudre des problèmes comportant des conversions d'unités de mesure. Certains d'entre eux pourraient éprouver des difficultés à effectuer de telles conversions; néanmoins, ils bénéficieront de l'occasion d'effectuer des mesures au centimètre près tout en participant à la même discussion que les élèves qui ont effectué des mesures au décimètre près. Même les élèves ayant opté pour la ***tâche 1*** s'exerceront à travailler avec des lignes de dénombrement et comprendront mieux ce qu'une représentation visuelle permet de communiquer rapidement à propos de la forme des données. Permettre aux élèves de mesurer des objets de leur choix suscite leur intérêt alors qu'ils discutent de leurs diagrammes. Ils parleront assurément des objets qu'ils ont mesurés et des raisons pour lesquelles ils les ont mesurés. La tâche pourrait aussi constituer une façon positive de faire participer les membres de la famille à l'apprentissage mathématique des élèves.

Les questions convenant à tous les élèves portent sur la distribution des données, sur ce que la forme du diagramme indique à propos des données, sur les problèmes formulés et les raisons de ces choix, et sur la façon dont les élèves ont résolu ces problèmes.

ASTUCE PÉDAGOGIQUE. Lorsqu'on conçoit des tâches parallèles, il est très important de se servir de normes des années d'études précédentes afin de donner une chance de réussir aux élèves qui éprouvent des difficultés. Ces élèves profiteront tout de même de la discussion, laquelle correspond à leur année d'études.

TÂCHES PARALLÈLES – DE LA 6e ANNÉE À LA 8e ANNÉE

✱ **GRANDE IDÉE. On gagne parfois à décrire un grand ensemble de données à l'aide d'une statistique sommaire, c'est-à-dire d'un nombre unique significatif décrivant l'ensemble des données. Ce nombre peut décrire la valeur de données individuelles ou la façon dont les données sont dispersées ou distribuées.**

Tâche 1: Un ensemble comporte 9 données différentes. Sa moyenne est de 30 et sa médiane, de 10. Quelles pourraient être ces données ?

Tâche 2: Un ensemble comporte 9 données différentes. Sa médiane est de 10. Quelles pourraient être ces données ?

Les élèves qui effectuent la ***tâche 2*** ont uniquement besoin de comprendre que la médiane est le nombre du milieu d'un ensemble de données ordonnées. Ils pourraient simplement écrire le nombre 10, puis dresser une liste de 4 nombres plus petits que 10 et de 4 nombres plus grands que 10. Les élèves qui effectuent la ***tâche 1*** doivent composer avec deux informations différentes. Non seulement la médiane doit être de 10, mais la moyenne doit être de 30. Certains élèves pourraient comprendre que la somme des valeurs des données devrait être de 270 (c'est-à-dire 9 données × 30 pour la moyenne) ; d'autres pourraient simplement trouver des valeurs qui fonctionnent en procédant par essais et erreurs.

La discussion à propos des tâches donnera la chance à tous les élèves de montrer leur compréhension du concept de médiane ; cependant, même ceux qui ont opté pour la ***tâche 2*** reviendront sur la façon de calculer la moyenne.

L'enseignant peut poser les questions suivantes aux élèves qui ont effectué l'une ou l'autre tâche :

- Comment savez-vous que votre médiane est de 10 ?
- Quelle est votre plus petite donnée ? Devait-elle être plus petite que 10 ? Pourquoi ?
- Quelle est votre plus grande donnée ? Devait-elle être plus grande que 10 ?
- Comment avez-vous fait pour déterminer les données de votre ensemble ?

Tâche 1: Conçois un ensemble de 5 données dont la moyenne est de 6. Une seule de ces données peut valoir 6.

Tâche 2: Conçois un ensemble de 5 données dont la moyenne est de 20. Les valeurs 4, 2 et 2 doivent en faire partie.

Pour faire ces deux tâches, les élèves doivent comprendre le concept de moyenne. La ***tâche 1*** est la moins restrictive ; les élèves peuvent utiliser n'importe quelles valeurs de leur choix pour constituer leur ensemble de données. Un élève qui comprend bien le concept de moyenne pourrait d'abord former l'ensemble {6, 6, 6, 6, 6}, puis augmenter la valeur de deux données tout en diminuant de façon proportionnelle la valeur de deux autres données. Cette démarche pourrait mener à la solution {2, 4, 6, 8, 10} (augmenter et diminuer de 2 la valeur d'une paire de données, et augmenter et diminuer de 4 la valeur d'une autre paire de données). Les élèves qui font la **tâche 2** doivent se rendre compte que le reste de l'ensemble de données doit comporter des nombres plus grands que ceux fournis. Les élèves pourraient constater que la valeur totale des 5 données doit être de 100 (c'est-à-dire 5 données × 20 pour la moyenne) et que, par conséquent, la valeur des deux données restantes doit totaliser 92 (soit 100 – 4 – 2 – 2). D'autres élèves pourraient employer des démarches différentes.

Peu importe la tâche ou la démarche choisie, l'enseignant peut poser aux élèves des questions comme:

- Qu'est-ce qu'une moyenne?
- Comment savez-vous que votre moyenne est juste?
- Comment avez-vous déterminé les autres nombres?

ASTUCE PÉDAGOGIQUE. Cette question a été conçue pour que les élèves travaillent à rebours. Plutôt que de leur fournir des données et de leur demander de déterminer une statistique sommaire, on leur donne une statistique et on leur demande de trouver les données. Cette approche se traduit par une question plus ouverte.

Tâche 1: Conçois 2 ensembles de 12 données chacun de sorte que l'écart moyen du premier ensemble soit de 3 de plus que celui du deuxième ensemble.

Tâche 2: Conçois 2 ensembles de 12 données chacun de sorte que l'écart moyen du premier ensemble soit 3 fois plus grand que celui du deuxième ensemble.

Certains élèves qui opteront pour la **tâche 2** se rendront compte que tripler la valeur de l'ensemble de données est une façon simple de respecter la consigne; d'autres essaieront de la respecter d'une façon plus originale. Les élèves qui opteront pour la **tâche 1** pourraient d'abord additionner 3 à chaque donnée – ce qui ne changera pas l'écart moyen – ou à 1 ou 2 données – ce qui ne résoudra pas non plus le problème. Ces élèves devront réfléchir davantage à la façon de résoudre le problème.

Voici quelques questions à poser aux élèves qui ont choisi l'une ou l'autre tâche:

- Comment avez-vous calculé l'écart moyen?
- Auriez-vous pu modifier la valeur d'une seule donnée? Si oui, comment?
- Est-ce qu'on résout le problème simplement en modifiant la valeur de toutes les données? Si oui, comment?
- Que signifie réellement un écart moyen plus grand? Est-ce que votre deuxième ensemble de données reflète cela?

✱ **GRANDE IDÉE. Les diagrammes permettent de représenter très efficacement des données parce qu'ils révèlent d'un coup d'œil une grande quantité d'informations.**

> ***Tâche 1 :*** Conçois un ensemble de données qu'on pourrait décrire de façon appropriée à l'aide d'un histogramme. Construis cet histogramme.
>
> ***Tâche 2 :*** Conçois un ensemble de données qu'on pourrait décrire de façon appropriée à l'aide d'un diagramme des quartiles. Décris ce diagramme.

Dans les deux tâches, les élèves doivent se pencher sur un type de diagramme donné et sur la meilleure façon de l'utiliser. Dans le cas de l'histogramme (***tâche 1***), les données conçues par les élèves devraient décrire une mesure continue ; il devrait être sensé de compter la fréquence des données selon différents intervalles. Par exemple, les données pourraient représenter la taille d'élèves de différents groupes d'âge. Dans le cas du diagramme des quartiles (***tâche 2***), les données conçues par les élèves devraient être organisées en quartiles, et les valeurs « centrales » qui constituent 50 % des données devraient être séparées des données du premier segment – soit les 25 % dont les valeurs sont les plus petites – et des données du deuxième segment – soit les 25 % restants des données, dont les valeurs sont les plus grandes.

Peu importe la tâche choisie, l'enseignant peut demander :

- Comment avez-vous organisé vos données ?
- Pourquoi était-il logique d'utiliser ce type de diagramme pour ces données ?
- Lorsque quelqu'un regarde le diagramme, quelle image a-t-il des données ?

> La droite $y = 3x + 2$ constitue un bon modèle pour décrire la relation entre deux ensembles de données ; toutefois, ce modèle n'est pas parfait. Quelles pourraient être les valeurs des données de chaque ensemble ?
>
> ***Tâche 1 :*** Détermine les valeurs des données à l'aide d'un graphique.
>
> ***Tâche 2 :*** Détermine les valeurs des données sans utiliser de graphique.

On fournit souvent aux élèves des données qui présentent une relation entre deux variables en leur demandant de déterminer la droite la mieux ajustée. Lorsqu'il fournit plutôt aux élèves l'équation d'une droite bien ajustée – mais pas de la droite la mieux ajustée – et qu'il leur demande de trouver les données, l'enseignant peut obtenir un meilleur aperçu de leur compréhension de ce qu'est la droite la mieux ajustée.

L'enseignant voudra observer si les données représentées par les valeurs de y (ordonnées) croissent environ trois fois plus vite que les données représentées par les valeurs de x (abscisses) ; de quelle façon l'ordonnée à l'origine, 2, est représentée de façon appropriée ; et la façon dont les élèves s'assurent que la droite n'est pas la mieux ajustée. Les élèves qui font la ***tâche 1*** peuvent utiliser un graphique ; habituellement, ils repèrent des points, puis en déplacent quelques-uns à côté de la droite. Les élèves qui font la ***tâche 2*** doivent réfléchir à la signification de cette relation à l'aide de la pensée algébrique.

Voici quelques questions qui conviennent aux deux tâches:

- Si la valeur de x (abscisse) croît, est-ce que celle de y (ordonnée) croît aussi? Comment le savez-vous?
- La valeur de quelle variable croît le plus rapidement, x ou y? Comment le savez-vous?
- Pourquoi est-il approprié de décrire la relation entre deux variables à l'aide de l'équation d'une droite?
- Comment avez-vous résolu ce problème?

✸ **GRANDE IDÉE. La probabilité expérimentale repose sur des événements passés alors que la probabilité théorique est fondée sur l'analyse de ce qui pourrait se produire. La probabilité expérimentale avoisine la probabilité théorique lorsqu'on emploie une quantité suffisante d'échantillons aléatoires.**

Tâche 1: Choisis 10 cubes colorés que tu placerais dans un sac de sorte que la probabilité de piger un cube rouge soit grande, mais pas certaine.

Tâche 2: Choisis 10 cubes colorés que tu placerais dans un sac de sorte que la probabilité de piger un cube rouge soit de $\frac{2}{5}$.

Avant d'utiliser les fractions avec aisance pour décrire la probabilité, les élèves sont à l'aise d'en parler de façon qualitative (avec des mots comme «probablement» ou «une grande probabilité»). Grâce au choix qui leur est offert, les élèves qui ne sont pas prêts à décrire la probabilité à l'aide de fractions peuvent quand même réussir la tâche, et ceux qui sont capables de se servir de fractions ont la possibilité de le faire.

Même si elle semble plus simple, la ***tâche 1*** pourrait susciter une discussion plus fructueuse. Les élèves pourraient discuter de ce qui rend une probabilité suffisamment «grande». Par exemple, pourrait-il y avoir 8 cubes rouges et 2 d'autres couleurs, ou doit-il y avoir 9 cubes rouges? Pourrait-il même y avoir 6 cubes rouges? Peut-on considérer toute probabilité supérieure à $\frac{1}{2}$ comme «grande»?

Peu importe la tâche choisie, l'enseignant peut demander aux élèves:

- Combien de cubes rouges placeriez-vous dans votre sac?
- Pourquoi avez-vous choisi ce nombre?
- Auriez-vous pu choisir un autre nombre de cubes rouges?
- De quelles couleurs doivent être les autres cubes?
- Les autres couleurs de cubes ont-elles une importance?

Variantes. On peut adapter cette tâche en modifiant la description qualitative de la probabilité dans une tâche, et sa description quantitative dans l'autre. Par exemple, dans la ***tâche 1***, on pourrait demander aux élèves de remplir un sac de sorte que la probabilité de piger un cube bleu soit un peu plus grande que celle de piger un cube rouge, tandis que, dans la ***tâche 2***, on pourrait exiger que la probabilité de piger un cube bleu soit de $\frac{1}{8}$ de plus que celle de piger un cube rouge.

Tu as fait tourner 10 fois l'une de ces roulettes. Voici les résultats : 4, 4, 3, 1, 4, 2, 4, 1, 3, 1.

Tâche 1 :
Laquelle de ces deux roulettes as-tu utilisée ?

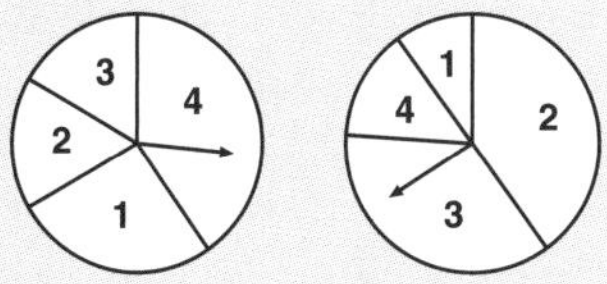

Tâche 2 :
Laquelle de ces deux roulettes as-tu utilisée ?

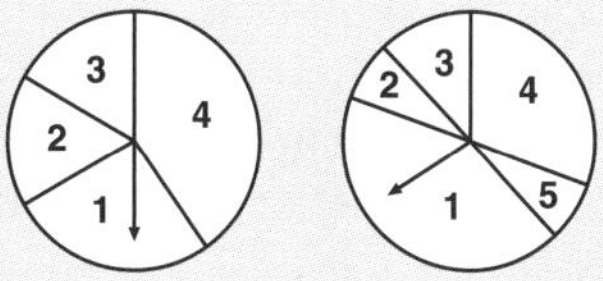

Le choix de la roulette qui a probablement été utilisée est un peu plus évident dans la ***tâche 1*** que dans la ***tâche 2***. Toutefois, dans les deux cas, les élèves doivent évaluer ce qui s'est produit et comprendre que les résultats ne sont pas complètement prévisibles, même s'ils tendent, jusqu'à un certain point, à refléter les probabilités théoriques.

Dans le cas de la ***tâche 1***, il semble très peu probable que les deux résultats les plus fréquents, 1 et 4, soient obtenus sur une roulette dont les secteurs 1 et 4 sont les plus petits. Cela n'est toutefois pas certain, et les élèves doivent le comprendre. La décision est plus difficile à prendre dans le cas de la ***tâche 2*** ; dans ces deux roulettes, les secteurs 1 et 4 sont les plus grands, comme on pouvait le prévoir. Dans la ***tâche 2***, si le fait qu'aucun résultat de 5 n'ait été obtenu puisse dissuader un élève de choisir la roulette de droite, le fait que le secteur 2 de cette roulette soit plus petit que celui de la roulette de gauche pourrait l'amener à revenir sur sa décision.

Voici quelques questions à poser aux élèves qui ont effectué l'une ou l'autre tâche :

- Quels résultats ont le plus influé sur votre choix de roulette ?
- Pouvez-vous avoir la certitude d'avoir fait le bon choix ? Pourquoi ?

ASTUCE PÉDAGOGIQUE. Les élèves verront leurs habiletés de raisonnement se raffiner davantage en choisissant la roulette qui aurait pu être utilisée plutôt qu'en disant simplement si des résultats pourraient correspondre à une roulette donnée.

La probabilité qu'un événement se réalise est de $\frac{1}{3}$.

Tâche 1 : Si tu avais utilisé un dé, une roulette ou un autre type de matériel approprié, quel aurait pu être l'événement et à quoi aurait ressemblé ce matériel ?

Tâche 2 : Si tu avais utilisé deux objets pour former n'importe quelle combinaison de dés, de roulettes ou d'autres types de matériel approprié, quel aurait pu être l'événement et à quoi aurait ressemblé ce matériel ?

Que les élèves sachent travailler avec des événements uniques ou composés (c'est-à-dire des événements comportant deux aspects distincts) constitue la différence entre la ***tâche 1*** et la ***tâche 2***. Par exemple, les élèves qui effectuent la ***tâche 1*** pourraient simplement choisir un dé ordinaire à six faces et suggérer que l'événement consiste à obtenir un nombre plus petit que 3; sinon, ils pourraient choisir une roulette comportant trois secteurs égaux, dont un rouge, et dire que l'événement est que la roulette s'arrête sur le secteur rouge. Les élèves qui font la ***tâche 2*** doivent tenir compte de combinaisons. Ils pourraient d'abord réfléchir à la façon d'écrire la fraction $\frac{1}{3}$ sous la forme d'un produit de deux autres fractions plus petites que 1, ce qui les aiderait à déterminer la combinaison de matériel dont ils ont besoin. Par exemple, les deux fractions pourraient être $\frac{1}{2}$ et $\frac{2}{3}$, ce qui inciterait les élèves à choisir deux roulettes, l'une ayant deux secteurs égaux – 1 et 2 – et l'autre, trois secteurs égaux – 1, 2 et 3 –, puis à décider que l'événement serait d'obtenir un nombre impair sur les deux roulettes.

Peu importe la tâche choisie, l'enseignant peut poser aux élèves des questions comme les suivantes:

- Si la probabilité qu'un événement se réalise était de $\frac{1}{3}$, diriez-vous que cet événement est probable ou peu probable? Comment le savez-vous?
- Quel matériel avez-vous choisi? Quelles probabilités permet-il de décrire facilement?
- Comment avez-vous choisi votre événement?
- Comment savez-vous que la probabilité que votre événement se réalise est réellement de $\frac{1}{3}$?

Tâche 1: Construis un diagramme en arbre pour montrer que la probabilité d'obtenir 3 sur chaque roulette ci-contre (en même temps) est de $\frac{1}{6}$.

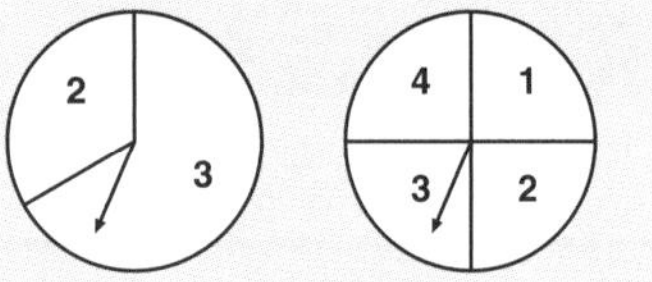

Tâche 2: Le diagramme en arbre ci-dessous décrit ce qui se produit lorsqu'on fait tourner deux roulettes. À quoi ressemblent les deux roulettes?

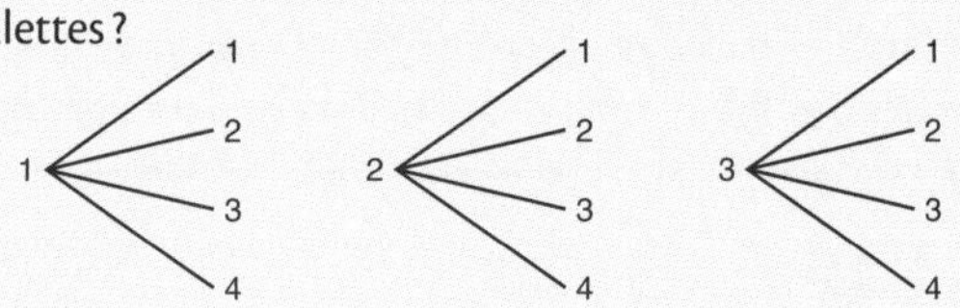

Dans les deux cas, les élèves doivent connaître les diagrammes en arbre. Dans la ***tâche 1***, ils doivent construire un diagramme en arbre à partir d'une situation. Ils pourraient être déjà familiers avec ce genre de problème, mais celui-ci est un peu plus difficile à résoudre que les cas les plus simples parce que les secteurs de l'une des roulettes ne sont pas de la même grandeur. Les élèves devront trouver une façon de représenter cette particularité dans leur diagramme en arbre. Bien que la ***tâche 2*** soit un peu plus originale, les roulettes de la ***tâche 1*** aideront probablement les élèves à résoudre le problème.

Peu importe la tâche choisie, l'enseignant peut poser les questions suivantes:

- Pourquoi y a-t-il deux «colonnes» dans le diagramme en arbre?
- Que représentent les nombres de la première colonne? De la deuxième colonne?
- Combien de branches y a-t-il? Pourquoi cela a-t-il du sens?

ASTUCE PÉDAGOGIQUE. Voici une bonne façon de concevoir des tâches parallèles : on élabore une situation, puis on pose une question « classique » à propos de cette situation ; c'est l'une des tâches. Pour l'autre tâche, on propose une réponse possible à une question semblable et on demande aux élèves de trouver une question qui y correspond. Chaque tâche contribue ainsi à étayer l'autre.

Un sac contient 3 cubes rouges, 2 cubes verts et 1 cube bleu.

Tâche 1 : Tu piges un cube dans le sac, tu en notes la couleur et tu le remets dans le sac. Tu piges ensuite un autre cube. Quelle est la probabilité que les deux cubes soient de la même couleur ?

Tâche 2 : Tu piges un cube dans le sac, tu en notes la couleur et tu ne le remets pas dans le sac. Tu piges ensuite un autre cube. Quelle est la probabilité que les deux cubes soient de la même couleur ?

Les élèves pourraient trouver plus facile de calculer la probabilité dans la ***tâche 1*** que dans la ***tâche 2***. Les élèves qui font la ***tâche 1*** peuvent construire un diagramme en arbre traditionnel pour constater que le nombre total de branches est de 36 et que 14 branches comportent des cubes de la même couleur.

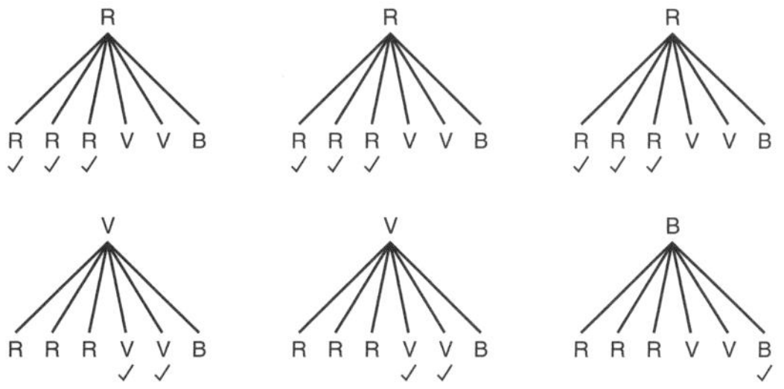

Les élèves qui font la ***tâche 2*** pourraient cependant être moins sûrs de la façon de procéder. Ils doivent se rendre compte que ce qui se produit lors de la deuxième pige dépend en partie de ce qui s'est produit lors de la première pige. Leur diagramme en arbre n'est pas symétrique, comme c'est habituellement le cas ; ici, les lettres relatives à la deuxième pige forment chaque fois un groupe différent.

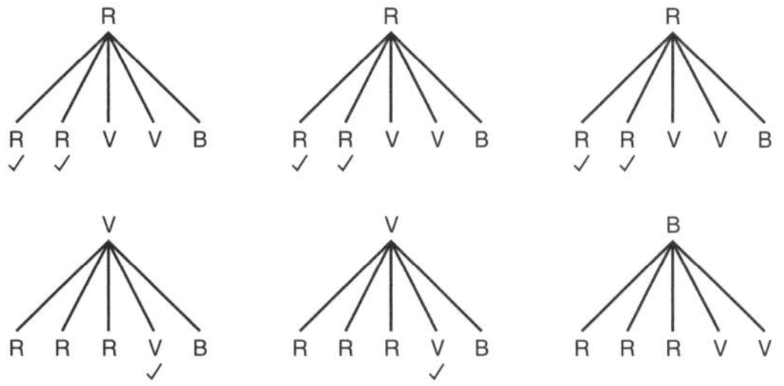

Par exemple, si on pige d'abord 1 cube rouge, les couleurs possibles à la deuxième pige sont 2 rouges, 2 verts et 1 bleu ; toutefois, si on pige d'abord 1 cube bleu, les couleurs possibles à la deuxième pige sont 3 rouges, 2 verts et 0 bleu.

Peu importe l'option choisie, l'enseignant peut poser aux élèves des questions comme les suivantes:

- Est-il plus probable de piger 2 cubes de la même couleur ou 2 cubes de couleurs différentes? Pourquoi?
- La probabilité de piger 2 cubes de la même couleur est-elle plus ou moins élevée que $\frac{1}{2}$? Comment le savez-vous?
- Si vous construisiez un diagramme en arbre pour représenter votre situation, à quoi ressemblerait-il?
- Quelle est la probabilité de piger 2 cubes de la même couleur? Comment le savez-vous?

Tâche 1: Tu lances 2 dés. Est-il plus probable que la somme des nombres obtenus soit de 8 ou que leur différence soit de 2?

Tâche 2: Tu lances 2 dés. Tu cherches un événement dont la probabilité est juste un peu moins grande que celle d'obtenir une différence de 2. Quel pourrait être cet événement?

Dans les deux cas, les élèves doivent examiner les probabilités liées au fait de lancer 2 dés et pourraient d'abord construire un tableau ou une grille pour dresser la liste de tous les résultats possibles. Certains seront plus à l'aise avec la ***tâche 1***; parce qu'on leur fournit les deux événements, ils ont peu de décisions à prendre. D'autres élèves, plus créatifs ou à l'aise avec l'ambiguïté, pourraient préférer la ***tâche 2***. Ils doivent alors interpréter ce que signifie «un peu moins grande» et peuvent choisir le deuxième événement.

Peu importe la tâche choisie, l'enseignant peut demander:

- Quelle est la probabilité que 2 lancers de dés produisent une différence de 2?
- Quelle devrait être la probabilité qu'un événement se réalise pour que celle-ci soit plus grande que la probabilité d'obtenir une différence de 2 en lançant les dés?
- La probabilité d'obtenir une somme de 8 en lançant les dés est-elle moins grande que celle d'obtenir une différence de 2?
- Comment avez-vous résolu ce problème?

GRANDE IDÉE. En situation de probabilité, on ne peut jamais savoir avec certitude ce qui se produira ensuite. Ce n'est pas le cas de la plupart des autres situations mathématiques.

Tâche 1: Il y a 2 sacs devant toi. L'un d'eux contient 8 cubes jaunes et 2 cubes bleus. L'autre contient 8 cubes bleus et 2 cubes jaunes.

Tu piges un cube dans l'un des sacs; ce cube est bleu. Tu remets le cube dans le sac et tu piges encore dans le même sac. Le deuxième cube que tu piges est bleu et le suivant, jaune.

Selon toi, le sac dans lequel tu as pigé contient-il 8 cubes jaunes et 2 cubes bleus ou 2 cubes jaunes et 8 cubes bleus? Explique ta réponse.

Tâche 2 : Il y a 3 sacs devant toi. L'un d'eux contient 8 cubes jaunes et 2 cubes bleus. Le deuxième sac contient 5 cubes bleus et 5 cubes jaunes. Le dernier sac contient 8 cubes bleus et 2 cubes jaunes.

Tu piges un cube dans l'un des sacs ; ce cube est bleu. Tu remets le cube dans le sac et tu piges encore dans le même sac. Le deuxième cube que tu piges est bleu et le suivant, jaune.

Selon toi, le sac dans lequel tu as pigé contient-il 8 cubes jaunes et 2 cubes bleus, 5 cubes bleus et 5 cubes jaunes, ou 8 cubes bleus et 2 cubes jaunes ? Explique ta réponse.

Dans les deux cas, les élèves ne peuvent pas être certains de leur réponse ; toutefois, ils pourraient être plus certains dans un cas que dans l'autre. Pour ceux qui sont moins à l'aise à l'idée de prendre des risques, la ***tâche 1*** pourrait sembler plus attrayante.

Voici quelques questions à poser à tous les élèves :

- Selon vous, quelle couleur pigeriez-vous à la quatrième pige ?
- Pourquoi pensez-vous cela ?
- Pouvez-vous en avoir la certitude ?
- Vous devez choisir de quelles couleurs seront les cubes dans 2 ou 3 sacs. Quelles couleurs de cubes mettriez-vous dans chaque sac afin de pouvoir déterminer avec certitude de quel sac il s'agit après une pige ou deux ? Existe-t-il d'autres réponses possibles ?

✷ GRANDE IDÉE. On peut parfois estimer une probabilité à l'aide d'une représentation appropriée et en réalisant une expérience.

Tâche 1 : Pour estimer la probabilité qu'un nouveau-né soit un garçon, Tara lance un dé. Elle dit qu'elle prédira que c'est un garçon si elle obtient un 1, un 2 ou un 3 et que c'est une fille si elle obtient un 4, un 5 ou un 6. En utilisant la méthode de Tara, estime la probabilité que, lors de chacun des 10 prochains jours, les 2 premiers bébés nés à Toronto soient des garçons.

Tâche 2 : Décris une méthode permettant d'estimer la probabilité qu'un joueur de baseball qui a une moyenne au bâton de 0,250 (il obtient un coup sûr 1 fois sur 4) obtienne au moins 3 coups sûrs au cours de ses 5 prochaines présences au bâton. Utilise ta méthode pour faire l'estimation.

Dans les deux tâches, les élèves doivent effectuer une simulation. Ils doivent utiliser un modèle représentant une situation authentique de façon sensée afin d'estimer une probabilité qui serait très difficile à déterminer autrement.

Dans la ***tâche 1***, on décrit le modèle pour l'élève. Celui-ci doit alors déterminer la façon exacte de réaliser l'expérience. Les élèves qui font la ***tâche 2*** doivent déterminer tant le modèle que la méthode pour effectuer la simulation; en ce sens, la ***tâche 2*** est un peu plus exigeante.

Dans les deux cas, on peut poser les questions suivantes:

- Pourquoi votre modèle de la situation authentique est-il approprié?
- Comment avez-vous préparé votre expérience? Pourquoi était-il logique de procéder de cette façon?
- Combien d'essais avez-vous effectués?
- Selon vous, avez-vous fait suffisamment d'essais?
- Quelle probabilité avez-vous estimée?
- Cette estimation vous semble-t-elle juste? Pourquoi?

RÉCAPITULATION

MES QUESTIONS ET MES TÂCHES

Objectif de la leçon: **Année d'études:** ____

Notions à l'étude:

Grande idée sous-jacente:

Question ouverte:

Tâches parallèles:

Tâche 1:

Tâche 2:

Principes fondamentaux:

- Toute question ouverte doit admettre de bonnes réponses correspondant à divers stades de développement.
- Les variantes que comportent les tâches parallèles doivent favoriser la réussite des élèves qui éprouvent des difficultés et stimuler les élèves compétents.
- La façon dont les questions et les tâches sont élaborées doit permettre à tous les élèves de participer aux discussions de suivi.

Le présent chapitre explore les 7 grandes idées qui sous-tendent le domaine de la gestion des données et de la probabilité au moyen de près de 50 exemples de questions ouvertes et de tâches parallèles – et de leurs variantes. Par leur conception, les exemples pédagogiques fournis soutiennent l'enseignement différencié destiné à des élèves de différents stades de développement, dans trois tranches distinctes d'années d'études: du préscolaire à la 2e année, de la 3e année à la 5e année et de la 6e année à la 8e année.

Les questions et les tâches présentées dans ce chapitre ne constituent que quelques exemples qui peuvent servir à différencier l'enseignement dans le domaine de la gestion des données et de la probabilité. Bon nombre de nouvelles idées viennent facilement à l'esprit. Par exemple, les élèves pourraient trier d'autres types d'objets ou d'autres nombres que ceux proposés, construire des diagrammes à partir d'autres données, ou comparer et mettre en contraste différents types de diagrammes. Le modèle pratique que constitue le formulaire présenté ici peut servir à la conception de questions ouvertes et de tâches parallèles personnalisées. L'appendice du présent ouvrage contient un formulaire vierge, de pleine dimension, ainsi que des conseils sur la façon d'utiliser celui-ci pour concevoir du matériel pédagogique personnalisé.

Conclusions

PRATIQUEMENT TOUT ENSEIGNANT de mathématiques du primaire (élémentaire) ou du premier cycle du secondaire (cycle intermédiaire) doit composer avec des élèves qui sont plus ou moins prêts à aborder les mathématiques à l'étude. Certaines différences entre les élèves seront de nature cognitive ou auront trait à leurs préférences et à leur style d'apprentissage ; peu importe la source ou la nature de ces différences, tout enseignant souhaite aider ses élèves à réussir. L'enseignement différencié est l'une des meilleures stratégies pour favoriser le succès des élèves dans les classes d'aujourd'hui. Le présent ouvrage veut soutenir les enseignants dans la réalisation de cette différenciation.

LA NÉCESSITÉ DE STRATÉGIES FACILES À UTILISER

Il n'est pas réaliste de penser que les enseignants disposent du temps de préparation ou du temps d'enseignement nécessaire pour offrir à chaque élève de la classe une leçon ciblant précisément son stade de développement. Les enseignants ont plutôt besoin de trouver une façon de faire participer tous les élèves, peu importe leur stade de développement, à l'aide d'une seule question ou d'un seul ensemble de tâches connexes. Les deux stratégies essentielles dont le présent ouvrage fait la démonstration pourraient permettre aux enseignants de répondre aux besoins de la plupart de leurs élèves en ce qui concerne l'apprentissage des mathématiques : il s'agit des questions ouvertes et des tâches parallèles.

Les questions ouvertes

Une question ouverte est construite de telle manière qu'on peut l'aborder et y répondre de plusieurs façons. Pour qu'elle soit utile à l'enseignement, une question ouverte doit être axée sur une habileté ou un concept mathématique important. En outre, l'enseignant doit se demander si la plupart de ses élèves sont prêts à aborder la question, à un niveau ou l'autre, et se sentir à l'aise d'accepter une gamme étendue de réponses de la part des élèves.

Les tâches parallèles

Deux tâches ou plus sont parallèles lorsqu'elles sont conçues pour répondre aux besoins d'élèves de différents stades de développement, tout en portant sur la même grande idée et en présentant un contexte assez semblable pour qu'on en discute en même temps. Lorsqu'il intègre des tâches parallèles dans une leçon, l'enseignant doit préparer une série d'au moins deux ou trois questions de suivi relatives au travail des élèves ; ces questions doivent convenir à chaque élève, peu importe la tâche accomplie. Il arrive que l'enseignant décide de la tâche qu'effectuera chaque élève ; la plupart du temps, par contre, les élèves devraient faire leur propre choix.

CONCEVOIR DES QUESTIONS OUVERTES ET DES TÂCHES PARALLÈLES

En général, on peut aborder de la même façon la conception des questions ouvertes et des tâches parallèles pour l'enseignement des mathématiques.

Un processus en trois étapes

Étape n° 1 : examiner les exemples. Les quelque 300 questions ouvertes et ensembles de tâches parallèles que comporte cet ouvrage peuvent servir de modèles pour la conception de nouvelles questions et de nouvelles tâches. Pour avoir une bonne idée du matériel pédagogique convenant à un domaine mathématique précis dans une tranche d'années d'études donnée, l'enseignant peut faire un tour d'horizon des exemples présentés ici. Les exemples proposés – ainsi que leurs variantes – lui fourniront des assises solides.

Étape n° 2 : concevoir des questions ou des tâches. Le modèle pratique que constitue le formulaire présenté dans l'appendice peut servir à la conception de nouvelles questions ouvertes et de nouvelles tâches parallèles. En abordant les normes de contenu au moyen de grandes idées, on enseigne de façon cohérente ; c'est entre autres ce que souligne ce formulaire. L'enseignant qui tient compte des différences de comportement des élèves au regard d'une grande idée donnée peut concevoir des questions et des tâches originales ou les adapter à partir d'une ressource existante. Dans tous les cas, l'objectif devrait être de produire du matériel qui mette au défi de façon appropriée une gamme étendue d'élèves, de ceux qui éprouvent des difficultés jusqu'à ceux qui sont particulièrement compétents, en passant par ceux qui sont « dans la moyenne ».

Étape n° 3 : planifier le suivi. L'enseignant doit s'assurer que tous les élèves peuvent participer à la discussion suivant la résolution d'une question ouverte ou d'un ensemble de tâches parallèles. Il est essentiel que les questions soient bien conçues et que les tâches soient assorties. Lors de la discussion de suivi, l'enseignant doit tenter d'établir des liens entre les réponses de divers niveaux de complexité que fourniront les élèves. Quand ces liens sont clairs, les élèves qui éprouvent des difficultés comprennent plus facilement la façon dont leur réponse constitue un premier pas vers une réponse plus complexe.

Concevoir une question ouverte : un exemple

Voici un exemple : un enseignant veut aborder la division de nombres à trois chiffres par des nombres à un chiffre, mais de nombreux élèves de sa classe n'ont pas encore mémorisé leurs tables de multiplication. Ces élèves en difficulté pourraient ne pas être prêts à répondre aux types de questions prévus à l'origine. Pour différencier la leçon, l'enseignant pourrait tirer d'un manuel une question assez simple, comme :

> Ce matin, 4 élèves doivent livrer 176 journaux. Ils décident de se partager le travail également. Combien de journaux chaque élève livrera-t-il ?

Puisqu'il sait que certains élèves ne sont pas prêts à répondre à cette question, l'enseignant pourrait plutôt leur demander :

> Choisis un nombre de journaux à livrer et un nombre d'élèves pour les livrer. Les élèves doivent se partager le travail également. Combien de journaux chaque élève livrera-t-il ?

Ce changement est simple, mais important ; chaque élève peut désormais travailler en fonction de son stade de développement. Lors de la discussion portant sur la résolution du problème, chaque élève (peu importe les nombres qu'il a choisis) découvrira la façon dont les autres ont répondu à la question à l'aide de nombres plus grands ou plus petits. Voilà qui constitue une situation gagnant-gagnant !

Concevoir un ensemble de tâches parallèles : un exemple

Dans le cas de l'exemple portant sur la division présenté précédemment, l'enseignant pourrait proposer le problème initial, sur les 176 journaux, ainsi qu'un autre problème dans lequel 2 élèves se partagent la livraison de 24 journaux. Les élèves pourraient se voir attribuer l'un des problèmes ou faire leur propre choix. Cependant, il est essentiel que les deux groupes d'élèves participent à la même discussion à propos des problèmes. Par exemple, l'enseignant pourrait leur poser les questions suivantes :

- Quelle opération avez-vous effectuée pour déterminer le nombre de journaux livrés par chaque élève ?
- Pourquoi utiliseriez-vous cette opération ?
- Auriez-vous pu trouver la réponse d'une autre façon ?
- Comment avez-vous su que chaque élève devait livrer plus de 10 journaux ?
- Comment avez-vous su que chaque élève devait livrer moins de 100 journaux ?
- Comment avez-vous déterminé le nombre de journaux que chaque élève devait livrer ?

Il faut souligner ici deux éléments importants. 1) Pour qu'une discussion commune soit possible, le contexte doit être le même. 2) La façon dont la situation est conçue doit susciter des questions communes plus complexes que « Qu'avez-vous fait ? »

Des stratégies fiables

Il est relativement simple de concevoir des questions ouvertes à l'aide de stratégies comme fournir une réponse et demander aux élèves de formuler une question qui y correspond, laisser ceux-ci choisir les nombres à utiliser dans une question ou leur demander d'indiquer des ressemblances et des différences entre deux éléments.

On peut concevoir des tâches parallèles à partir d'une seule tâche en modifiant la complexité des nombres, des figures, des diagrammes, des schémas ou des graphiques, des régularités ou des suites, des équations ou des égalités, des mesures ou des situations de la tâche initiale.

LES BIENFAITS DE CES STRATÉGIES

Au début, les enseignants ne trouveront probablement pas facile de différencier leur enseignement en y intégrant les questions ouvertes et les tâches parallèles. Cependant, trouver des façons « d'ouvrir » leur enseignement deviendra rapidement une habitude lorsque le contenu à l'étude pourrait être trop difficile pour certains élèves. Les techniques qu'illustre le présent ouvrage constitueront des outils précieux pour adapter l'enseignement de sorte qu'il convienne aux élèves de tous les stades de développement.

L'enseignant pourrait d'abord s'engager à utiliser des questions ouvertes au moins une fois par semaine, puis tenter de le faire chaque jour ou tous les deux jours. Il pourrait aussi s'engager à utiliser des tâches parallèles au moins une fois par semaine, puis tenter de le faire plus fréquemment. À la longue, il pourrait même inciter les élèves à concevoir leurs propres tâches parallèles en modifiant la complexité des situations qui leur sont soumises.

Utiliser ces stratégies de différenciation simples – mais très efficaces – fera de la classe un lieu d'apprentissage, de réflexion et de discussion mathématiques, incitera les élèves à participer davantage et réduira leur frustration ; l'attitude de la plupart des élèves à l'égard des mathématiques n'en deviendra que plus positive.

Appendice : formulaire pour la conception de questions ouvertes et de tâches parallèles

LES STRATÉGIES permettant de concevoir des questions ouvertes et des tâches parallèles sont présentées au chapitre 1 et dans les conclusions. Le modèle pratique que constitue le formulaire de la page suivante peut servir à la conception de matériel personnalisé favorisant l'enseignement différencié des mathématiques. Il est également possible de télécharger le formulaire sur le site Internet de Groupe Modulo : www.groupemodulo.com.

Il importe de garder à l'esprit les principes fondamentaux suivants lors de l'élaboration de nouvelles questions et de nouvelles tâches :

- Toute question ouverte doit admettre de bonnes réponses correspondant à divers stades de développement.
- Les variantes que comportent les tâches parallèles doivent favoriser la réussite des élèves qui éprouvent des difficultés et stimuler les élèves compétents.
- La façon dont les questions et les tâches sont élaborées doit permettre à tous les élèves de participer aux discussions de suivi.

MES QUESTIONS ET MES TÂCHES

Objectif de la leçon: **Année d'études:** ______

Notions à l'étude:

Grande idée sous-jacente:

Question ouverte:

Tâches parallèles:

Tâche 1:

Tâche 2:

Principes fondamentaux:

- Toute question ouverte doit admettre de bonnes réponses correspondant à divers stades de développement.
- Les variantes que comportent les tâches parallèles doivent favoriser la réussite des élèves qui éprouvent des difficultés et stimuler les élèves compétents.
- La façon dont les questions et les tâches sont élaborées doit permettre à tous les élèves de participer aux discussions de suivi.

Glossaire

Chaque entrée du glossaire fait référence à la première occurrence du terme en question, entre crochets (chapitre et folio).

abscisse. Premier nombre d'une paire de coordonnées qui décrit la distance horizontale entre un point et l'origine d'un plan cartésien. [Chap. 3, p. 105]

addition répétée. Addition dans laquelle le même nombre est additionné à lui-même au moins une fois. [Chap. 1, p. 3]

aire totale. Aire de toutes les faces d'une figure à trois dimensions. [Chap. 3, p. 92]

algorithme. Méthode standard servant à l'accomplissement d'une tâche (par exemple, méthode standard d'addition de nombres). [Chap. 2, p. 16]

angle droit. Angle mesurant 90°. [Chap. 3, p. 83]

angle extérieur. Angle formé à l'extérieur d'une figure par un côté de celle-ci et le prolongement du côté adjacent. [Chap. 3, p. 106]

angle intérieur. Angle formé à l'intérieur d'une figure. [Chap. 3, p. 106]

angles opposés par le sommet. Deux angles situés de part et d'autre du point d'intersection de deux droites. [Chap. 3, p. 89]

angles supplémentaires. Deux angles dont la somme est de 180°. [Chap. 3, p. 89]

arête. Segment de droite qui forme l'intersection de deux faces d'une figure à trois dimensions. [Chap. 3, p. 85]

arrangement rectangulaire. Groupe d'objets disposés en rangées de longueur égale et en colonnes de hauteur égale. [Chap. 2, p. 55]

arrondir. Estimer la valeur d'un nombre à l'aide d'un nombre repère, généralement un multiple d'une puissance de 10. [Chap. 1, p. 5]

attribut. Caractéristique d'un objet (par exemple, l'un des attributs du triangle est la longueur de ses côtés). [Chap. 3, p. 74]

axe de réflexion. Droite qui sert de point de repère à la réflexion. [Chap. 3, p. 94]

balance à plateaux. Instrument utilisé pour comparer des masses ; si les plateaux d'une balance sont en équilibre lorsqu'un objet se trouve sur chaque plateau, ces objets ont la même masse. [Chap. 4, p. 116]

blocs logiques. Ensemble de blocs dont la forme, la couleur, la grandeur et parfois l'épaisseur varient. [Chap. 6, p. 183]

blocs mosaïques. Ensemble de figures comprenant des hexagones, des trapèzes, des carrés, des parallélogrammes et des triangles de différentes grandeurs. [Chap. 3, p. 98]

calcul mental. Calcul effectué sans papier ni crayon à l'aide de la mémoire ou des relations entre les nombres. [Chap. 2, p. 28]

carré parfait. Nombre naturel qui est le produit d'un nombre naturel multiplié par lui-même. [Chap. 2, p. 45]

centre. Valeur unique qui décrit une moyenne d'un ensemble de données. [Chap. 6, p. 165]

centre de rotation. Point autour duquel on fait tourner une figure. [Chap. 3, p. 95]

cerf-volant. Quadrilatère possédant deux paires de côtés égaux non parallèles. [Chap. 3, p. 85]

charpente. Représentation d'une figure comportant uniquement ses arêtes et ses sommets. [Chap. 3, p. 79]

circonférence. Longueur du contour d'un cercle. [Chap. 4, p. 112]

combinaison (de figures). Action de combiner des figures pour en obtenir une nouvelle. [Chap. 3, p. 73]

compas. Instrument utilisé pour dessiner un cercle ou une partie d'un cercle. [Chap. 3, p. 103]

congruence. Relation par laquelle deux objets ont la même grandeur et la même forme. [Chap. 3, p. 74]

conjecture. Hypothèse selon laquelle quelque chose est vrai. [Chap. 2, p. 33]

corrélation linéaire. Relation entre deux variables telle qu'un nuage de points qui en représente les valeurs forme une droite. [Chap. 6, p. 165]

coupe transversale. Figure à deux dimensions qu'on obtient en coupant une figure à trois dimensions avec un plan. [Chap. 3, p. 74]

cubes emboîtables. Cubes de plastique qui peuvent être reliés les uns aux autres. [Chap. 3, p. 78]

dénominateur. Nombre au-dessous de la barre de fraction qui indique en combien de parties égales a été divisé le tout. [Chap. 1, p. 5]

dessin à l'échelle. Dessin d'un objet ou d'un ensemble d'objets qui est mathématiquement semblable à l'objet réel. [Chap. 3, p. 74]

développement. Figure à deux dimensions qu'on peut plier pour construire une figure à trois dimensions. [Chap. 3, p. 74]

diagonale. Segment de droite qui joint deux sommets non consécutifs d'un polygone. [Chap. 3, p. 101]

diagramme à bandes. Représentation comportant des bandes horizontales ou verticales et qui permet de présenter et de comparer des données. [Chap. 6, p. 165]

diagramme à pictogrammes. Représentation qui permet de présenter des quantités à l'aide de pictogrammes. [Chap. 6, p. 165]

diagramme à points. Représentation simple, ressemblant à un histogramme, qui permet de présenter un petit ensemble de données à l'aide de points, et non de bandes. [Chap. 6, p. 166]

diagramme concret. Représentation qui permet de présenter et de comparer des données à l'aide de vrais objets alignés verticalement ou horizontalement. [Chap. 6, p. 168]

diagramme des quartiles. Représentation qui permet de présenter la distribution de données; au-dessus d'une droite numérique, la valeur « centrale » que constituent 50 % des données est encadrée d'une boîte, alors que les points représentant respectivement les valeurs minimales et maximales sont repérés et reliés. [Chap. 6, p. 165]

diagramme en arbre. Représentation qui permet de noter et de compter toutes les combinaisons d'événements à l'aide de lignes formant des branches. [Chap. 6, p. 180]

différence. Résultat d'une soustraction. [Chap. 2, p. 15]

distance perpendiculaire. Distance entre un point et une droite, et qui est mesurée perpendiculairement à celle-ci. [Chap. 3, p. 84]

dividende. Nombre partagé ou séparé en groupes dans une situation de division (par exemple, si on divise 9 par 3, le dividende est 9). [Chap. 2, p. 35]

diviseur. Nombre qui en divise un autre dans une division (par exemple, si on divise 8 par 2, le diviseur est 2). [Chap. 2, p. 35]

donnée aberrante. Donnée qui ne semble pas « aller avec » les autres données. [Chap. 6, p. 176]

double. Multiple de 2. [Chap. 2, p. 32]

droite numérique. Diagramme représentant des nombres ordonnés sous la forme de points sur une droite. [Chap. 2, p. 20]

droite numérique ouverte. Droite numérique sur laquelle ne figure aucune graduation. [Chap. 2, p. 62]

droites parallèles. Deux droites qui ne se coupent jamais. [Chap. 3, p. 74]

écart moyen. Description de la distribution des données. [Chap. 6, p. 166]

écart moyen absolu. Mesure de la distribution des données qui correspond à la moyenne des écarts moyens des données, prises individuellement. [Chap. 6, p. 166]

écart type. Mesure de la dispersion des données qui représente la racine carrée de la distance moyenne au carré entre chaque donnée et la moyenne. [Chap. 6, p. 166]

échantillon représentatif. Échantillon dont on peut alléguer qu'il représente bien toute une population. [Chap. 6, p. 175]

échelle. Quantité que représente une unité dans un diagramme (par exemple, si chaque carré d'un diagramme à bandes représente 5, l'échelle est de 5). [Chap. 6, p. 166]

égalité. Énoncé indiquant que deux valeurs sont égales. [Chap. 1, p. 6]

enseignement différencié. Enseignement adapté aux besoins des différents types d'élèves d'une classe ainsi qu'à leur stade de développement respectif. [Chap. 1, p. 1]

équation linéaire. Équation dans laquelle la variable est élevée à la 1re puissance (par exemple, $4x + 3 = 2$). [Chap. 5, p. 142]

étendue interquartile. Différence entre la plus grande et la plus petite valeur dans la partie « centrale » que constituent 50 % des données. [Chap. 6, p. 166]

événements composés. Deux événements ou plus dont on doit tenir compte pour établir une probabilité. [Chap. 6, p. 165]

exposant. Symbole d'une puissance qui indique le nombre de fois qu'un facteur est multiplié par lui-même (par exemple, 4 est l'exposant dans 3^4, ce qui signifie qu'on multiplie 4 fois le nombre 3 par lui-même : $3 \times 3 \times 3 \times 3$). [Chap. 2, p. 16]

expression algébrique. Combinaison de variables, d'opérateurs et de nombres (par exemple, $2n + 4$). [Chap. 5, p. 142]

face. Côté plat d'une figure à trois dimensions (par exemple, un cube possède six faces, qui sont toutes des carrés). [Chap. 3, p. 74]

facteur. Un des nombres naturels que l'on multiplie pour produire un autre nombre (par exemple, 4 est un facteur de 8 parce que $2 \times 4 = 8$). [Chap. 1, p. 11]

figure régulière. Figure possédant des côtés droits et égaux ainsi que des angles de même mesure. [Chap. 3, p. 85]

fraction impropre. Fraction dont la valeur est d'au moins 1. [Chap. 2, p. 57]

fraction irréductible. Fraction dont le numérateur et le dénominateur n'ont que 1 comme facteur commun. [Chap. 1, p. 9]

fraction propre. Fraction plus petite que 1. [Chap. 2, p. 40]

fractions équivalentes. Deux fractions différentes qui représentent la même partie d'un tout (par exemple, $\frac{1}{4}$ et $\frac{2}{8}$). [Chap. 1, p. 5]

fraction unitaire. Fraction dont le numérateur est 1. [Chap. 2, p. 33]

grande idée. Énoncé essentiel à la compréhension mathématique ; il établit généralement des liens entre divers résultats d'apprentissage précis en mathématiques. [Chap. 1, p. 4]

grille de 10. Modèle comportant 10 cases, habituellement disposées en 2 rangées de 5 colonnes. [Chap. 2, p. 28]

grille de 100. Grille présentant les nombres de 1 à 100, dans l'ordre, en 10 rangées de 10 colonnes. [Chap. 2, p. 28]

hexagone. Figure possédant six côtés droits. [Chap. 3, p. 85]

histogramme. Diagramme à bandes juxtaposées ; les bandes sont collées les unes aux autres parce qu'elles représentent des données continues. [Chap. 6, p. 165]

homothétie. Transformation qui modifie la grandeur d'une figure, mais pas sa forme. [Chap. 3, p. 74]

hypoténuse. Côté le plus long d'un triangle rectangle. [Chap. 1, p. 8]

intervalle (sur l'échelle d'un diagramme). Distance entre deux bornes sur l'échelle d'un diagramme. [Chap. 6, p. 166]

lignes de dénombrement. Représentation qui permet de présenter et de comparer des données en les triant dans des catégories numériques ; on aligne les marques en colonnes, selon chaque catégorie, le long d'une droite numérique. [Chap. 6, p. 165]

logiciel de géométrie dynamique. Outil numérique qui permet aux élèves de dessiner et de mesurer des figures géométriques afin d'émettre et de vérifier des conjectures. [Chap. 3, p. 103]

losange. Parallélogramme possédant quatre côtés d'égale longueur. [Chap. 3, p. 85]

matériel de base 10. Blocs de grandeurs différentes représentant les colonnes du tableau de valeur de position ; un gros bloc est 10 fois plus grand que le petit bloc qui le précède. [Chap. 1, p. 9]

médiane. Nombre situé au milieu d'un ensemble ordonné de nombres. [Chap. 6, p. 166]

miroir transparent. Miroir au travers duquel on peut voir ; cet outil permet de dessiner l'image d'un objet vu dans le miroir. [Chap. 3, p. 84]

moyenne. Valeur déterminée par l'addition des nombres d'un ensemble et par la division de la somme par le nombre de nombres que comporte l'ensemble. [Chap. 6, p. 166]

multiple. Nombre qui est le produit de deux autres nombres naturels (par exemple, 6 est un multiple de 3 et de 2). [Chap. 2, p. 33]

nombre composé. Nombre naturel possédant plus de deux facteurs (par exemple, 6 est un nombre composé parce que ses facteurs sont 1, 2, 3 et 6). [Chap. 2, p. 59]

nombre entier. Nombre à compter, 0 ou l'opposé d'un nombre à compter de l'autre côté de 0 sur une droite numérique. [Chap. 2, p. 16]

nombre fractionnaire. Nombre constitué d'un nombre naturel et d'une fraction propre. [Chap. 2, p. 16]

nombre irrationnel. Nombre qu'on ne peut pas exprimer sous la forme d'un quotient de deux nombres entiers. [Chap. 2, p. 45]

nombre premier. Nombre à compter dont les seuls facteurs naturels sont lui-même et 1 (par exemple, 17 est un nombre premier parce que ses seuls facteurs sont 17 et 1). [Chap. 2, p. 59]

nombre rationnel. Nombre qu'on peut exprimer sous la forme d'un quotient de deux nombres entiers (par exemple, 0,25 ; −4,5 ou $\frac{3}{11}$). [Chap. 2, p. 16]

nombres entiers négatifs. Opposés des nombres à compter 1, 2, 3, … de l'autre côté de 0 sur une droite numérique (c'est-à-dire −1, −2, −3, …). [Chap. 2, p. 16]

nombres opposés. Deux nombres sur une droite numérique qui sont à la même distance de 0 (par exemple, 8 et −8). [Chap. 2, p. 43]

nombres repères. Nombres familiers utilisés pour faire une comparaison avec d'autres nombres (par exemple, 25 constitue un nombre repère pour les nombres 22, 27 ou 28). [Chap. 1, p. 5]

nuage de points. Ensemble de points repérés dans un plan cartésien et permettant de révéler des relations entre deux variables. [Chap. 6, p. 165]

numérateur. Nombre au-dessus de la barre de fraction qui indique le nombre de parties d'un tout que l'on considère. [Chap. 1, p. 5]

objet droit. Outil muni d'un bord droit (comme une règle) sur lequel ne figure aucune mesure. [Chap. 3, p. 103]

octogone. Figure possédant huit côtés. [Chap. 3, p. 86]

ordonnée. Deuxième nombre d'une paire de coordonnées qui décrit la distance verticale entre un point et l'origine d'un plan cartésien. [Chap. 3, p. 105]

paire égale à zéro. Paire de nombres entiers dont l'addition donne 0, comme +1 et −1. [Chap. 2, p. 41]

parallélogramme. Quadrilatère dont les côtés opposés sont parallèles. [Chap. 3, p. 77]

partie répétitive. Partie d'une suite répétitive qui se répète. [Chap. 5, p. 146]

pentagone. Polygone possédant cinq côtés. [Chap. 3, p. 99]

périmètre. Longueur du contour d'une figure. [Chap. 3, p. 81]

perpendiculaires. Qui se coupent à angle droit, en parlant de droites ou de plans. [Chap. 3, p. 86]

pi (π). Nombre – environ 3,14 – qui correspond au rapport de la circonférence d'un cercle à son diamètre. [Chap. 2, p. 45]

plan cartésien. Grille composée de droites verticales et horizontales qui se coupent ; on décrit la position d'un point dans la grille à l'aide de deux nombres, désignant respectivement la distance horizontale et la distance verticale entre ce point et l'origine. [Chap. 3, p. 74]

Polydrons. Formes de plastique qu'on peut relier les unes aux autres pour construire des figures à trois dimensions. [Chap. 3, p. 98]

polyèdre. Figure à trois dimensions dont toutes les faces sont des polygones. [Chap. 3, p. 97]

polygone. Figure fermée dont tous les côtés sont droits. [Chap. 3, p. 82]

prisme. Figure à trois dimensions possédant deux bases parallèles, opposées et constituées de polygones identiques. [Chap. 3, p. 74]

prisme à base rectangulaire. Prisme dont les bases sont des rectangles. [Chap. 3, p. 76]

prisme à base triangulaire. Prisme dont les bases sont des triangles. [Chap. 3, p. 99]

probabilité expérimentale. Probabilité qui découle d'une expérience. [Chap. 6, p. 165]

probabilité théorique. Probabilité à laquelle on s'attend lorsqu'on analyse tous les résultats possibles d'une situation. [Chap. 6, p. 165]

produit. Résultat d'une multiplication (par exemple, dans l'expression $5 \times 3 = 15$, le produit est 15). [Chap. 1, p. 8]

proportion. Description des relations entre deux nombres en fonction de la multiplication (par exemple, on peut exprimer la proportion 25 : 100 sous la forme de la fraction $\frac{1}{4}$, du nombre décimal 0,25 ou du rapport 1 : 4). [Chap. 2, p. 16]

propriété. Caractéristique qui s'applique à tous les éléments d'un groupe (par exemple, l'une des propriétés des carrés est qu'ils possèdent tous quatre angles identiques). [Chap. 2, p. 59]

puissance de 10. Nombre 10 ou résultat de la multiplication de ce nombre par lui-même à plusieurs reprises (par exemple, 10, 100, 1000, 10 000). [Chap. 2, p. 58]

pyramide. Figure possédant une base polygonale et dont les faces triangulaires se rencontrent en un point. [Chap. 3, p. 74]

pyramide à base triangulaire. Pyramide dont la base est un triangle. [Chap. 3, p. 92]

quadrant. Quart d'un plan cartésien; le premier quadrant est en haut et à droite de l'origine; le deuxième, en haut et à gauche; le troisième, en bas et à gauche; et le quatrième, en bas et à droite. [Chap. 3, p. 88]

quadrilatère. Polygone possédant quatre côtés. [Chap. 3, p. 76]

questions ouvertes. Questions possédant une large portée, qui suscitent de nombreuses réponses sensées et qu'on peut aborder au moyen de plusieurs démarches; ces questions constituent un instrument d'enseignement différencié si l'éventail des possibilités qu'elles suscitent permet à des élèves de divers stades de développement de réussir tout en fournissant des réponses différentes. [Chap. 1, p. 6]

quotient. Résultat d'une division (par exemple, dans l'expression $8 \div 4 = 2$, le quotient est 2). [Chap. 2, p. 15]

racine carrée. Nombre qu'on peut multiplier par lui-même pour obtenir un nombre donné (par exemple, la racine carrée de 16 est 4, parce que $4 \times 4 = 16$). [Chap. 2, p. 45]

racine cubique. Nombre qu'on peut multiplier 2 fois par lui-même pour obtenir un nombre donné (par exemple, la racine cubique de 27 est 3, parce que $3 \times 3 \times 3 = 27$). [Chap. 2, p. 45]

raisonnement proportionnel. Approche de la comparaison de nombres reposant sur la multiplication (par exemple, considérer 12 comme 4 fois 3 plutôt que comme 10 + 2). [Chap. 2, p. 26]

rapport. Comparaison proportionnelle entre deux nombres ou plus. [Chap. 2, p. 16]

reconnaissance globale. Aptitude à reconnaître immédiatement une quantité simplement en la regardant, sans effectuer de dénombrement. [Chap. 2, p. 49]

réflexion. Image miroir (ou résultat de l'inversion) d'une figure. [Chap. 3, p. 74]

règle (d'une suite). Règle itérative ou de relation qui décrit la façon dont on détermine les termes d'une suite (par exemple, on peut décrire la suite 4, 7, 10, 13, ... à l'aide de la règle « Commencer par 4 et additionner 3 à chaque terme » ou de la règle « Tripler le nombre correspondant au rang du terme et y additionner 1 »). [Chap. 5, p. 142]

règle de tri. Description de la façon dont on détermine les objets d'un groupe qui vont ensemble. [Chap. 6, p. 165]

réglettes Cuisenaire. Ensemble de 10 réglettes colorées dont la longueur va de 1 cm à 10 cm. [Chap. 3, p. 81]

repère. Mesure familière utilisée pour faire une comparaison avec une autre mesure (par exemple, 1 cm, 1 m, la largeur d'une main, la longueur d'un pied). [Chap. 4, p. 112]

repère d'alignement. Ligne horizontale ou verticale, réelle ou imaginaire, utilisée pour comparer des mesures de longueur. [Chap. 4, p. 113]

rotation. Résultat obtenu lorsqu'on fait tourner une figure autour d'un point. [Chap. 3, p. 74]

sécante. Droite qui coupe une autre droite. [Chap. 3, p. 89]

séparation. Action de séparer une figure en plus petites figures. [Chap. 3, p. 74]

similitude. Relation entre deux figures selon laquelle celles-ci ont la même forme, mais pas la même grandeur ; plus précisément, agrandissement ou réduction. [Chap. 3, p. 74]

simulation. Modèle pouvant servir à imiter une situation authentique. [Chap. 6, p. 165]

somme. Résultat d'une addition. [Chap. 1, p. 8]

sommet. Point de rencontre de deux côtés d'une figure à deux dimensions ou d'au moins trois arêtes d'une figure à trois dimensions. [Chap. 3, p. 85]

statistique sommaire. Nombre unique qui, d'une certaine façon, représente tout un ensemble de données (par exemple, la moyenne). [Chap. 6, p. 166]

substitution. Remplacement d'une variable par un nombre donné. [Chap. 5, p. 164]

suite croissante. Suite dans laquelle la valeur des termes croît. [Chap. 5, p. 146]

symétrie. Propriété des figures dont un côté constitue le reflet de l'autre. [Chap. 3, p. 73]

système d'équations. Deux équations ou plus qui doivent être vraies en même temps. [Chap. 5, p. 142]

système de valeur de position. Système de représentation des nombres dans lequel la position d'un symbole influe sur sa valeur (par exemple, le chiffre 2 n'a pas la même valeur dans le nombre 23 que dans le nombre 217). [Chap. 2, p. 16]

tableau à double entrée. Tableau des effectifs à deux colonnes qui met en relation les valeurs de deux variables. [Chap. 6, p. 166]

tableau de dénombrement. Ensembles de petits traits organisés en groupes de cinq pour représenter un dénombrement. [Chap. 6, p. 169]

tableau de valeur de position. Tableau représentant les colonnes des unités, des dizaines, des centaines, des unités de mille, etc. ou des dixièmes, des centièmes, des millièmes, etc. [Chap. 2, p. 24]

table de valeurs. Table dans laquelle on organise en deux colonnes des informations entre lesquelles il existe des liens. [Chap. 5, p. 142]

tâches parallèles. Ensembles d'au moins deux tâches ou activités connexes qui explorent la même grande idée, mais qui sont conçues pour répondre aux besoins d'élèves de différents stades de développement; leur contexte est suffisamment semblable pour qu'on les aborde conjointement lors de la discussion de classe. [Chap. 1, p. 6]

tangram. Casse-tête de forme carrée constitué de sept pièces précises. [Chap. 3, p. 80]

terme de l'addition. Un des nombres utilisés pour obtenir une somme. [Chap. 2, p. 27]

théorème de Pythagore. Énoncé selon lequel le carré de la longueur de l'hypoténuse d'un triangle rectangle est égal à la somme des carrés des cathètes. [Chap. 2, p. 69]

transformation. Mouvement qui déplace une figure d'une position à une autre; on étudie habituellement les translations, les réflexions et les rotations. [Chap. 3, p. 73]

translation. Résultat du glissement vertical ou horizontal – ou vertical et horizontal – d'une figure. [Chap. 3, p. 74]

trapèze. Quadrilatère possédant une paire de côtés parallèles. [Chap. 3, p. 85]

trapèze isocèle. Trapèze possédant deux côtés non parallèles d'égale longueur. [Chap. 3, p. 96]

triangle acutangle. Triangle dont les 3 angles mesurent moins de 90°. [Chap. 3, p. 83]

triangle équilatéral. Triangle dont les 3 côtés sont égaux. [Chap. 3, p. 83]

triangle isocèle. Triangle possédant 2 côtés d'égale longueur. [Chap. 3, p. 82]

triangle obtusangle. Triangle dont un angle mesure plus de 90°. [Chap. 3, p. 83]

triangle rectangle. Triangle possédant un angle droit (90°). [Chap. 1, p. 8]

triangle scalène. Triangle possédant 3 côtés de longueurs différentes. [Chap. 3, p. 83]

unité. Mesure de base pour décrire d'autres mesures (par exemple, un centimètre est une unité de longueur). [Chap. 1, p. 8]

unité de mesure conventionnelle. Mesure sans ambiguïté fondée sur des unités dont la signification est la même pour tous (par exemple, centimètre, kilomètre, mètre carré). [Chap. 1, p. 11]

unité de mesure non conventionnelle. Mesure utilisée pour décrire d'autres mesures, mais dont la signification peut varier d'une personne à l'autre (par exemple, on peut décrire des longueurs à l'aide d'unités comme la longueur d'un crayon ou la largeur d'une main). [Chap. 4, p. 111]

variable. Quantité qui varie, qui change ou qui est inconnue ; on la représente souvent à l'aide d'une case vide ou d'une lettre. [Chap. 3, p. 105]

zone prochaine de développement. Éventail des apprentissages possibles, qui dépassent les connaissances actuelles de l'élève mais auxquels celui-ci a accès avec l'aide d'un adulte ou d'un camarade de classe. [Chap. 1, p. 3]

Bibliographie

ANDERSON, M., et D. M. LITTLE (2004). « On the Write Path: Improving Communication in an Elementary Mathematics Classroom », *Teaching Children Mathematics,* vol. 10, n° 9, p. 468-472.

BARLOW, A. T., et M. R. MCCRORY (2011). « Engage your Students in Reasoning and Sense Making with these Effective Instructional Plans », *Teaching Children Mathematics,* vol. 17, n° 9, p. 530-539.

BARRETT, J. E., G. JONES, C. THORNTON et S. DICKSON (2003). « Understanding Children's Developing Strategies About Concepts for Length », dans *Learning and Teaching Measurement,* sous la dir. de D. H. CLEMENT et G. BRIGHT, Reston, National Council of Teachers of Mathematics, p. 17-30.

BORGOLI, G. M. (2008). « Equity for English Language Learners in Mathematics Classrooms », *Teaching Children Mathematics,* vol. 15, n° 3, p. 185-191.

BREMIGAN, E. G. (2003). « Developing a Meaningful Understanding of the Mean », *Mathematics Teaching in the Middle School,* vol. 9, n° 1, p. 22-27.

BRIGHT, G. W., W. BREWER, K. MCCLAIN et E. S. MOONEY (2003). *Navigating through Data Analysis in Grades 6–8,* Reston, National Council of Teachers of Mathematics.

CARMODY, H. G. (2010). « Water Bottle Designs and Measures », *Teaching Children Mathematics,* vol. 16, n° 5, p. 272-279.

CAVANAGH, M., L. DACEY, C. R. FINDELL et autres (2004). *Navigating Through Number and Operations in Prekindergarten–Grade 2,* Reston, National Council of Teachers of Mathematics.

CHARLES, R. (2004). « Big Ideas and Understandings as the Foundation for Elementary and Middle School Mathematics », *Journal of Mathematics Education Leadership,* vol. 7, n° 3, p. 9-24.

CLEMENTS, D. H. (1999). « Geometric and Spatial Thinking in Young Children », dans *Mathematics in the Early Years,* sous la dir. de J. COPLEY, Washington, National Association for the Education of Young Children ; Reston, National Council of Teachers of Mathematics, p. 66-79.

COMMON CORE STATE STANDARDS INITIATIVE (2010). *Common Core State Standards for Mathematics* (en ligne). Sur Internet : <http://www.corestandards.org/assets/CCSSI_Math%20Standards.pdf>.

CUEVAS, G. J., et K. YEATTS (2001). *Navigating Through Algebra, Grades 3–5,* Reston, National Council of Teachers of Mathematics.

DACEY, L., M. CAVANAGH, C. R. FINDELL et autres (2003). *Navigating Through Measurement in Prekindergarten–Grade 2,* Reston, National Council of Teachers of Mathematics.

DACEY, L., et K. GARTLAND (2009). *Math for All: Differentiating Instruction, Grades 6–8,* Sausalito, Math Solutions Publications.

DACEY, L., et J. B. LYNCH (2007). *Math for All: Differentiating Instruction, Grades 3–5,* Sausalito, Math Solutions Publications.

DACEY, L., et R. E. SALEMI (2007). *Math for All: Differentiating Instruction, Grades K–2,* Sausalito, Math Solutions Publications.

DRAKE, J. M., et A. T. BARLOW (2007). « Assessing Students' Levels of Understanding Multiplication Through Problem Writing », *Teaching Children Mathematics,* vol. 14, nº 5, p. 272-277.

FINDELL, C. R., M. SMALL, M. CAVANAGH et autres (2001). *Navigating Through Geometry in Prekindergarten–Grade 2,* Reston, National Council of Teachers of Mathematics.

FORMAN, E. A. (2003). « A Sociocultural Approach to Mathematics Reform: Speaking, Inscribing, and Doing Mathematics Within Communities of Practice », dans *A Research Companion to Principles and Standards for School Mathematics,* sous la dir. de J. KILPATRICK, W. G. MARTIN et D. SCHIFTER, Reston, National Council of Teachers of Mathematics, p. 333-352.

FRIEL, S., S. RACHLIN et D. DOYLE (2001). *Navigating Through Algebra, Grades 6–8,* Reston, National Council of Teachers of Mathematics.

GREENES, C. E., M. CAVANAGH, L. DACEY et autres (2001). *Navigating Through Algebra in Prekindergarten–Grade 2,* Reston, National Council of Teachers of Mathematics.

GREGORY, G. H., et C. CHAPMAN (2007). *Differentiated Instructional Strategies: One Size Doesn't Fit All,* 2e éd., Thousand Oaks, Corwin Press.

HEACOX, D. (2002). *Differentiating Instruction in the Regular Classroom: How to Reach and Teach All Learners, Grades 3–12,* Minneapolis, Free Spirit.

HEACOX, D. (2009). *Making Differentiation a Habit: How to Ensure Success in Academically Diverse Classrooms,* Minneapolis, Free Spirit.

IMM, K. L., D. A. STYLIANOU et N. CHAE (2008). « Student Representations at the Center: Promoting Classroom Equity », *Mathematics Teaching in the Middle School,* vol. 13, nº 8, p. 458-463.

JONES, G. A., et C. A. THORNTON (1993). « Children's Understanding of Place Value: A Framework for Curriculum Development and Assessment », *Young Children,* vol. 48, nº 5, p. 12-18.

KARP, K., et P. HOWELL (2004). « Building Responsibility for Learning in Students with Special Needs », *Teaching Children Mathematics,* vol. 11, nº 3, p. 118-126.

KERSAINT, G. (2007). « The Learning Environment: Its Influence on What Is Learned », dans *The Learning of Mathematics,* sous la dir. de W. G. MARTIN, M. E. STRUTCHENS et P. C. ELLIOTT, Reston, National Council of Teachers of Mathematics, p. 83-96.

LOVIN, L. A., M. KYGER et D. ALLSOPP (2004). « Differentiation for Special Needs Learners », *Teaching Children Mathematics,* vol. 11, nº 3, p. 158-167.

MARTIN, H. (2006). *Differentiated Instruction for Mathematics,* Portland, Walch.

MOHR, D. J., C. Y. WALCOTT et S. E. KASTBERG (2008). « Using Your Inner Voice to Guide Instruction », *Teaching Children Mathematics,* vol. 15, nº 2, p. 112-119.

MOYER, P. S. (2001). « Using Representations to Explore Perimeter and Area », *Teaching Children Mathematics,* vol. 8, nº 1, p. 52-59.

MURRAY, M., et J. JORGENSEN (2007). *The Differentiated Math Classroom: A Guide for Teachers, K–8,* Portsmouth, Heinemann.

NATIONAL COUNCIL OF TEACHERS OF MATHEMATICS (2000). *Principles and Standards for School Mathematics,* Reston, National Council of Teachers of Mathematics.

NATIONAL COUNCIL OF TEACHERS OF MATHEMATICS (2006). *Curriculum Focal Points,* Reston, National Council of Teachers of Mathematics.

O'CONNELL, S. (2007a). *Introduction to Communication, Grades PreK–2,* Portsmouth, Heinemann.

O'CONNELL, S. (2007b). *Introduction to Communication, Grades 3–5,* Portsmouth, Heinemann.

PUGALEE, D. K., J. FRYKHOLM, A. JOHNSON et autres (2002). *Navigating Through Geometry in Grades 6–8,* Reston, National Council of Teachers of Mathematics.

SAKSHAUG, L. (2000). « Which Graph is Which ? », *Teaching Children Mathematics,* vol. 6, n° 7, p. 454-455.

SCHIFTER, D., V. BASTABLE et S. I. RUSSELL (1997). « Attention to Mathematical Thinking: Teaching to the Big Ideas », dans *Reflecting on Our Work: NSF Teacher Enhancement in Mathematics K–6,* sous la dir. de S. FRIEL et G. BRIGHT, Washington, University Press of America, p. 255-261.

SHEFFIELD, L. J. (2003). *Extending the Challenge in Mathematics: Developing Mathematical Promise in K–8 Students,* Thousand Oaks, Corwin Press.

SHEFFIELD, L. J., M. CAVANAGH, L. DACEY et autres (2002). *Navigating Through Data Analysis and Probability in Prekindergarten–Grade 2,* Reston, National Council of Teachers of Mathematics.

SMALL, M. (2008a). *Making Math Meaningful to Canadian Students: K–8,* Toronto, Nelson Education.

SMALL, M. (2008b). *PRIME – ressource pédagogique pour l'enseignement des mathématiques : sens des nombres et des opérations,* Mont-Royal, Groupe Modulo.

SMALL, M. (2010a). « Beyond One Right Answer », *Educational Leadership,* vol. 68, n° 1, p. 28-32.

SMALL, M. (2010b). *PRIME – ressource pédagogique pour l'enseignement des mathématiques : régularités et algèbre,* Mont-Royal, Groupe Modulo.

SMALL, M. (2011). *PRIME – ressource pédagogique pour l'enseignement des mathématiques : géométrie,* Montréal, Groupe Modulo.

SMALL, M. (2012). *PRIME – ressource pédagogique pour l'enseignement des mathématiques : mesure,* Montréal, Groupe Modulo.

SMALL, M. (2013). *PRIME – ressource pédagogique pour l'enseignement des mathématiques : gestion des données et probabilité,* Montréal, Groupe Modulo.

SMALL, M., et A. LIN (2014). *Bonnes questions : l'enseignement différencié des mathématiques au secondaire,* Montréal, Groupe Modulo.

SMALL, M., A. LIN et K. KUBOTA-ZARIVNIJ (2012). *À pas de géant – vers une meilleure compréhension des maths, guide d'enseignement 3/4,* Montréal, Groupe Modulo.

SMALL, M., A. LIN et K. KUBOTA-ZARIVNIJ (2013). *À pas de géant – vers une meilleure compréhension des maths, guide d'enseignement 5/6,* Montréal, Groupe Modulo.

TOMLINSON, C. A. (1999). *The Differentiated Classroom: Responding to the Needs of All Learners,* Alexandria, Association for Supervision and Curriculum Development.

TOMLINSON, C. A. (2001). *How to Differentiate Instruction in a Mixed Ability Classroom,* 2e éd., Alexandria, Association for Supervision and Curriculum Development.

TOMLINSON, C. A., et J. MCTIGHE (2006). *Integrating Differentiated Instruction and Understanding by Design,* Alexandria, Association for Supervision and Curriculum Development.

TOMPERT, A. (1990). *Grandfather Tang's Story,* New York, Crown.

VYGOTSKI, L. S. (1978). *Mind in Society: The Development of Higher Psychological Processes,* Cambridge, Harvard University Press.

VYGOTSKI, L. S. (1997). *Pensée et langage,* préface de Jean Piaget, 3e éd., Paris, La Dispute.

WESTPHAL, L. (2007). *Differentiating Instruction with Menus: Math,* Austin, Prufrock Press.

WILLIAMS, L. (2008). « Tiering and Scaffolding: Two Strategies for Providing Access to Important Mathematics », *Teaching Children Mathematics,* vol. 14, n° 6, p. 324-330.

Index

Le présent index est divisé en deux parties : l'index des sujets et des auteurs cités, et l'index des grandes idées. L'index des sujets et des auteurs cités couvre les concepts pédagogiques et dresse la liste des domaines selon les tranches d'années d'études ; il inclut aussi le nom des auteurs cités. L'index des grandes idées couvre le contenu mathématique subdivisé en grandes idées, qui permettent la consultation des notions importantes présentées. L'index ne tient pas compte des termes mathématiques pris isolément ; le glossaire (pages 205 à 214) dresse la liste des plus importants d'entre eux – qui figurent dans le texte lui-même et dans les exemples. Chaque entrée du glossaire se termine par une référence au chapitre et au folio de la première occurrence du terme défini.

INDEX DES SUJETS ET DES AUTEURS CITÉS

INDEX DES GRANDES IDÉES

Régularités et algèbre

Gestion des données et probabilité

À propos de l'auteure

MARIAN SMALL est l'ancienne doyenne de la Faculté des sciences de l'éducation de l'Université du Nouveau-Brunswick. Elle a été professeure en didactique des mathématiques pendant de nombreuses années et parcourt régulièrement le Canada et les États-Unis à titre de conférencière sur les mathématiques de la maternelle (jardin) à la 12e année.

Les travaux de Marian Small portent principalement sur l'élaboration de programmes d'études et de matériel pédagogique destiné aux élèves et aux enseignants de mathématiques. Elle a participé à la rédaction de sept collections de manuels pour les écoles primaires (élémentaires) et secondaires du Canada, des États-Unis, de l'Australie et du Bhoutan – c'était d'ailleurs l'auteure en chef de cinq de ces collections. Elle a également été membre de l'équipe d'auteurs du volet préscolaire-2e année de la collection « Navigation » du National Council of Teachers of Mathematics. Pendant quatre ans, elle a représenté cet organisme au sein du comité de rédaction de questions des compétitions mathématiques *Mathcounts* du premier cycle du secondaire (cycle intermédiaire), tenues d'un bout à l'autre des États-Unis. Elle a aussi fait partie du comité de rédaction de l'annuaire 2011 du NCTM, sur la motivation et les aptitudes.

Marian Small a récemment terminé la deuxième édition d'un ouvrage destiné aux enseignants (en formation ou chevronnés), *Making Math Meaningful to Canadian Students: K–8*, de même que des ressources pédagogiques *Big Ideas from Dr. Small: Grades 4–8*; *Big Ideas from Dr. Small: Grades K–3*; et *À pas de géant – vers une meilleure compréhension des maths, 3/4, 5/6* et *7/8*.

Marian Small a dirigé les recherches qui ont mené à la conception d'échelles présentant le développement mathématique des élèves dans chacun des cinq domaines mathématiques décrits par le NCTM, de la maternelle (jardin) à la 8e année. Elle a ensuite élaboré la ressource pédagogique pour l'enseignement des mathématiques PRIME, associée à ces échelles. Elle a en outre conçu d'autres ressources et fourni des conseils axés sur la façon de travailler auprès des élèves qui éprouvent des difficultés et de poser des questions aux élèves en classe de mathématiques.